전
도
자

❙ 국제제자훈련원은 건강한 교회를 꿈꾸는 목회의 동반자로서 제자 삼는 사역을 중심으로
성경적 목회 모델을 제시함으로 세계 교회를 섬기는 전문 사역 기관입니다.

전도자

초판 발행 2000년 8월 16일
개정3판(9쇄) 발행 2016년 6월 27일

지은이 옥한흠

펴낸이 박주성
펴낸곳 국제제자훈련원
등록번호 제2013-000170호(2013년 9월 25일)
주소 서울시 서초구 효령로68길 98(서초동)
전화 02)3489-4300   **팩스** 02)3489-4329
이메일 dmipress@sarang.org

저작권자 (C) 옥한흠, 2000, Printed in Korea.
이 책은 저작권법에 의해 보호를 받는 저작물이므로 저자와 출판사의 허락 없이
내용의 일부를 인용하거나 발췌하는 것을 금합니다.

ISBN 89-88850-86-6   03230

※ 책값은 뒤표지에 있습니다. 잘못된 책은 구입하신 곳에서 교환해드립니다.

전도자

옥한흠

국제제자훈련원

머리말

전도가 체질화된 증인공동체로

하나님께서 지상에 교회를 세우신 목적 가운데 하나는 세상을 구원하는 것입니다. 그러므로 전도나 선교에 관심을 두지 않는 교회는 성령께서 이끄시는 교회라 할 수 없습니다.

사랑의교회는 지난 20년 동안 이웃에 있는 영혼들을 구원하기 위해 해마다 대각성전도집회를 열었습니다. 주님의 뜻에 조금이라도 일치하는 교회가 되기 위한 몸부림이었다고 할 수 있습니다. 이 집회를 통해 수만 명이 복음을 들었고 그들 가운데서 열 명 중 네 명은 믿음을 고백하고 하나님의 품으로 돌아오는 감격을 맛보았습니다.

교회가 복음의 열정, 한 영혼에 대한 깊은 애정, 하나님 나라에 대한 황홀한 비전을 시종일관 유지하는 일은 결코 쉬운 일이 아닙니다. 신앙생활에서 전도가 체질화된 평신도를 만든다는 것은 한두 편의 설교로 해결될 수 있는 문제가 아닙니다. 누구든지 예수를 주(主)로 고백하면 그 시간부터 하나님의 나라와 그 의(義)를 가장 우선에 두고 생활해야 하는 소명자라는 사실을 기쁘게 인정하게 만드는 것은 하루아침에 되는 일이 아닙니다.

솔직히 말해 열정적으로 복음을 전하는 공동체를 만든다는 것은 목회자에게 대단한 도전이 아닐 수 없습니다. "교회를 부흥시킵시다", "금년 목표인 몇 명을 전도합시다" 이런 내용을 가지고 설교를 하고 교인들을 자극하는 일은 어려운 일이 아닙니다. 그러나 이런 식의 설교는 평신도의 의식을 구령의 열정으로 채우지 못합니다. 교회를 부흥시키자는 호소는 잘못하면 평신도의 눈에 목회자의 야망으로 비칠 수 있습니다. 몇 명을 전도하자는 목표설정은 잘못하면 다분히 상업적인 냄새가 나는 소리로 들릴 수 있습니다.

타오르는 구령의 열정 때문에 희어져 추수하게 된 밭을 바라보는 안타까운 심정을 이기지 못하여 가만히 앉아 있지 못하는 중인들의 공동체를 만들기 위해서는 사람들의 의식과 가치관을 바꿀 수 있는 본질적인 메시지가 필요합니다. 자녀를 앞에 놓고 일등을 놓치면 안 된다는 말로 공부를 독촉하는 것과 다음 세대를 책임질 수 있는 훌륭한 지도자가 되어야 한다는 말로 비전을 불어넣는 것은 하늘과 땅만큼 차이가 나는 것입니다. 전도 메시지도 내용에 따라 이와 비슷한 엄청난 차이를 보일 수 있는 것입니다.

이 책에 실린 내용은 전도에 대해서 좀더 본질적인 접근을 해보려고 씨름하였던 몇 편의 메시지들입니다. 지금 한국 교회가 관심을 두어야 할 일은 몇 명을 전도하느냐보다 전도가 체질화된 평신도를 만드는 것이라고 생각합니다. 세상구원을 '행사적인 사역'으로 인식하지 않고 '소명적인 사역'으로 자각하는 공동체를 만드는 것입니다.

　우리가 안고 있는 문제의 핵심은 전도가 안된다는 데 있지 않습니다. 전도를 생명 걸고 해야 할 소명으로 보지 못한다는 데 있습니다. 이 책이 이 문제를 해결하는 데 작은 보탬이 되었으면 하는 마음 간절합니다.

　이 책을 내놓기 위해 수고해 주신 여러분들에게 나의 따뜻한 사랑을 전하고 싶습니다. 우리 모두의 헌신을 통해 하루 빨리 주 안에서 하늘과 땅에 있는 모든 것들이 통일되는 그날이 오기를 소원합니다.

사랑의교회
옥한흠

차례

머리말   5

1장 세상을 제압하는 전도자

1. 하늘을 겨냥하는 삶(행 1:1~11)   13
2. 무관심이 가장 무서운 적이다(눅 10:25~37)   32
3. 하나님이 가장 기뻐하시는 일(눅 15:1~7)   52
4. 예수님의 마음을 내 마음으로(사 42:1~4)   62

2장 비전을 가진 전도자

5. 디사이플 메이킹(마 28:18~20)   85
6. 파워 전도(행 2:1~4)   102
7. 가장 부가가치가 높은 사업(마 25:14~30)   125
8. 하나님을 아는 지식(사 11:1~10)   150

3장 불타는 열정의 전도자

9. 지피지기 백전백승(행 26:24~29)　171
10. 전도자의 완전군장(겔 3:1~11)　192
11. 희생 없이 전도 없다(행 11:19~21)　213
12. 성경이 되고, 성경을 전하라(딤후 3:14~17)　232

4장 황홀한 기쁨을 가진 전도자

13. 이해할 수 없는 하나님의 기쁨(눅 15:11~32)　245
14. 복음과 성령의 능력으로 하는 전도(고전 2:1~5)　261
15. 세상이 알지 못하는 행복 체험(요일 2:15~17)　281
16. 신랑을 위한 신부 수업(엡 5:25~30)　303

세상을 제압하는
1 전도자

1. 하늘을 겨냥하는 삶(사도행전 1:1~11)
2. 무관심이 가장 무서운 적이다(누가복음 10:25~37)
3. 하나님이 가장 기뻐하시는 일(누가복음 15:1~7)
4. 예수님의 마음을 내 마음으로(이사야 42:1~4)

1. 하늘을 겨냥하는 삶

하나님의 거룩한 자녀로서 이 세상을 사는 사람이라면 마음속에 항상 이런 질문을 가지고 있을 것입니다. '나는 어디에 마음을 쏟고 있으며 무엇을 기대하고 사는가?' 문명이 발달할수록 사람들은 점점 더 타락하고, 풍요로운 생활을 누릴수록 더욱더 정욕의 노예가 된다는 사실을 우리는 역사를 통해 분명히 보고 있습니다.

얼마 전 모두를 경악하게 했던 사건은 다시 한 번 이 사실을 확인시켜 주었습니다. 계모가 9억 원이라는 보험료가 탐이 나, 일곱 살짜리 딸을 사고로 가장하여 죽인 사건이었습니다. 우리는 이런 비정하고 잔인한 세상 한가운데서 살고 있습니다. 스스로에게 냉철하게 물어보십시오. '이런 세상에 과연 우리가 기대할 만한 것이 있는가? 이 세상은 과연 우리가 마음을 쏟을 만한 가치가 있는가?'

어떤 목사님이 오토바이를 타고 가는 한 젊은를 보았습니다. 바짝 다가가서 보니 다음과 같이 쓴 스티커가 오토바이에 붙어 있었습니다. "죄의식 따위는 깔아뭉개 버려라." 죄 의식을 가지고 살 필요가 없다는 것입니다. 죄 의식 때문에 고민하는 사람이 있다면 오히려 그를 약간 모자란 사람으로 취급하는 풍조가 사회에 만연해 있습니다.

그 이유는 간단합니다. 하나님을 두려워하는 마음이 없기 때문입니다. 하나님을 두려워하는 마음이 있으면 죄 의식이 생깁니다. 그러나 하나님을 두려워하는 마음이 없으면 죄 의식도 따라서 희미해지는 것입니다.

벨트앙스트(Weltangst)라는 사람이 다음과 같은 유명한 말을 했습니다. "사람들의 마음에 하나님을 두려워하는 것이 죽어 버렸다. 그러나 새로운 두려움이 그 자리를 차지했다. 바로 모든 것을 두려워하는 공포다." 쉽게 말해서 사람들이 더 이상 하나님을 두려워하지 않게 되었다는 말입니다. 하나님이 두렵다는 생각 자체가 사라졌습니다. 그렇게 되면 사람들은 얽매이는 것 없이 편안하고 자유롭게 살 수 있을 줄 알았습니다. 또 모든 것에 자신감이 생길 줄 알았습니다.

그러나 결과는 그렇지 않았습니다. 그 안에는 어느새 다른 종류의 두려움이 대신 자리를 잡았습니다. 모든 것을 두려워하는 공포가 마음에 들어왔습니다. '내 몸에 무슨 심각한 문제가 생긴 것은 아닐까?' '빨리 죽으면 어떻게 하지?' '내 아이에게 무슨 일이 생기면 어쩌지?' '우리 가정에 원치 않는 변화가 일어나면 어쩌나?' 온갖 종류의 걱정 때문에 생기는 공포가 우리를 짓누릅니다. 사방을 다 둘러보아도 세상은 온통 우리를 두렵게 하는 것들로 꽉 차 있습니다. 여기에 과연 진정한 행복이 있습니까? 결국 '이 세상에는 더 이상 소망이 없어.'라는 생각이 듭니다.

그런데 왜 이런 세상에 마음을 죄다 빼앗기고 삽니까? 왜 일주일 내내 세상일에만 연연하고 있습니까? 물론 그렇지 않은 분들도 있을 것입니다. 그러나 교회에 다니는 사람 열 명 중 여덟 명은 일주일 동안 줄곧 그 마음이 세상에 가 있는 것처럼 보입니다. 성경은 "네 마음을 다하며 목숨을 다하며 힘을 다하며 뜻을 다하여 주 너의 하나님을 사랑하고 또한 네 이웃을 네 몸과 같이 사랑하라."(눅 10:27)고 말씀하지만, 우리의 모습은 그렇지 못합니다. 오히려 마음과 뜻을 온통 세상에 쏟고 목숨까지 바쳐 가며 세상을 사랑하고 있습니다.

교회가 세상 패션 뒷북치다가

지금은 고인이 된 미국 예일대학교의 라토렛(Latorette) 교수는 유명한 교회사학자였습니다. 그는 교회가 부흥하고 성도들이 영적으로 건강하여 세상에 큰 영향을 미치던 시대도 있었던 반면에 교회가 힘을 잃고 세상에 대해 무기력하던 시대도 있었다고 말합니다. 그는 교회가 힘을 잃고 부패하여 있으나마나 했던 무력한 시대들을 연구하면서 한 가지 공통점을 발견했다고 합니다. 그런 시대에 교회는 예외 없이 세상의 환경에 순응하고 집착하다가 시간과 공간을 초월하는 교회 본래의 정체성을 잃어버리고 말더라는 것입니다. 교회가 모방하려고 애쓰던 당대의 나라와 문화가 사라지자 교회 역시 같이 없어지고 말았다는 것입니다.

교회는 교회로서 살아남아야 합니다. 교회는 교회만의 고유한 정체성을 갖고 있기 때문입니다. 교회는 세상과 절대로 비교할 수 없는 교회만의 독특한 본질이 있습니다. 만약 이것을 포기하면 더 이상 교회가 아닙니다. '옥한흠'이라는 사람에게는 그만이 갖는 개성과 정체성이 있습니다. 그것을 포기하면 '옥한흠'은 더 이상 '옥한흠'이 아닙니다. 만일 교회가 그 정체성과 본질을 포기함으로써 힘을 잃어버리기 시작하면 그 구성원들의 마음은 자연히 세상으로 기울어지게 되어 있습니다. '어떻게 하면 요즘 세상과 잘 조화를 이루어가며 신앙생활을 할 수 있을까? 세상이 이렇게 변하는데 교회도 변해야 하지 않을까? 세상과 보조를 맞추어 세상이 원하는 대로 옷을 갈아입어야 하지 않을까?' 라는 식의 생각으로 자꾸 자리를 내주다 보면 결국 교회는 세상을 따라가게 됩니다.

세상의 유행이란 그리 오래가지 않습니다. 세상의 가치관 치고 한 세기 이상 이어지는 것이 없습니다. 자꾸 변화하고 없어지는 것이 세상의 가치관들입니다. 따라서 교회가 세상이 변화하는 모습에 맞추려고 발버둥 치다가, 세상의 가치관들이 사라져 없어지면 교회도 함께 무너지는 것을 막을 수 없게 되는 것입니다. 지금까지 기독교가 잘못된 때를 기억해 보십시오. 예외 없이 그런 경우였음을 알 수 있습니다. 오늘날 현대 교회도 심각하게 변질되어가는 모습을 보이고 있습니다. 결국 과거의 어두운 역사를 다시 되풀이 할지도 모른다는 소리가 높아지고 있습니다. 그도 그럴 것이 너무나 많은 그리스도인들이 자신도 모르는 사이에 온통 세상에 마음을 빼앗긴 채 살아가고 있기 때문입니다.

정말 하나님 나라를 대망하는가?

사도행전 1장은 우리가 진정으로 마음을 두어야 할 것에 대해 말씀하고 있습니다. 바로 하나님 나라입니다. 십자가에서 죽으셨다가 죄와 사망의 권세를 다 정복하고 부활하신 영광의 주님은, 승천하시기 전까지 40일 동안 제자들과 만나 대화를 나누셨습니다. 그때 나누었던 대화의 주제가 바로 하나님 나라입니다.

"(십자가에서) 해 받으신 후에 또한 저희에게 확실한 많은 증거로 친히 사심을 나타내사 사십 일 동안 저희에게 보이시며 하나님 나라의 일을 말씀하시니라"(행 1:3).

예수님의 주된 관심사이자 대화의 주제는 그분이 영원토록 다스리실 하나님 나라였습니다. 예수님은 그 나라에 대해서만 말씀하셨지, 세상 나라에 대해서 언급하지 않으셨습니다.
사도행전 1장 1절부터 11절까지 보면 하나님 나라의 시작과 진행, 결말이 잘 정리되어 있습니다. 하나님 나라가 언제 시작되었는지 1절 말씀에서 잘 나타납니다.

"데오빌로여 내가 먼저 쓴 글에는 무릇 예수의 행하시며 가르치시기를 시작하심부터 (기록하였노라)."

하나님 나라는 예수님이 세상에 오셔서 "회개하라, 하나님 나라가 가까웠느니라."고 외치며 가르치실 때부터 이미 시작되었습니다. 이 하나님 나라는 어떻게 전개되어갑니까?

"오직 성령이 너희에게 임하시면 너희가 권능을 받고 예루살렘과 온 유대와 사마리아와 땅 끝까지 이르러 내 증인이 되리라"(8절).

하나님 나라는 주님이 지상에 세우신 교회를 통하여, 복음 전하는 전도활동을 통하여 땅 끝까지 완성되어간다는 말씀입니다. 그러므로 주님이 하나님 나라를 건설하고 그 나라를 완성하기 위해 지상 교회를 세웠다는 결론을 얻을 수 있습니다.

하나님 나라는 언제 완성됩니까? 예수님이 승천하시는 광경을 넋을 잃고 바라보는 제자들에게 천사가 말했습니다.

"갈릴리 사람들아 어찌하여 서서 하늘을 쳐다보느냐 너희 가운데서 하늘로 올리우신 이 예수는 하늘로 가심을 본 그대로 오시리라"(11절).

예수님이 승천하실 때와 똑같은 모습으로 이 땅에 다시 재림하시는 그 날, 하나님 나라는 완성되고 영원히 지속될 것입니다.

천상천하 유신국독존(天上天下 唯神國獨尊)

이것이 하나님 나라입니다. 예수님의 관심, 예수님의 주제는 하나님 나라 밖에 없습니다. 창세기부터 요한계시록까지의 주제는 예수 그리스도와 그분이 다스리는 하나님 나라입니다. 그 외에는 없습니다. 성경 어느 곳에도 세상 나라에 관심을 보이지 않습니다. 성경에는 세상 나라에 대한 청사진도, 목표도 없습니다. 성경의 유일한 관심은 오직 하나님 나라뿐입니다. 세상 나라가 존재할 가치, 대한민국이 존재하고 우리가 사는 21세기가 존재하는 이유가 있다면, 그것은 하나님 나라가 이 세상에서부터 시작된다는 것뿐입니다.

하나님 나라에 들어갈 백성들은 다 이 세상에 살고 있습니다. 그들이 전부 예수 믿고 하나님 나라로 들어올 때까지는 세상 나라가 존재해야 합니다. 이런 의미에서 세상 나라는 하나님 나라를 위한 터전이 되는 것입니다. 하나님 나라가 없다면 세상 나라는 아무 의미도 없습니다. 타락한 죄악의 소굴, 그 이상의 의미는 없습니다.

사도행전은 예루살렘에서 처음으로 하나님의 백성이 된 사람들의 수가 120명이라고 기록하고 있습니다. 또 그들을 통해서 예수 믿고 하나님의 백성이 되는 사람들이 점점 불어났습니다. 조금 후에는 허다한 제사장의 무리까지 합세하여 제자들의 수가 아주 많아졌다고 합니다. 그들은 모두 하나님을 위해 생명을 건 사람들이었습니다.

그들의 관심과 목표는 오직 하나님 나라뿐이었습니다. 많은 사람의 헌신으로 하나님의 나라는 예루살렘 성벽을 뛰어넘어 유대와 사마리아와 저 수리아 지역까지 확장되었습니다. 그들이 가는 곳마다 하나님의 사람들이 점점 늘어났습니다.

"수(數)가 더 많아지니라"(행 9:31).

국경을 넘어서 안디옥, 터키가 있는 이고니온, 마침내 로마 제국의 수도였던 로마까지 복음이 전파되었습니다. 사도행전은, 몸은 비록 로마 감옥에 갇혀 있지만 면회 오는 모든 사람들에게 담대히 하나님 나라를 전파하는 바울의 모습을 보여 주면서 그 대단원의 막을 내리고 있습니다. 바울은 자기를 찾은 군인이며 귀족, 천인, 노예, 헬라인, 로마인, 유대인 할 것 없이 모두에게 하나님 나라를 전했습니다.

나는 무엇을 위해 사는가?

이처럼 사도행전에 나오는 모든 사람들의 관심과 마음은 온통 하나님 나라에 있었습니다. 그들은 우리처럼 건강 걱정, 자식 걱정, 물질 걱정 때문에 매일매일을 근심으로 살아가지 않았습니다. 우리처럼 세상 나라에 온통 마음을 빼앗긴 사람이 없었습니다. 베드로도 결혼하여 아내와 자식이 있었지만 성경에는 그가 가족들을 걱정하느라 시간을 보냈다는 기록은 없습니다. 그들의 관심은 오직 하나님 나라였습니다. 물론 그들은 가정도 알뜰히 돌봤습니다. 남편으로서 자신의 의무를 다했습니다. 그리고 생업에도 충실했습니다.

그렇지만 다른 점이 하나 있었습니다. 바로 하나님 나라와 그분의 의를 구하는 데 온통 마음을 쏟았다는 점입니다. 그렇게 살다 보니 많은 핍박도 받았고 때로는 생명을 빼앗기기도 했습니다. 스데반은 돌에 맞아 죽었습니다. 예루살렘에서 핍박이 일어나자 집도 빼앗기고, 생업도 빼앗기고, 온 가족이 사방으로 뿔뿔이 흩어지는 아픔을 겪기도 했습니다. 그러나 그들의 마음속에는 기쁨이 있었습니다. 그들은 하나님 나라를 위해 세상을 사는 사람이지, 세상 나라를 위해 하나님 나라를 이용한 사람들이 아니었기 때문입니다.

만일 우리가 "주님, 저도 항상 하나님 나라를 대망하고 사는 사람입니다. 비록 아침부터 저녁까지 회사 일에 정신없이 쫓기지만, 그 일을 내가 왜 하는지는 압니다. 바로 하나님 나라 때문에 일하고 있습니다."라고 고백한다면 우리는 사도행전의 성도들과 똑같다고 할 수 있습니다. 진정 거듭난 그리스도인이라면 이런 고백을 하는 것이 정상입니다. 만일 스스로 생각하기에 사도행전에 나오는 사람들과 다르다고 느낀다면 그것은 이단이든지 사이비든지 둘 중의 하나일 것입니다.

하나님 나라 백성이라고 하면서 1년 365일 동안 한 사람도 전도하지 못하고서 하나님 나라를 대망하고 있다고, 하나님 나라에 관심을 가지고 있다고 말할 수 없습니다. 이런 면에서 우리가 사도행전에 등장하는 수천, 수만 명의 제자들과 같지 않다는 게 큰 불행이 아닐 수 없습니다. 우리는 그들과 똑같아야 됩니다.

그러므로 우리는 늘 이런 기도를 드려야 합니다. '주님, 누구에게 전도할까요? 누구를 하나님 나라로 인도할까요?' 그러면 하나님께서 전도할 사람을 만나게 하시고, 교제가 이루어지도록 도와주시고, 그들이 예수 믿고 돌아오는 것을 목격하는 기쁨도 맛보게 해주십니다. 스스로에게 자문해 보십시오. '나는 세상 나라를 위해 살고 있는가? 아니면 하나님 나라를 위해 살고 있는가?'

주님이 교회에 주신 세 가지 선물

첫째로, 예수의 이름을 주셨습니다. 예수의 이름! 이 이름이 얼마나 영광스러운 이름입니까?

"오직 성령이 너희에게 임하시면 너희가 권능을 받고 예루살렘과 온 유대와 사마리아와 땅 끝까지 이르러 '내' 증인이 되리라"(행 1:8).

여기서 '내'가 바로 하나님 나라의 왕이신 예수 그리스도이십니다. 십자가에서 죽음을 이기고 부활하신 예수 그리스도이십니다. 하늘과 땅의 모든 권세를 손에 쥐고 계시는 만왕의 왕, 만유의 주, 예수 그리스도이십니다. "모든 정사와 권세와 능력과 주관하는 자와 이 세상뿐 아니라 오는 세상에 일컫는 모든 이름 위에" 뛰어나신 예수 그리스도이십니다(엡 1:21). 결국 예수 그리스도가 모든 만물을 충만케 하실 것입니다. 오직 그 이름만이 영광을 받으실 것입니다. 이 놀라운 이름을 우리에게 주셨습니다.

예수의 이름으로 외치는 베드로의 짧은 설교에 사람들이 변했습니다. 예수를 십자가에 못 박으라고 소리쳤던 폭도들이 갑자기 가슴을 치며 회개하고 돌아온 사실에서 그 이름의 권세는 확실하게 드러났습니다. "또 그(예수님)의 이름으로 죄 사함을 얻게 하는 회개가 예루살렘으로부터 시작하여 모든 족속에게 전파될 것이 기록되었으니 너희는 이 모든 일의 증인이라"(눅 24:47, 48)는 말씀대로 베드로는 예수의 이름을 증거했습니다. 그러자 그 말씀 앞에 양심의 가책을 느낀 수많은 사람들이 "형제들아, 우리가 어찌할꼬."라며 가슴을 치고 회개했고 죄 사함을 얻어 하나님 나라의 백성이 되었습니다.

우리는 전도할 때마다 한 사람을 전도한다는 게 얼마나 어려운지 자주 실감합니다. 눈을 치켜 뜨고 아주 못마땅하다는 표정으로 빤히 쳐다보는 사람, 계속 말꼬리를 물고 늘어지면서 자기 지식을 뽐내는 거만한 사람, 이런 사람들을 우리 힘으로 예수 믿게 한다는 것이 거의 불가능해 보일 정도입니다. 하물며 예수님을 십자가에 못 박으라고 소리지르던 폭도들을 예수 믿게 만드는 일이란 초대 교회 그리스도인들에게 아주 절망적인 일이었을 것입니다. 그러나 예수 이름의 권세는 모든 불가능을 가능으로 바꿔 놓았습니다. 그 권세는 베드로가 예수의 이름으로 복음을 증거하자 폭도들이 모두 다 하나님 앞에서 자복하고 회개하게 만들 정도로 대단한 것입니다.

　예수 이름의 권세는 베드로가 예수의 이름으로 담대하게 명하자 태어나면서부터 앉은뱅이였던 사람이 걷고 뛰게 된 사건에서도 나타났습니다. 이 광경을 보고 놀라며 주변에 몰려든 사람들을 향해 베드로는 이렇게 외쳤습니다.

　"너희와 모든 이스라엘 백성들은 알라 너희가 십자가에 못 박고 하나님이 죽은 자 가운데서 살리신 나사렛 예수 그리스도의 이름으로 이 사람이 건강하게 되어 너희 앞에 섰느니라"(행 4:10).

　예수의 이름은 이렇게 권세가 있습니다. 할렐루야!
　인도 선교사로서 선교 역사에 큰 발자취를 남긴 스탠리 존스는 인도에서 복음 전하는 일에 평생을 바친 분입니다. 그가 89세에 뇌일혈로 반신불수가 되어 버렸습니다. 사람들은 그를 강제로 보스턴에 있는 병원에 입원시켰습니다. 그는 치료를 받으면서 자기 병실에 들어오는 모든 의사들에게 이렇게 부탁했습니다.
　"의사 선생님, 나에게 이렇게 말해 주시오. '나사렛 예수 그리스도의 이름으로 명하노니 스탠리야, 걸어라'고 명령해 주시오."
　여러 번 거듭해서 부탁하자 치료하러 들어오는 의사들마다 그에게 "나사렛 예수 그리스도의 이름으로 명하노니 스탠리야, 걸어라!"고 말하기 시작했다고 합니다. 그러면 스탠리 선교사는 힘차게 대답했습니다. "아멘!" 간호사에게도 마찬가지로 똑같은 부탁을 했습니다. 간호사도 치료 도중 이렇게 말했습니다. "나사렛 예수 그리스도의 이름으로 명하노니 스탠리야, 걸어라." 스탠리는 그 즉시 대답했습니다. "아멘!"

혹시 노망이 든 것 같다고 생각할지 모르지만 놀랍게도 그분은 6개월 만에 병상을 박차고 일어났습니다. 그리고 90세의 나이에 또 다시 인도로 선교를 떠났다고 합니다. 예수 이름의 권능과 권세와 영광을 믿는 믿음이 기적을 나타낸 것입니다. 예수 이름의 권능을 믿지 않는 사람은 결단코 경험할 수 없는 일입니다.

병든 사람이 있으면 이렇게 선포하십시오. "나사렛 예수 그리스도의 이름으로 명하노니 딸(아들)아, 네 병에서 놓여 건강할지어다." 그리고 화답하십시오. "아멘!" 그러면 병이 나을 수 있습니다. 예수 이름의 권세를 신뢰하지 않으면 치유를 경험할 수 없습니다. 믿으십시오. 나사렛 예수 그리스도의 이름은 그만큼 권능이 있습니다.

예수님은 가서 복음을 전하고 하나님 나라를 위해 일할 때, 우리 이름으로 가거나 교회 목사님의 이름을 가지고 가거나 교회의 이름으로 가서 전하라고 말씀하지 않으셨습니다. '내' 이름, 곧 예수의 이름을 가지고 가서 전하라고 하셨습니다.

그러나 불행하게도 이 영광스러운 이름을 가지고 있으면서도 그 이름의 능력을 경험하지 못하는 사람이 많이 있습니다. 미국 교회의 한 통계에 따르면 1년 내내 전도를 한 번도 못한 사람이 98퍼센트라고 합니다. 영광스러운 이름을 가지고 있으면서도 그 이름을 전혀 발설하지 못하고 있는 것입니다.

주 예수의 이름은 너무나 영광스러워 나만 알고 있을 수 없습니다. 주 예수의 이름은 너무나 존귀하여 나 혼자 가지고 있을 수 없습니다. 주 예수의 이름은 너무나 능력이 커서 숨겨 놓을 수 없습니다. 주님은 이 이름을 우리에게 주셨습니다.

전도집회는 바로 이 이름을 가지고 타락한 세상에 복음을 선포하여 하나님 나라를 앞당기기 위해 하는 것입니다. 그럼에도 불구하고 아직도 전도집회를 남의 일처럼 생각하고 있습니까? 그렇다면 감히 예수를 믿는다고 말할 수 없습니다. 그런 부끄러운 모습으로는 급할 때 하나님을 찾기가 힘듭니다.

둘째로, 성령의 권능을 주셨습니다.

"오직 성령이 너희에게 임하시면 너희가 권능을 받고"(행1:8).

성령은 분명히 우리에게 오셨고 우리 안에 계십니다. 이것을 믿는다면 "나는 권세를 받지 못했기 때문에 전도하지 못합니다. 나는 은사가 없어서 전도하지 못합니다. 다른 사람 앞에만 서면 얼굴이 빨개져서 도무지 말이 안 나옵니다."라는 말들은 변명이 될 수밖에 없습니다. 성령은 이미 우리 안에 거하고 계시기 때문입니다.

성령이 우리 안에 거하시는데 그 능력이 나타나지 않습니까? 순종하지 않기 때문입니다. 믿지 않는 이웃 아주머니와 엘리베이터를 같이 타게 됐을 때, 당신은 마음속에서 울리는 성령의 음성을 들을 수 있을 겁니다. '예수 믿으라고 한마디만 해. 한마디만 해봐.' 그러나 또 다른 한편에서는 이런 소리가 들려옵니다. '아니야. 괜히 말을 꺼냈다가 무안만 당할 거야.' 그렇게 갈등하는 사이 그만 엘리베이터의 문이 열리고 전도할 기회를 잃게 되기가 부지기수입니다.

성령께서는 우리가 안 믿는 사람과 만나게 될 때, 또 복음이 필요한 사람을 보게 될 때마다 복음을 전하라고 마음속에 속삭여 주시는데, 우리는 이것을 자꾸 거부하고 있습니다. 이런 이유 때문에 우리에게서 능력이 나타나지 않는 것입니다.

수백만 킬로와트의 전력을 만들어내는 발전소에서부터 각 가정까지는 전력을 공급하는 전선으로 일일이 연결되어 있습니다. 그러나 그 발전소가 아무리 크고 또 엄청난 양의 전력을 공급한다 해도, 가정에서 스위치 하나를 올리지 않는다면 아무 소용이 없습니다. 밥도 짓지 못하고 전등도 켜지 못합니다.

성령도 마찬가지입니다. 성령은 우리 안에 거하십니다. 교회에 계십니다. 그러나 우리가 순종의 스위치를 켜지 않으면 성령은 결코 우리 안에서 역사하지 못합니다. 그러므로 우리 모두 순종합시다. 순종하면 성령께서 우리를 통해 엄청난 일을 하십니다. 베드로가 삼천 명을 전도했다면, 우리도 삼천 명을 전도할 수 있습니다. 예루살렘교회가 만 명을 전도했다면, 우리 교회도 만 명, 십만 명, 백만 명도 전도할 수 있습니다. 순종하면 하나님의 능력이 나로부터 나갑니다. 내 안에 성령이 거하시기 때문입니다.

셋째로, 하나님 나라의 꿈과 환상을 주셨습니다.

"하나님이 가라사대 말세에 내가 내 영으로 모든 육체에게 부어 주리니 너희의 자녀들은 예언할 것이요 너희의 젊은이들은 환상을 보고 너희의 늙은이들은 꿈을 꾸리라"(행 2:17).

여기 등장하는 꿈이나 환상, 예언은 하나님 나라에 대한 꿈이요, 환상이요, 예언을 의미합니다. 그러므로 믿음을 가지고 하나님 나라를 위해 살기 원하는 사람들의 마음속에는 항상 그 나라의 그림이 그려집니다. 예수 믿는 사람이 늘어나고, 주님이 오실 때가 가까워 오면 이들은 기쁨을 감추지 못합니다. 왜냐하면 하나님 나라에 대한 환상이 있기 때문입니다. 예수님은 우리가 이 환상과 꿈을 가지고 살도록 매일 반복하여 기도할 수 있는 주기도문을 주셨습니다.

"하늘에 계신 우리 아버지여 이름이 거룩히 여김을 받으시오며"(마 6:9).

그 이름이 거룩히 여김을 받기 위해서는 그 나라가 임해야 됩니다. 하나님 나라가 완성되어야 합니다. 그럴 때 주님의 뜻이 이 땅 위에 이루어지게 됩니다. 나라와 권세와 영광이 아버지께 영원히 있게 됩니다. "하나님이여, 하나님 나라와 그 나라의 모든 영광과 권세를 소유하시고 우리를 영원히 다스려 주옵소서." 이것이 주기도문의 중심 사상입니다. 주님은 우리가 날마다 주기도문으로 기도하면서 하나님 나라를 꿈꾸고 그 나라를 바라보며 살도록 해주셨습니다.

그러나 과연 우리의 꿈과 환상이 하나님 나라에 있습니까? 우리의 마음을 사로잡고 있는 꿈과 환상은 무엇입니까? 세상 사람들이 부러워하는 것과 마찬가지로 좋은 집과 경제적인 윤택함입니까?

"육신을 좇는 자는 육신의 일을, 영(성령)을 좇는 자는 영의 일을 생각하나니"(롬 8:5).

'영의 일'이란 하나님 나라의 환상을 의미합니다. 이 환상을 가지고 있다면 당신은 성령의 사람입니다. 만약 이 환상은 없고 세상의 환상만 가득하다면 지금 스스로에게 이런 질문을 던져 보십시오.

"성령님, 지금 어디 계십니까?"

하늘을 겨냥하면 땅은 덤

정상적인 그리스도인이라면 하나님 나라에 마음을 둡니다. 그러나 관심을 갖는 수준에 머물러서는 안 됩니다. 관심은 분위기가 바뀌면 없어질 수도 있기 때문입니다. 관심과 함께 그 나라를 위해 헌신하십시오. 헌신하는 사람은 변명하지 않습니다. 결과를 볼 때까지 쉬지 않습니다. 이것이 헌신하는 사람의 자세입니다. 하나님 나라에 관심을 가지고 헌신하는 사람은 주님을 위해 시간과 물질과 몸을 드립니다. 주저 없이 내어 놓습니다.

어느 목사님이 미국의 한 신학교를 방문했는데, 그 학교는 재정적으로 몹시 어려운 상태였습니다. 좋은 교수를 영입하고 싶어도 재정이 확보되지 않아 못하고 있던 터에 한국에서 온 목사님이라니까 붙들고 사정을 하게 됐습니다. "목사님, 우리 신학교에는 한국 학생만 해도 천 명이 넘습니다. 그러니 한국 교회가 도와줄 만하지 않습니까? 석좌교수를 모실 수 있도록 재정을 지원해 주시면 좋겠습니다."

석좌교수란 어떤 기업이나 개인이 기부한 기금으로 연구활동을 하도록 대학에서 지정한 교수를 말합니다. 미국에서 석좌교수 한 사람을 쓰기 위해서는 적어도 백만 달러가 필요합니다. 목사님은 듣자 하니 사정이 너무 딱해서 노력해 보겠다고 대답한 다음 돌아왔습니다.

그런데 목사님에게는 이 일이 너무 큰 부담이 되었습니다. 시무하시는 교회에서도 수백 억짜리 프로젝트를 막 시작한 터라 이 일을 교회 재정으로 할 수도 없고, 그렇다고 약속한 일이니 나 몰라라 할 수도 없고 아주 난처한 입장이 되었습니다. 고민하며 기도만 하고 있었는데, 어느 날 중소기업을 운영하시는 모 집사님이 자꾸 생각나더랍니다. 그래서 그분과 점심 약속을 하고 만났습니다. 눈치를 봐가면서 살짝 물었습니다. "집사님, 요즘 사업은 좀 어떠십니까?" 그러자 "요즘 형편이 별로 좋지 않습니다. 저희 회사도 규모를 많이 줄였습니다. 그래도 규모를 줄인 뒤에는 하나님의 은혜로 지난 한 해 동안 어렵지 않을 만큼 벌었습니다."라고 하더니 그 액수를 말하더랍니다. 중소기업의 1년 매출로 치자면 그리 큰돈은 아니었으나 불경기에 그만한 수익을 본다는 건 참으로 대단한 일이었습니다. 목사님은 조심스럽게 이 문제를 상의하셨습니다. "저에게 이런 사정이 있습니다. 앞으로 지도자가 될 사람들을 키우는 데 쓰려고 하니 좀 도와주십시오." 사정을 다 듣고 난 후 집사님은 "주님이 쓰시겠다니 드려야지요."라며 대뜸 9억 원을 내놓았다고 합니다.

9억이면 얼마나 큰돈입니까? 그런데도 집사님은 '하나님 나라를 위해 써야겠다'는 확신이 들자 조금도 아낌없이 드렸습니다. 이것이 헌신입니다. 이것이 하나님 나라를 대망하는 자의 모습입니다. 죽을 때 가져가지도 못할 뿐더러 자식과 가정을 망치기 십상인 재물을 쌓아 놓으려고만 하는 어리석음을 범하지 마십시오. 그것은 하나님 나라를 모르는 세상 사람들의 모습입니다.

철학자 루소는 예수 믿는 사람을 향해 빈정거리는 투로 이렇게 말했습니다. "도대체 교회라는 곳은 이상하다. 모두가 해결이 불가능해 보이는 충성 딜레마에 빠져 있는 것 같다. 다들 하나님 나라만 찾고 있는데 저렇게 하나님 나라에만 충성하다가 세상 나라의 훌륭한 시민은 어떻게 되겠다는 말인가?"

20세기 최고의 기독교 문학가인 영국 캠브리지대학교의 C. S. 루이스 교수는 이렇게 대답합니다. "하늘을 겨냥하라. 그러면 땅은 덤으로 얻게 될 것이다. 땅을 겨냥하라. 그러면 어느 것도 얻지 못할 것이다."

이것은 진리입니다. 하나님 나라를 얻는 사람은 세상도 얻습니다. 그러나 하나님 나라를 잃는 사람은 세상도 다 잃습니다. 그렇기 때문에 하나님 나라를 최우선순위에 두라고 말씀하십니다. 하늘의 것을 먼저 구하면 땅의 것은 덤으로 주십니다. 그런데도 오늘날 하나님의 말씀과는 거꾸로 살아가는 사람들이 너무나 많습니다.

당신은 줄을 어디에 섰는가

하나님은 세상 나라에 대해서 이렇게 선언하십니다. "무너졌도다 무너졌도다 큰 성 바벨론이여"(계 18:2). 바벨론은 세상 나라를 가리킵니다. 이 세상은 반드시 무너집니다.

"인생은 그 날이 풀과 같으며 그 영화가 들의 꽃과 같도다 그것은 바람이 지나면 없어지나니 그곳이 다시 알지 못하거니와"(시 103:15, 16).

세상은 반드시 없어집니다. 들의 꽃과 같이 사라지는 것이 세상 나라의 운명입니다. 그런데 우리가 이런 곳에 마음을 빼앗기고 살아서야 되겠습니까? 하나님 나라에 대해서는 이렇게 선언하십니다.

"다시 저주가 없으며 하나님과 그 어린양의 보좌가 그 가운데 있으리니 그의 종들이 그를 섬기며 그의 얼굴을 볼 터이요 그의 이름도 저희 이마에 있으리라 다시 밤이 없겠고 등불과 햇빛이 쓸데없으니 이는 주 하나님이 저희에게 비취심이라 저희가 세세토록 왕 노릇하리로다"(계

22:3~5).

예수님과 더불어 세세토록 왕 노릇할 하나님 나라가 다가오고 있습니다. 우리는 어느 나라를 위해 마음을 쓰며 헌신하고 충성해야 되겠습니까? 성령께서 각자의 심령에 임하셔서 생각을 변화시켜 주시고 마음속에 있는 세상의 바벨론 신상을 다 깨뜨려 주시기를 바랍시다. 하나님 나라를 바라보는 환상을 품고, 예수의 이름을 가지고 나아갈 때에 우리 앞에 있는 모든 불쌍한 영혼들이 두 손 들고 주님 앞으로 돌아오는 역사가 일어나기를 소망합니다.

우리의 '예루살렘'은 믿지 않는 가족입니다. 우리의 '유대'는 우리가 살고 있는 동네입니다. 우리의 '사마리아'는 대한민국입니다. 우리의 '땅 끝'은 세계 모든 나라, 모든 열방이 됩니다. 우리는 이들에게 전도해야 합니다. 주님께서는 당신을 향해, 한국 교회를 향해, 세계 교회를 향해 예수의 이름을 가지고, 성령의 능력을 소유하고, 하늘의 환상을 가슴에 가득 품고 나아가 하나님 나라를 완성하라고 명령하십니다. 우리 모두 이 명령에 순종해야 합니다.

하늘을 생각하고 하늘을 겨냥하고 사십니까? 그러면 이 땅도 덤으로 얻을 것입니다. 날마다 땅을 생각하고 땅을 겨냥하고 계십니까? 결국에는 다 잃어버릴 것입니다. 우리의 가정, 직장, 재물, 젊음, 건강도 하나님의 영광과 영원한 그의 나라를 위해 바친다면 이 세상과 오는 세상에서 그보다 더 아름다운 삶은 없을 것입니다.

2. 무관심이 가장 무서운 적이다

　성경을 잘 아는 분이라면 본문에 나와 있는 '율법사'가 누구인지 짐작하실 것입니다. 율법사는 요즘 사용하는 용어로 바꿔 말한다면 '율사' (律士) 정도 됩니다. 즉, 법을 전공한 사람이거나 법조계에서 일하는 전문가라고 보시면 됩니다. 당시 유대 나라의 모든 법은 성경에 기록된 율법이었습니다. 이 율법을 전공함으로써 법에 대해 유권적인 해석을 내릴 수 있는 자격이 주어질 뿐만 아니라 백성들에게 그것을 가르쳐야 할 의무를 가진 사람들을 일컬어 율법사라고 했습니다. 성경에 자주 등장하는 서기관들의 상당수도 이 율법사 그룹에 속하는 자들이었으며, 이런 의미에서 율법사들은 대개 유대의 엘리트들이었다고 할 수 있습니다. 율법에 정통하다고 자부하던 그들이 예수님의 공생애 기간 동안 줄곧 그 누구보다 더 예수님을 심하게 괴롭혔습니다. 어떻게 해서든지 그분에게서 허물을 찾아내어 그들의 법으로 옭아매려고 항상 예수님의 뒤를 캐고 다녔습니다.

어느 날 한 율법사가 이런 사악한 의도를 가지고서 예수님의 약점을 찾으려고 예수께 다음과 같은 질문을 던졌습니다. "선생님 내가 무엇을 하여야 영생을 얻으리이까"(눅 10:25). 비록 순수하지 못한 동기에서 나온 질문이었지만, 질문 자체는 대단히 탁월한 것이었습니다. 이 세상에 태어난 사람이라면 그 무엇보다 먼저 하는 질문이기 때문입니다. 혹 평생 하지 못했다면 죽기 전에라도 꼭 해야 하는 질문이 바로 이 질문이기 때문입니다. 반드시 정확한 답을 얻어야만 하는 질문이 있다면 그것이 바로 이 질문입니다. "어떻게 하여야 영생을 얻을 수 있겠습니까?" 다른 말로 "어떻게 하면 구원을 얻을 수 있습니까?" 또는 "어떻게 하면 천국에 들어갈 수 있습니까?"라는 질문입니다. 아직까지 이런 질문을 해보지 않은 채 세상을 사는 사람이 있다면 그는 캄캄한 흑암 속을 헤매고 있는 것이나 다름없습니다. 조금은 지나친 표현일지 모르나 사실입니다. 예수님을 주라고 고백하는 우리 모두는 다 이 질문을 했고, 거기에 대한 답을 얻었기 때문에 하나님의 거룩한 백성이 된 것입니다.

백 점짜리 대답

예수님은 사람의 마음을 꿰뚫어 보십니다. 율법사가 사악한 동기를 가지고 말을 걸었다는 점을 간파하신 주님께서는 대답 대신 오히려 그에게 질문을 던지셨습니다. "율법에 무엇이라 기록되었으며 네가 어떻게 읽느냐"(눅 10:26). 이 말씀은 이런 뜻입니다. "너는 율법사가 아니냐? 율법에 정통한 네가 한번 대답해 보거라." 율법사의 대답은 27절에 나옵니다.

"대답하여 가로되 네 마음을 다하며 목숨을 다하며 힘을 다하며 뜻을 다하여 주 너의 하나님을 사랑하고 또한 네 이웃을 네 몸과 같이 사랑하라 하였나이다."

초등학교를 졸업하면 적어도 구구단은 다 외우듯이, 이 구절은 예수 믿는 사람이라면 꼭 외워야 할 말씀입니다. 예수님은 이 본문을 일컬어 모든 율법을 요약한 말씀, 즉 '율법의 대강령'이라고 하셨습니다. 구약의 모든 율법을 한마디로 요약하면 27절과 같이 표현할 수 있다는 말입니다. 그러므로 이것은 대단히 중요한 말씀입니다.

이처럼 마음과 목숨과 힘과 뜻을 다하여 하나님을 사랑한다면 제1계명부터 제4계명까지는 절대 범할 리가 없습니다. 우상을 숭배하겠습니까? 하나님을 떠나겠습니까? 하나님의 이름을 망령되이 일컬을 수 있겠습니까? 하나님을 예배하는 날에 예배 드리는 것을 다 팽개치고 제 맘대로 놀 수 있겠습니까? 하나님만 사랑하면 제1계명부터 제4계명까지 전부 지킬 수 있습니다. 게다가 이웃을 내 몸처럼 사랑한다면 제5계명부터 제10계명까지 범할 리가 없습니다. 사랑하는 사람에게 어떻게 그런 죄를 범할 수 있겠습니까? 따라서 이 구절이 모든 율법을 요약한 말씀이라고 하는 것입니다.

율법이라고 한다면 일반적으로 구약 성경 창세기부터 신명기까지 모세오경이라고 불리는 책들을 가리킵니다. 창세기 1장부터 신명기 마지막 장까지 읽으려면 꽤 오랜 시간이 걸립니다. 내용도 그리 단순하지 않습니다. 그런데 이 율법사가 그 모세오경에서 영생을 얻는 방법에 대한 정확한 답을 뽑아냈으니 그 실력은 대단합니다. 율법사는 백 점짜리 답을 내놓았습니다.

나는 '바담' 풍(風) 하지만 너는 '바람' 풍(風) 하라

율법사의 대답은 한 치의 빈틈도 없이 완벽했지만 예수께서는 그가 어떤 사람인지 이미 알고 계셨습니다. 그는 율법을 아는 만큼 그대로 사는 사람이 아니었습니다. 남은 가르치면서 자신은 가르칠 줄 모르는 위선자였습니다. 이웃을 자기 몸과 같이 사랑하는 것이 영생을 얻는 길인 줄 알면서도 자기 자신은 말씀대로 살지 않는 사람이었습니다. 주님은 이런 그를 꿰뚫어 보고 계셨습니다. 그러므로 그 율법사는 예수님의 말씀대로 "천국 문을 사람들 앞에서 닫고 너희도 들어가지 않고 들어가려 하는 자도 들어가지 못하게" 하는 사람입니다(마 23:13). 누가복음 11장 46절에서 주님은 율법사에게 너무도 무서운 말씀을 하고 계십니다. "화 있을진저." 이 말은 "저주를 받을지어다"라는 뜻입니다. 예수님의 입에서 이런 저주의 말씀이 나왔다는 것은 대단히 충격적이라 할 수 있습니다. 이어지는 말씀을 보십시오. "너희 율법사여 지기 어려운 짐을 사람에게 지우고 너희는 한 손가락도 이 짐에 대지 않는도다."

주님은 바로 이것이 율법사의 실체라는 것을 아셨습니다. 누군가에게 무거운 짐을 져 달라고 부탁했을 때, 그 사람의 힘이 그 짐을 충분히 감당할 만해서 금방 일어나 가볍게 지고 가면 문제는 간단하겠지만, 힘에 부쳐 일어나다가 주저앉기를 계속 반복한다면 어떻게 해야 옳습니까? 옆에서 도와줘야 합니다. 남에게 짐을 지운 사람은 마땅히 옆에서 도와

줘야 합니다. 그런데 율법사는 어떤 사람입니까? "네 마음을 다하고 힘을 다하고 목숨을 다하고 뜻을 다하여 네 하나님을 사랑하라. 네 이웃을 네 몸처럼 사랑하라. 이 계명을 지켜라. 어느 어느 율법을 지켜라." 그는 항상 이런 말로 다른 사람에게 짐을 잔뜩 지우는 사람입니다. 그러면서 정작 자기는 손 하나 까딱 하지 않았습니다. 예수님은 이것을 잘 알고 계셨기 때문에 "네 대답이 옳도다 이를 행하라 그러면 살리라."(눅 10:28)고 말씀하셨습니다.

만약 이 율법사가 조금이라도 양심의 가책을 느끼는 사람이었다면 이 정도에서 "선생님, 잘 알겠습니다."라고 말한 후 고개를 푹 숙이고 돌아갔어야 옳습니다. 그런데 그는 그렇지 않았습니다. 도리어 자기의 악한 본성을 드러내기 시작했습니다. "그러면 내 이웃이 누구오니이까"(눅 10:29). 그는 말꼬리를 붙잡고 늘어졌습니다. 예수님과 이웃에 대해 한 번 논쟁해 보자는 것입니다. 도대체 누구를 두고 이웃이라고 하는지, 내 몸처럼 사랑할 이웃이 어디에 있는지 묻고 있습니다. 얼마나 악한 사람입니까?

잘 아는 바와 같이 사랑은 실천이 중요합니다. 말장난은 아무 쓸모도 없습니다. 이론적으로 따지기보다 지극히 작은 일 하나라도 실천하는 것이 사랑입니다. 그런데 과연 이웃이 누군지, 이웃의 개념이 무엇인지 논쟁해 보자며 예수께 대들고 있는 이 율법사의 모습을 보십시오. 우리는 이 모습에서 율법사의 마음이 얼마나 굳어 있는지 단박에 알 수 있습니다. 교회 안에서도 가끔 이런 사람들을 볼 수 있습니다. 자기는 말씀대로 살지 않으면서 성경 이야기만 나오면 그 말의 원래 의미가 어떻다는 둥, 오늘날과 같은 시대에는 어떻게 해석되어야 한다는 둥 요란하게 떠드는 사람들이 있습니다. 말씀대로 사는 것만 해도 벅찬데 그렇게 말장난 할 시간이 어디 있습니까?

당신도 그냥 지나치지 않았는가

　예수님은 그의 악한 의도를 아셨음에도 불구하고 친절하게 이웃이란 누군가를 설명해 주셨습니다. 여기서 예수님은 한 가지 이야기를 들려주고 계십니다. 등장인물로는 예루살렘에서 여리고로 내려가는 길에 강도를 만난 어떤 사람과 그 사람을 도와주지 않고 도망간 제사장과 레위인, 마지막으로 그를 도와 생명을 구해 준 선한 사마리아인이 나옵니다.
　일반적으로 이 이야기는 단순한 비유로 여겨져 왔습니다. 예수께서 이웃이 누군가를 설명하기 위해 적당히 꾸며내신 이야기일 거라고 다들 이해해 왔습니다. 그러나 그렇게만 볼 수는 없습니다. 그 이유는 이렇습니다. 여기 등장하고 있는 사람은 모두 네 명입니다. 네 사람 중 세 명이 유대인이고 한 사람만이 사마리아인입니다. 당시 유대인과 사마리아인은 서로 앙숙이었습니다. 유대인들이 사마리아 사람들을 개로 취급할 정도였습니다. 더러운 피가 섞였다고 하여 인간 이하로 생각하며 멸시했습니다. 이런 서러움을 받던 사마리아 사람들도 유대인이라면 이를 갈 정도로 증오했습니다. 자다가도 울화통이 터져 잠을 깰 지경이었습니다. 이렇게 두 종족은 서로 화해하지 못한 채 기나긴 세월을 원수로 지냈습니다.
　이 이야기를 하고 계신 예수님도 유대인이요, 율법사도 유대인이요, 예수님 주위에 둘러서서 이야기를 듣고 있는 사람들도 대부분 다 유대인입니다. 예수님이 이런 유대인 틈바구니 속에서 사마리아 사람을 미화하고 유대인을 죄다 악역으로 몰아붙이는 식의 이야기를 지어내고 있습니다. 그곳 분위기는 당장 살벌하게 돌변했을 것이 뻔합니다.

하지만 예수님이 그 이야기를 마친 뒤에도 예수께 대들거나 트집 잡거나 공격하는 사람이 없었던 걸 보면 분명히 그럴 만한 이유가 있으리라고 생각할 수 있습니다. 이럴 수 있었던 한 가지 가능성은, 이 이야기가 예수님이 만들어 내신 것이 아니라 한때 유대 사람들의 입에 오르내리던 실화였지 않을까 하는 것입니다. 혹 그게 아니라면 사람들의 은밀한 사생활까지 환히 꿰뚫어 보시는 예수님께서 이 율법사를 비롯하여 그 자리에 있던 사람들이 저질렀을지 모를 일을 끄집어내어 이야기하신 것인지도 모릅니다. 즉, 예수님은 "이 이야기에 등장하는 제사장이, 또 레위인이 바로 네가 아니냐? 너도 한때 다 죽어가는 사람을 보고도 그냥 도망치지 않았느냐?"고 힐문하심으로써 그들이 찔린 나머지 차마 어떠한 변명도 하지 못하도록 만드셨다고 볼 수도 있습니다. 이 이야기를 단순히 만들어낸 비유 정도로 취급해서는 안 됩니다.

누가 이웃인가

예루살렘은 해발 700미터의 높은 언덕에 위치한 도시이고 여리고는 해저 400미터쯤에 위치한 저지대 마을입니다. 그렇지만 여리고와 예루살렘 사이의 거리는 얼마 되지 않습니다. 기껏해야 서울과 수원 사이 정도의 짧은 거리입니다. 거리는 가까운지 몰라도 고저 차이가 대단히 많이 나는 급경사의 지형이기 때문에 내려가는 길은 당연히 험할 수밖에 없습니다. 이 험한 길은 자연히 강도가 들끓었습니다. 사람들은 그 길을 절대 혼자서 가지 않으려 했고, 할 수만 있으면 여러 사람들이 함께 모여서 그 길을 가려고 했습니다.

그런데 한 유대인이 얼마나 급했는지 혼자서 그 길을 가다가 강도를 만났습니다. 당시에는 입고 있던 옷도 강도들이 탐내던 물건 중에 하나일 정도로 옷이 귀한 시절이었습니다. 강도들은 이 사람의 옷을 벗겼습니다. 그는 저항을 했는지 죽기 직전까지 두들겨 맞았습니다. 그는 빈사 상태에 빠져 쓰러졌습니다. 이제 강도들은 다 도망가고 없습니다. 그대로 내버려두면 그는 죽습니다.

그때 마침 제사장이 그 길을 지나가게 되었습니다. 신음소리가 나서 가보니 피투성이가 된 사람이 벌거벗긴 채 누워 있었습니다. 아무도 없는 산길을 가다가 이런 일을 보았으니 아마 제사장도 몹시 놀랐을 겁니다. 강도 만나 쓰러져 있는 사람을 보고 그는 어떻게 반응했습니까? 성경에는 '피하여 도망갔다' 고 기록되어 있습니다. '제사장이 그 길로 내려가다가' 라는 말씀에 비추어보면 그는 아마도 예루살렘에서 여리고로 가는 중이었던 것 같습니다.

율법에 따르면, 성전의 제사를 총지휘, 지도하기 위하여 제사장들 가운데 제비를 뽑아 그 당번을 정하도록 하는 규례가 있습니다. 따라서 매달 한 명씩 당번을 정했습니다. 아마 이 제사장도 자기 차례가 되어, 여리고의 집에 가족을 남겨둔 채 예루살렘으로 올라와서 한 달 동안 제사장 직무를 수행한 것 같습니다. 일을 마친 후 지금은 다시 여리고로 돌아가는 길입니다. 한 달이나 못 본 그리운 가족 곁으로 돌아간다는 생각에 발걸음이 몹시 바쁩니다. 더욱이 강도가 출몰한다는 길이니 불안한 마음에 일부러 걸음을 더 빨리 놀렸을 것입니다. 그런데 피투성이가 된 사람을 보았으니 무슨 생각이 들었겠습니까? '이 사람을 건드렸다가는 오늘

세상을 제압하는 전도자

밤 안에 집에 가기는 틀렸어. 이 사람이 강도 만난 것을 보니, 또 언제 강도가 나타날지 모르는 일 아닌가? 제사장인 내가 피 흘리는 사람을 만진다는 건 부정한 일이야. 보는 사람도 없는데, 그냥 가야지.' 아마 그는 이런 생각을 하고 그냥 가버린 것 같습니다.

얼마 후에 레위 사람이 그 길을 지나가게 되었는데, 그도 제사장과 똑같이 행동했습니다. 레위 사람이 누구입니까? 제사장 밑에서 실제적으로 제사의 모든 일을 맡아 하는 사람입니다. 성직자입니다. 중요한 역할을 하는 사람입니다. 그렇지만 그도 그냥 지나갔습니다.

한참 후에 어떤 사람이 다시 그곳을 지나가게 되었습니다. 그는 사마리아 사람이었습니다. 신음 소리가 들리는 곳으로 가보니 사람이 죽어가고 있었습니다. 강도 만난 사람의 형편을 본 이 사마리아인은 어떤 마음을 가졌습니까?

"그를 보고 불쌍히 여겨"(33절).

그가 강도 만난 유대인을 불쌍히 여겼다는 것은 참으로 대단한 일입니다. 이미 말씀드린 대로 유대인과 사마리아인은 서로 앙숙입니다. 그러므로 자기 눈앞에서 피를 흘리며 쓰러져 있는 사람이 유대인이라는 것을 안 다음에는 '잘됐다, 꼴좋다' 하면서 그냥 지나갈 수도 있는 일이기 때문입니다. 나쁜 마음을 가진 사람 같으면 돌멩이를 들어 한 대 치고 갔을지도 모릅니다. 얼마든지 그럴 수 있는 관계라는 것입니다. 그럼에도 불구하고 이 사마리아 사람은 강도 만난 자를 보자마자 불쌍한 마음을 갖게 되었습니다. 그 사람이 비록 유대인이지만 불쌍하여서 그냥 두고 지나갈 수가 없었습니다. 우선 나귀를 세우고 짐을 풀어서 포도주와 기름을 꺼내어 상처에 바르고 피를 닦는 등 응급조치를 했습니다. 그런 다음 그 사람을 나귀 위에 태우고 조심스럽게 가장 가까운 동네 여관으로 데려가 밤새 그를 정성껏 간호했습니다. 다음날 아침, 그는 다시 길을 떠나야 했습니다. 그는 여관 주인에게 약 이십만 원 정도 되는 돈을 주며 환자를 부탁했습니다. 만일 돈이 더 들면 돌아오는 길에 다시 계산하겠다고 말했습니다.

이야기를 마치신 예수님은 이렇게 물으셨습니다. "네 의견에는 이 세 사람 중에 누가 강도 만난 자의 이웃이 되겠느냐"(36절). 그러자 율법사가 대답합니다. "자비를 베푼 자니이다"(37절). 그러자 주님이 말씀하십니다. "가서 너도 이와 같이 하라"(37절).

나의 자화상은

이 비유에는 핵심적인 교훈이 몇 가지 있습니다.

첫째, 내 이웃이 누구인가 하는 것보다 내가 누구의 이웃이 되는가가 더 중요합니다.

둘째, 이웃을 내 몸과 같이 사랑하는 것은 감정의 문제가 아니라 행동의 문제입니다. 보통 사마리아 사람이 유대인을 보고 품는 감정은 미워하는 감정이요, 가급적 멀리하고 싶은 감정입니다. 다들 사랑이라고 하면 마음이 끌리고 몹시 그립고 생각만 해도 흐뭇한 감정이 생겨나는 것이라고 생각하는데, 그것은 잘못입니다. 내 몸과 같이 사랑한다고 하는 그 사랑은 감정을 뛰어넘어 행동으로 나타납니다. 따라서 행동은 없으면서 감정만 내세우는 것은 사랑이 아닙니다.

셋째, 사랑을 실천하려면 민족 간의 감정이나 개인의 감정을 초월해야 합니다. 다시 말해서 모든 인간적인 여건을 극복하고 사랑을 실천해야 한다는 이야기입니다.

넷째, 그가 사랑을 실천하는지, 그렇지 않는지 비록 사람은 보지 못하지만 은밀히 보시는 하나님은 다 알고 계십니다. 아무도 없는 심심 산골이라도 하나님께서는 다 보고 계십니다.

다섯째, 우리가 좋은 이웃이 되어 주어야 할 사람들이 우리 주변에는 얼마든지 있습니다. 내 이웃을 찾으려고 멀리 다닐 필요가 없습니다. 내 주변에는 사랑을 필요로 하는 사람들이 얼마든지 있다는 말입니다.

여섯째, 사랑하려면 말부터 앞세우지 말고 명령에 순종하십시오.

나는 과연 누구의 자화상을 많이 닮았습니까? 선한 사마리아인입니까? 제사장입니까? 레위인입니까? 누가 나의 자화상을 잘 대변하고 있습니까? 우리 가운데도 선한 사마리아인 같은 사람이 많이 있습니다. 그러나 불행하게도, 제사장이나 레위인과 같은 자화상을 가지고 있는 사람들도 상당히 많습니다.

제사장과 레위인은 성전에 한 달이나 머물면서 많은 은혜를 받았을 것입니다. 많은 시편의 말씀과 구약의 예언서들을 읽고 경건하게 예복을 입고 하나님 앞에서 두 손 들고 열심히 기도하며 찬송했을 것입니다. 그들은 한마디로 은혜를 많이 받은 사람들입니다. 그리고 지금은 그렇게 은혜를 받고 돌아가는 길입니다. 그러나 그들은 막상 사랑을 베풀어야 할 대상이 나타나자 슬금슬금 피하여 도망갔습니다. 그렇다면 그들이 받은 은혜란 도대체 무엇입니까? 그 은혜가 그들에게 무슨 도움이 됩니까? 오늘 우리도 잘못하면 그들과 같이 될 수 있습니다. 우리도 예배 드릴 때마다 말씀 듣고, 찬양하고, 기도하면서 은혜를 많이 받고 돌아갑니다. 하지만 막상 예배당 문을 나서서 사랑해야 할 대상을 만나게 될 때, 사마리아 사람처럼 사랑을 실천하는지 다시 한 번 생각해 볼 문제입니다.

가장 무서운 악

제사장과 레위인에게서 볼 수 있는 가장 무서운 악은 바로 무관심입니다. 아무리 보는 사람 없는 으슥한 곳이라지만 어떻게 죽어 가는 사람을 보고 그냥 지나갈 수 있습니까? 죽어 가는 짐승을 보아도 측은한 마음이 들어 도와주고 싶은데, 하물며 사람이 죽어 가는데 어떻게 그대로 지날 수 있습니까? 놀랍게도 냉담한 가슴에서 나오는 이런 무관심이 오늘날 많은 사람의 마음에 가득 차 있습니다. 냉혹한 이기주의에 사로잡혀서 자기 자신이나, 자기 가족, 자기가 사랑하는 사람 외에는 도통 관심이 없습니다. 이 세대가 점점 더 무서운 무관심의 노예가 되어가고 있는 것을 볼 수 있습니다. 이 무관심이 제사장의 마음에도, 레위인의 마음에도 있었습니다. 그러므로 그들은 사랑을 베풀 수가 없었습니다.

아브라함 헷셀이라는 성경학자는 구약의 선지서들을 연구한 후에 다음과 같은 의미 있는 말을 했습니다. "하나님의 감동으로 행하던 히브리 예언자들의 위대한 공헌 중 하나는 무관심의 죄를 선포한 것이었다. 인간이 인간에게 갖는 무관심에 대해 하나님이 분노하고 계심을 외친 사람들이 바로 선지자들이다." 그는 이어서 이렇게 결론을 내렸습니다. "그러므로 하나님의 뜻은 이런 무관심을 종식시키는 것이다."

그의 말을 염두에 두고 구약 성경을 자세히 살펴보니 그 말이 참으로 옳다는 것을 알 수 있었습니다. 하나님은 어떻게 말씀하고 계십니까?

"나는 너희들의 제사를 받지 않겠다. 저울추를 속이고 거짓말하면서 장사하여 번 돈으로 제사를 드리고 헌물과 십일조를 바치는 것을 나는 원치 않는다. 너희 손에 묻은 피부터 씻어라. 너희 손에 있는 더러운 죄부터 씻어내라. 그렇지 아니하면 두 손을 들고 기도한다 해도 내가 그 기도를 듣지 않겠다." 피묻은 손이란 무엇입니까? 이웃을 해쳤다는 말입니다. 거짓말한 입과 남의 것을 착취한 손은 또 무엇입니까? 사랑을 베풀지 않고 자기 이익만 챙기는 생활을 했다는 말입니다. 그러면서도 그들은 제단에서 거룩한 체하며 제물을 드렸습니다. 하나님께서는 이것을 싫어하신다는 말씀입니다.

"너희는 가서 내가 긍휼을 원하고 제사를 원치 아니하노라 하신 뜻이 무엇인지 배우라"(마 9:13).

하나님은 긍휼을 원하지 제사를 원치 않으십니다. 긍휼이란 이웃에 대한 관심과 불쌍히 여기는 마음, 희생을 베푸는 사랑입니다. 실제로 그런 일을 하지는 않으면서 교회에 나와 거룩한 체하며 예배 드리지 말라는 것입니다. 왜냐하면 하나님께서는 긍휼을 모르는 사람의 예배, 위선적으로 드리는 예배는 받지 않으시기 때문입니다.

엘리위젤이라는 사람이 유명한 말을 남겼습니다. "사랑의 반대는 증오가 아니라 무관심이다. 교육의 반대는 무지가 아니라 무관심이다. 아름다움의 반대는 추함이 아니라 무관심이다. 삶의 반대는 죽음이 아니라 삶과 죽음 모두에 대한 무관심이다."

우리의 자화상이 제사장이나 레위인의 그것과 닮아 있다면 "하나님, 저의 무관심을 용서해주옵소서."라고 회개해야 합니다. "이웃을 내 몸과 같이 사랑하라."는 말씀을 새 계명으로 받은 하나님의 자녀들이 문을 닫아 걸고 옆집에 강도가 들든, 불이 나든 전혀 신경 쓰지 않고 있지는 않습니까? 이런 극도의 이기주의와 무관심에 빠져 있다면 지금 하나님 앞에서 회개해야 합니다.

긍휼히 여기는 마음

우리는 선한 사마리아인의 비유 교훈에서 다음 두 가지 사실을 적용해 볼 수 있습니다.

첫째, 우리의 도움을 필요로 하는 사람, 우리에게 도움을 요청하는 사람을 보고 무관심하면 안 됩니다. 생활이 궁핍하여 물질적인 도움이 필요한 사람이나 병들어 보살핌과 위로가 필요한 사람들, 인생의 무거운 짐을 지고 고통 중에 있는 사람들, 격려가 필요한 그 사람들을 피해서는 안 됩니다.

"자녀들아 우리가 말과 혀로만 사랑하지 말고 오직 행함과 진실함으로 하자 이로써 우리가 진리에 속한 줄을 알고 또 우리 마음을 주 앞에서 굳세게 하리로다"(요일 3:18, 19).

그렇습니다. 입으로만 하는 사랑은 사랑이 아닙니다. 진심에서 우러나오는 마음으로 행동할 때라야 진정한 사랑이라고 할 수 있습니다.

둘째, 영적으로 강도 만나 죽어 가는 우리의 이웃을 보고 무관심하면 안 됩니다. 이웃이 어려울 때 도와주고 힘들 때 위로해 주는 자선의 차원으로만 끝난다면 그것은 반쪽 사랑입니다. 영혼을 구원하는 데까지 이르러야 온전한 사랑이 될 수 있습니다. 사마리아 사람 같은 참이웃이 되기 원하면 그들의 영혼을 염려하고 불쌍히 여기는 마음을 가지고 도와주어야 합니다. 오늘날 우리 주변을 보십시오. 영적으로 강도 만나 죽어 가는 영혼이 얼마나 많습니까? 죄와 사망의 사슬에 매여 헤어나지 못하고 영원한 멸망을 향해 끌려가고 있는 사람들이 얼마나 많습니까?

사람들의 열에 아홉은 하나님을 모른다고 해도 과언이 아닙니다. 통계상으로는 20퍼센트 정도가 그리스도인이라고 하지만 문에 교패만 달아 놓고 형식적으로 교회 다닐 뿐, 그 마음은 세상에 팔려 온전히 성령의 다스림을 받지 못하고 있는 사람들이 너무 많습니다. 그들 역시 영적으로 강도 만난 사람들입니다. 우리는 이런 사람들에 대해 무관심하면 안 됩니다.

얼마 전 개포동에 새로 지은 능인선원 앞을 지나가다가 깜짝 놀란 적이 있습니다. 대형 버스 여러 대가 길가에 서 있고, 승용차도 줄지어 서 있었습니다. 무슨 일인지 궁금해서 자세히 봤더니 큰 플래카드 하나가 눈에 들어왔습니다. '제24기 불교대학 입학생 모집 정원 5,000명' 정원이 무려 5,000명이 된다는 것도 놀라운데, 벌써 24기라고 합니다. 그 많은 사람들이 와서 도대체 무엇을 배우고 가는지 모르겠지만 엄청난 숫자 앞에서 일종의 위기감마저 들었습니다. 사람들은 그만큼 하나님을 모르고 있습니다. 그렇기 때문에 그저 눈앞에 보이는 우상, 눈앞에 보이는 미신에 미혹되어서 진리가 아닌 것을 배우느라 헛된 열심을 내고 있는 것입니다. 예수 믿는 우리가 그들에게 너무나 무관심했습니다.

혹 하나님께서 주신 경제적인 복을 내 이웃을 사랑하고, 복음을 전하는 데 사용하라고 주셨다는 생각은 해보지 않고, 나와 내 가족을 위해 쓸 생각에만 전념하고 있지는 않습니까? 하나님께 은혜를 받으면 받을수록 더 이기주의자가 되고, 다른 사람에게 더 무관심한 사람이 되면서 자신만은 은혜가 충만한 사람처럼 행세하기 때문에 많은 사람들이 아직도 하나님을 모른 채 가서는 안될 길로 가고 있는 것은 아닙니까?

비정한 예배자

예배 시간에 종종 마음이 아파 오는 것을 느낄 때가 있습니다. '나는 비정한 예배자는 아닌가? 나는 하나님이 미워하시는 예배자는 아닌가?' 하는 생각이 들어서입니다. 우리 집안에 아직 예수님을 믿지 않는 식구가 있습니다. 내 이웃 가운데 예수님을 모르는 사람이 있습니다. 이런 사람들을 그냥 놔두고 혼자 나와서 두 손 들고 찬양한들, 하나님 앞에 부르짖어 기도한들 그 찬양이, 그 기도가, 얼마나 하나님이 받으실 만한 것이 되겠습니까?

하나님은 긍휼을 원하고 제사를 원치 않으신다고 하셨습니다. 그런데 이웃을 불쌍히 여기는 마음도 없이, 예수 믿지 않는 사람에 대해 안타까워하는 마음도 없이 그저 우리만 즐겁게 예배 드린다면 하나님이 과연 그것을 얼마나 받으시겠습니까?

물론 가족 전도가 하루아침에 갑자기 되지는 않습니다. 아무나 붙잡고 교회 가자고 전도한다고 해서 무작정 다 따라오는 것도 아닙니다. 하나님 앞에 나왔을 때 우리의 마음 자세가 중요합니다. 사마리아인처럼 불쌍히 여기는 마음이 있어야 합니다. 예배당에 앉아 있어도 내 마음은 믿지 않는 남편이나 아내, 믿지 않는 부모나 자녀에게 가 있어야 합니다.

그들을 두고 나 혼자 나와서 예배 드리는 것이 너무나 큰 죄를 짓는 것 같아 고통스러워하는 모습이 우리에게 있어야 합니다. 안타까운 마음에 자신도 모르게 눈물을 흘리면서 "주여, 어떻게 하든지 그 영혼을 구원해 주옵소서."라고 간절히 부르짖어야 합니다. 그럴 때 하나님은 우리의 예배를 기쁘게 받으실 겁니다.

"여보, 교회 갔다 올게요. 조금만 더 자다 일어나요. 밥은 식탁에 다 차려 놨어요." 하고 혼자 나와서 예배 드린 다음, 예배 마치고 집에 돌아와서 또 이렇게 말합니다. "여보, 나 교회 갔다 왔어요. 식사 잘 했어요? 오늘 2시부터 축구경기 있다죠? 우리 같이 봐요."

우리 중에 이렇게 마음을 편하게 먹는 사람은 없으리라고 믿습니다. 그러나 혹시라도 이런 식으로 교회 다니면서 예수 믿는다고 한다면 우리는 제사장이나 레위인과 다를 바가 없을 것입니다. 죽어 가는 사람을 버려두고 혼자 도망가는 사람과 다르지 않습니다.

우리의 인생은 하루살이와 같습니다. 오늘이 마지막일 수도 있습니다. 그럴 확률이 점점 높아지고 있습니다. 대형사고가 끊이지 않고 일어나는 것을 보아도 알 수 있습니다. 하루에 4, 50명씩 사망하는 우리나라의 교통사고만 봐도 그렇습니다. 우리의 재산과 생명을 노리는 흉악한 자들이 주변에 얼마나 많습니까? 전혀 예상치 못한 급성질환으로 돌연 사지로 끌려갈 수도 있습니다. 무슨 일을 당할지 아무도 예측하지 못합니다. 오늘이 마지막일 수 있습니다. 이것이 세상입니다.

그러므로 오늘 당장 복음을 전해서 구원하지 않으면 영원히 그 기회를 놓치게 될 사람들이 우리 주변에 얼마든지 있습니다. 내 가족 중도에 얼마든지 있습니다. 이런 사람을 보면서도 믿든지 말든지 맘대로 하라는 식의 무심한 태도를 취한다면 제사장이나 레위인과 다를 것이 없습니다.

만일 오늘 당장 하나님이 그 사람들을 불러 가신다면 그 사람들이 가는 곳은 지옥 밖에 없습니다.

갑작스런 심판

가나안농군학교의 김용기 장로님이 쓴 책에 보면 의미 있는 이야기가 있습니다. 가나안농군학교에 양계장이 있었는데, 양계장에 피워 둔 연탄난로에 불이 나기 시작하여 번지더니 삭풍이 휘몰아치는 12월 한밤중에 큰불이 난 것입니다. 난데없이 불길에 휩싸이게 되자 기르던 닭 500마리와 앙고라토끼 200마리가 한꺼번에 아우성을 치기 시작했습니다. 가족들 모두 자다 말고 속내의 바람으로 뛰어나왔습니다. 교육을 받던 몇십 명의 생도들도 정신없이 뛰어나왔습니다. 그들 눈앞에 벌어진 상황은 그야말로 아비규환이었습니다. 모피용 앙고라토끼의 털에 불이 옮겨 붙자 금세 새빨간 폭탄이 되어 버렸습니다. 닭은 닭대로, 토끼는 토끼대로 마구 날뛰는 생지옥이 연출되었습니다. 사람들이 불을 끄려고 아무리 애를 써도 불길을 잡을 수가 없었습니다.

그때 김 장로님이 이렇게 소리를 질렀습니다. "여러분, 우리 모두 이 자리에 조용히 앉아 저 광경을 보면서 살아 있는 교육을 받읍시다." 이제는 너무 늦어 더 이상 손을 쓸 수도 없게 되어 버린 양계장을 멀찌감치 떨어져 앉아서 지켜봤습니다. 닭과 토끼들이 살려고 발버둥치다가 불에 타죽어 재가 되고 마는 끔찍한 장면이었습니다. 이미 때가 늦은 줄도 모르고 살겠다고 몸부림치는 닭과 토끼들을 보면서, 장로님은 '인간이 자신의 죄를 회개하지 못하고 육신의 욕심만 추구하며 살다가 갑자기 죽음에 직면하는 그날, 그 영혼은 속절없이 유황불이 이글거리는 지옥에 떨어져 울부짖을 것이 아닌가' 하는 생각이 들었다고 합니다. 그리고는 가슴이 서늘해지더라고 했습니다.

불길이 다 사그라진 후에 김 장로님은 교육생들을 이끌고 교회로 들어갔습니다. 거기서 누가 먼저라고 할 것도 없이 모두가 눈물 흘리면서 가슴을 치고 기도했다고 합니다. 당시 교육생으로 와 있던 사람 중에는 자기 손으로 1,000명이 넘는 깡패를 직접 길러내고 경찰관까지 폭행한 전력이 있는 깡패 두목이 있었다고 합니다. 그런데 그가 불타는 양계장을 지켜보다가 크게 깨닫고 회개하여 목사가 되었다고 합니다. 또 법대를 나와 사법고시를 준비 중이던 청년도 크게 깨닫고 법관 되는 것을 포기하고 가나안농군학교에 들어가 농군이 되었고 나중에는 김용기 장로님의 첫째 사위가 되었습니다.

세상에서 하나님을 모르고 살다가 갑자기 하나님의 부름을 받으면 그들이 가게 될 곳은 뻔합니다. 강도 만난 사람과는 비교가 되지 않는 처지에 놓이게 됩니다. 한 번 들어가면 나올 수 없고 영원히 저주와 형벌을 받게 되는 곳에 가게 되는데, 이런 사실을 알면서도 이웃에게 무관심하다면 그것이 얼마나 무서운 죄입니까? 설령 원수 같은 사람이라도 복음을 전해야 합니다. 힘들고 귀찮고 돈이 들어도 그들을 진정 사랑한다면 복음을 전해 주어야 합니다. 주님은 우리에게 이렇게 말씀하십니다. "너도 가서 이와 같이 하라. 사마리아 사람처럼 하라!" 복음을 전하는 것은 하나님의 자녀 된 우리만이 할 수 있는 일이기 때문입니다.

우리 주변에 우리의 도움을 필요로 하는 이웃이 있습니까? 시간도 내어주고 물질로 도와주고 마음도 서로 나누면서 그들을 사랑하십시오. 영적으로 강도 만난 가족, 이웃이 있다면 가만히 있으면 안 됩니다. 무관심하면 안 됩니다. 우리는 하나님의 자녀입니다. 예수님 때문에 구원받은 사람입니다. 그러므로 예수님이 "너도 가서 이와 같이 하라."고 명령하시면 그대로 실천해야 합니다. 우리 모두 이 명령대로 우리 주변에 있는 사람들을 주님 앞으로 인도하는 영광스러운 주의 제자들이 다 되기 바랍니다.

3. 하나님이 가장 기뻐하시는 일

몇 년 전 괌에서 일어난 끔찍한 여객기 사고가 있었습니다. 우리는 그 사고로 장래가 촉망되던 정치인 한 분을 잃었습니다. 신기하 의원이라는 분입니다. 그가 세상을 떠났다는 비보를 전해들은 그의 노모에 관한 기사는 한동안 장안의 화제가 되었습니다. 아들이 죽었다는 소식을 들은 그날부터 그분은 가슴을 치며 슬퍼하고 괴로워하다가 곡기를 끊은 지 50일 만에 결국 세상을 떠났다는 이야기입니다.

그분에게는 아들딸도 많고 손자 손녀도 많았습니다. 그 아들이 죽었다고 해서 당장 외로움에 사무치게 되는 것도 아니었고, 또 생명을 버릴 만큼 슬퍼할 이유도 없었습니다. 그럼에도 불구하고 어머니의 마음에는 먼저 간 아들밖에 없었습니다. 그에게 가장 큰 기쁨이라면 죽은 아들이 살아 돌아오는 일뿐입니다. 그러나 그럴 수 없기 때문에 결국은 그분도 아들의 뒤를 따르고 말았습니다.

그 이야기를 들으면서 저는 우리 하나님 아버지의 마음도 이와 비슷할 거라는 생각을 해보았습니다. 성경에 보면 하나님의 마음은 교회 밖에 더 많이 가 있음을 알 수 있습니다. 희한한 이야기지만 사실입니다. 우리 생각에는 예수 믿고 하나님을 아버지라 부르며 찬양하는 교회에 하나님의 마음이 더 있지 않을까, 또 그 교회를 보시고 기뻐하며 즐거워하시지 않을까 하는 생각이 들지만 실상 하나님의 마음은 교회 밖에 더 많이 가 있습니다.

그 노모에게는 잘난 아들딸들이 많이 있고 그들 역시 사랑하지만, 그 분의 마음이 먼저 세상을 떠난 막내아들에게 가 있었던 것과 똑같은 이치입니다. 하나님의 마음이 믿는 이들에게 와 있고, 하나님이 그들을 사랑하시는 것 또한 사실입니다. 그러나 하나님은 아직도 하나님을 모르고 어둠 속에서 헤매며 죽음의 길을 걸어가고 있는 사람들에게 더 마음을 쓰고 계십니다. 그들을 보면서 몹시 안타까워하신다는 것을 알아야 합니다.

하나님의 마음이 가 있는 곳

이 하나님의 마음을 표현하기 위해서 예수님은 누가복음 15장에서 전례 없이 세 가지 비유를 연속적으로 들어 말씀하고 계십니다. 세 가지 비유는 이야기만 다를 뿐 그 메시지는 동일합니다.

본문은 그 중에서 제일 먼저 나오는 이야기입니다. 유대는 원래 목축업이 성한 나라입니다. 목자는 양을 끌고 하루 종일 풀을 찾아다니며 양을 먹입니다. 해가 뉘엿뉘엿 지면 목자는 양떼를 몰고 우리로 돌아옵니다. 그런 다음 우리 문 앞에다 막대기를 걸쳐 놓고 한 마리씩 그 막대기 밑으로 통과하게 합니다. 모든 양들은 차례를 기다리다가 목자가 들어가라고 하면 한 마리씩 들어갑니다. 이때 목자는 막대기 밑으로 통과하는 양을 일일이 살펴보면서 어디 다친 데는 없는지, 풀은 잘 뜯어먹었는지, 병이 나지는 않았는지 따위를 유심히 살펴봅니다. 또 그 수를 일일이 세면서 들여보내기 때문에 돌보던 양이 백 마리면 마지막에 백으로 셈이 끝나야 맞습니다. 그러면 비로소 목자는 우리 문을 잠그고 집으로 쉬러 갑니다.

그러던 어느 날, 일일이 양의 수를 헤아려 가며 전부 우리로 들여보내고 나니 백 마리여야 할 양이 아흔아홉 마리밖에 없는 게 아닙니까? 한 마리가 모자랍니다. 잘못 세었나 싶어 전부 끌어내서 다시 세어 보았지만 결과는 마찬가지였습니다. 한 마리가 없어졌다는 것을 확인하자마자 그때부터 목자의 마음은 우리 안에 있는 아흔아홉 마리 양에게 있지 않습니다. 어디 있는지 알 수 없지만 캄캄한 밤에 혼자 떨어져 외마디 소리를 지르면서 벌벌 떨며 헤매고 있을 잃어버린 그 한 마리 양에게 온통 달려가기 시작합니다. 그 양을 찾아야 합니다. 목자는 집에 돌아갈 생각도 잊었습니다. 지금 피곤하고 배고프다는 것도 잊은 채 막대기 하나만 들고 양을 찾아 길을 나섭니다. '오늘 우리가 어느 골짜기, 어느 언덕을 지났더라?' 하고 기억을 더듬으면서 오던 길을 되짚어 잃은 양을 찾아가고 있습니다.

잃어버린 어린 양을 찾을 때까지 밤새 소리를 지르며 돌아다닙니다. 양은 목자의 소리를 가장 잘 알아듣습니다. 행여 그 양이 어느 곳에 있든지 목자의 소리를 듣고 응답할지도 모르기 때문입니다. 그러다가 마침내

벼랑에 떨어져 있는 양을 발견한다든지, 가시덤불에 걸려 꼼짝 못하고 있는 양을 찾게 되면 목자의 마음이 얼마나 기쁘겠습니까? 상처 난 곳을 살펴서 피가 난 데를 닦아주고 너무 좋아서 어깨에 메고 휘파람을 불며 신나서 돌아옵니다. 배고픈 것도 잊은 채 친구들을 다 불러 놓고 "찾았어. 찾았어!" 하면서 기뻐하는 목자의 모습을 한번 상상해 보십시오.

예수님은 주변에서 이런 사건을 자주 목격하셨습니다. 그래서 아주 자연스럽게 이런 이야기를 말씀하실 수 있는 겁니다. 그러면 이 말씀의 결론은 무엇이겠습니까? 우리 하나님 아버지도 목자와 똑같다는 것입니다. 하나님은 이미 예수 믿고 하나님을 아버지라 부르는 사람들보다는, 하나님 앞에 나와야 하는데 아직도 세상에서 헤매고 있는 사람들에게 마음이 가 계시는 분입니다. 하나님은 오늘도 길거리를 다니며, 유흥가를 다니며, 빈민가를 다니며, 불쌍한 사람들이 눈물짓고 있는 곳을 죄다 다니면서 잃은 양을 찾고 계십니다. 하나님의 제일 큰 기쁨은 그들이 돌아오는 것입니다.

하나님의 가장 큰 기쁨

"이와 같이 죄인 하나가 회개하면 하늘에서는 회개할 것 없는 의인 아흔아홉을 인하여 기뻐하는 것보다 더하리라"(눅 15:7).

하나님이 제일 기뻐하시는 것은 잃은 양을 찾는 것이라고 했습니다. 하나님은 지금도 교회를 통해서, 예수를 먼저 믿은 우리를 통해서 잃은 양을 찾기 원하십니다. 이 일을 위하여 하나님은 우리에게 성령을 주셨습니다. 성령은 우리에게 임하자마자 우리로 예수를 증거하는 증인이 되게 하셨습니다. 성령 받았다면 복음을 전하고자 하는 열정을 갖게 됩니다. 성령의 사람이면 안 믿는 사람에게 예수를 증거하고 싶은 감동이 마음에서 일어납니다.

"오직 성령이 너희에게 임하시면 너희가 권능을 받고 예루살렘과 온 유대와 사마리아와 땅 끝까지 이르러 내 증인이 되리라"(행 1:8).

예수님은 오늘도 우리에게 이렇게 말씀하십니다. "너희의 예루살렘인 서울을 비롯하여 온 유대라 할 수 있는 대한민국과 사마리아라고 할 수 있는 북한, 땅 끝이라고 할 수 있는 전 세계를 앞에 놓고, 하나님의 심정으로 복음을 전해서 그들을 어깨에 메고 돌아오너라!" 이러한 하나님의 마음은 성경 곳곳에서 발견할 수 있습니다. 마가복음 1장에서 제자들은 예수님에게 이렇게 말했습니다. "예수님, 모든 사람이 주를 찾나이다. 어제 전한 말씀을 듣고, 행하신 표적을 보고, 모든 사람이 주를 찾고 있습니다"(막 1:37 참조). 그러자 주님이 무어라고 말씀하셨습니까? "우리가 다른 가까운 마을로 가자. 이 마을 사람들은 이미 내 말을 듣고 복음을 들었다. 이제 다른 마을로 가서 내가 거기서도 전도하리니, 내가 이 일을 위하여 왔노라"(막 1:38 참조). 우리는 여기서 주님의 심정을 엿볼 수 있습니다. 요한복음 10장 16절에서 주님이 이렇게 말씀합니다.

"또 이 우리에 들지 아니한 다른 양들이 내게 있어 내가 인도하여야 할 터이니 저희도 내 음성을 듣고 한 무리가 되어 한 목자에게 있으리라."

바울이 고린도에서 복음을 전하다가 여러 가지 어려운 일을 만나 마음에 큰 고통이 일어나서 두려워 밤새도록 잠을 자지 못하고 기도할 때 주님은 친히 바울에게 나타나셔서 이렇게 말씀하셨습니다.

"두려워하지 말며 잠잠하지 말고 말하라 내가 너와 함께 있으매 아무 사람도 너를 대적하여 해롭게 할 자가 없을 것이니 이는 이 성 중에 내 백성이 많음이라"(행 18:9, 10).

이 말씀이 의미하는 것은 무엇입니까? 하나님의 마음은 교회 밖에 있으며, 하나님의 가장 큰 기쁨은 그들이 회개하고 돌아오는 것이라는 사실입니다.

삭막한 교회들의 공통점

우리는 하나님을 기쁘시게 할 만한 여러 가지 일들을 마음에 두고 있습니다. '헌금을 많이 하면 하나님이 기뻐하실까? 주님의 나라를 위해 특별히 헌신하면 기뻐하실까? 정성을 다해 예배 드리고, 하나님의 말씀을 잘 배우고, 배운 대로 살려고 노력하면 기뻐하실까? 예수님의 사랑을 이웃에게 전하면 기뻐하실까?' 물론 이런 일들도 기뻐하십니다. 그러나 하나님께서 가장 기뻐하시는 것은 따로 있습니다. 신기하 의원 노모에게 가장 기쁜 일이란 죽었던 아들이 살아 돌아오는 일이듯 하나님의 마음을 가장 기쁘시게 해드리는 일은 전도입니다.

하나님을 기쁘시게 해드리기 원하신다면 전도하십시오. 전도해서 안 믿는 사람을 주님 앞으로 인도하십시오. 이것만큼 하나님을 기쁘시게 하는 일은 없습니다. 그러므로 예수 믿는 사람들의 세계에서는 선교사나 전도자들이 최고입니다. 다른 것도 다 중요하지만 그것만큼 중요한 것이 없습니다. 왜냐하면 그 일을 하나님이 제일 기뻐하시기 때문입니다.

80대 고령의 어느 집사님과 만나서 이야기를 나눌 기회가 있었습니다. 집사님은 사람 이름이 빼곡이 적힌 종이 쪽지 한 장을 저에게 보여주셨습니다. 무어냐고 물었더니 자신이 정한 태신자들인데, 모두 99명이라고 했습니다. 80대 중반이나 된 고령의 노인네가 남 생각할 정신이 어디 있겠습니까? 그럼에도 불구하고 그는 그 많은 태신자들을 놓고 기도하고 있었습니다. 그분이 왜 그토록 전도에 힘쓰는 것입니까? 하나님이 가장 기뻐하시는 일이기 때문입니다. 남녀노소를 불문하고, 빈부귀천을 따지지 말고 우리는 전도하는 일에 앞장서야 합니다.

영적으로 병들어 죽어 있고, 자기들끼리 패를 가르고 싸워서 교회 안에 냉기가 도는 삭막한 교회들이 가끔 있습니다. 그런 교회들에는 공통점이 있습니다. 하나님이 가장 기뻐하시는 일인 전도를 하지 않는다는 것입니다. 믿지 않는 사람을 주님 앞으로 인도할 생각을 하지 않으니 교회는 죽을 수밖에 없습니다. 하나님이 기뻐하지 않는데 어떻게 그 교회가 잘 되겠습니까?

개인주의 신앙을 넘어서

우리는 스스로 이런 하나님의 마음을 헤아리지 못하고 있지는 않은지 돌아보아야 합니다.

"모든 세리와 죄인들이 말씀을 들으러 가까이 나아오니"(눅 15:1).

이 말씀을 앞에 놓고 우리는 우리 자신을 향하여 솔직하게 질문해 보아야 합니다. 예수님은 어떤 죄인이라도, 심지어 세리나 창기라도 그분 앞에 가까이 나아올 수 있도록 문을 열어 놓으셨습니다. 그러므로 모든 사람들이 주님께 가까이 접근하는 데 어려움이 없었습니다.

그러나 지금 우리 교회의 문은 열려 있습니까? 우리 가정의 문은 열려 있습니까? 우리의 마음은 창기나 세리들이 다가올 수 있도록 문이 열려 있습니까? 한번 깊이 생각해 봅시다. 마음을 닫고 있지는 않은지, 교회의 문이 닫혀 있지는 않은지, 그래서 주님께 가까이 오고 싶어도 바깥에서 서성이고만 있는 사람이 혹시 없는지 생각해 보아야 합니다.

하나님의 마음은 교회 밖에 가 있습니다. 하나님은 교회 밖에 있는 사람들이 돌아올 때 가장 기뻐하십니다. 그런데 우리의 마음을 오히려 닫혀 있지 않습니까?

"바리새인과 서기관들이 원망하여 가로되 '이 사람'이 죄인을 영접하고 음식을 같이 먹는다 하더라"(눅 15:2).

'이 사람'은 누구입니까? 예수님입니다. 하나님이시면서 죄가 없는 그분이 죄인과 함께 앉아 먹고 마시고 교제하셨습니다. 복음의 진수는 하나님이 죄인과 한자리에 앉으신 것입니다. 하나님이 죄인과 함께 교제할 수 있다는 점입니다. 오늘 우리에게는 이와 같은 큰 복이 있습니다. 죄인인 우리는 하나님을 만나 죄 없는 하나님, 거룩하신 하나님을 감히 아버지라고 부르면서 그분 앞에서 먹고 마시고 교제하고 찬송하고 은혜를 받고 있습니다. 우리는 이런 큰 특권을 누리고 있습니다. 이것이야말로 기독교 복음의 진수입니다. 하지만 그런 우리가 진정 하나님이 꼭 필요한 사람들이 가까이 다가오지 못하도록 막고 있지는 않은지 돌이켜 보아야 합니다. 우리 자신이 본문에 나오는 바리새인이나 서기관들과는 같지 않은지 심각하게 반성해 보아야 합니다.

불행하게도 한국 교회 교인들 사이에는 이기주의와 개인주의가 너무나 팽배해 있습니다. 예수님은 세리와 창녀들을 가까이하시고 함께 식사하면서 교제를 나누셨는데, 한국 교회 교인들은 자기와 비슷한 학벌의 사람이 아니면 교제를 나누려고 하지도 않습니다. 자기의 학교보다 수준이 낮은 학교를 나왔다고 하면 교만한 마음으로 쳐다보면서 가까이하려고 하지도 않습니다. 이상한 일이지만 이기주의 근성이 많은 사람일수록 예수를 잘 믿는 경향이 있습니다. 그런 사람일수록 천국을 놓치고 싶어 하지 않기 때문입니다. 그런 마음으로 예수를 믿다 보니 자기는 구원받기 원하면서도 다른 사람들이 구원받는 것은 달갑게 여기지 않습니다.

집안에 예수 안 믿는 사람이 있어도 일 년이 다 지나도록 전도 한 번 하지 않습니다. 그 가족의 구원을 위해 눈물 한 방울도 흘리지 않습니다. 얼마나 심한 이기주의자들인지 모릅니다. 하나님이 과연 그런 사람을 보고 기뻐하시겠습니까? 하나님이 과연 그런 사람들이 모이는 교회를 기뻐하시겠습니까? 그들이 드리는 예배를 하나님이 기쁘게 받으시겠습니까? 대답은 너무나 분명합니다. 하나님은 자기만 아는 이기주의자들을 절대 기뻐하지 않으십니다.

우리 모두 하나님을 기쁘시게 하는 일에 힘을 냅시다. 하나님이 제일 기뻐하시는 것은 잃은 양을 찾는 일입니다. 교회가 아무리 좁아도, 주차장이 아무리 불편해도 장소가 비좁아도 좋습니다. 그런 것은 문제될 게 없습니다. 그러므로 주변에 안 믿는 사람들이 있는 대로 데려옵시다. "예수 잘 믿게 하심을 감사합니다. 우리 가정에 복 주심을 감사합니다. 금년에 성경 다섯 번 보게 하신 것도 감사합니다. 할렐루야." 이런 기도만 한다면 하나님이 고개를 끄떡이기야 하시겠지만 하나님의 마음을 흡족하게 해드리지는 못할 것입니다. 이기주의적인 신앙생활을 지양하고 하나님이 정말 기뻐하시는 일에 힘써 봅시다. 그러면 하나님은 우리를 사랑하시고, 우리의 예배를 받으시고, 우리의 기도를 더욱 귀담아 들어주실 줄 믿습니다.

4. 예수님의 마음을 내 마음으로

　　선거 때만 되면 사람들은 누가 당선될 것인가에 대한 기대와 새로운 정계 구도에 대한 전망으로 이야기꽃을 피우면서 일말의 기대감을 갖습니다. 그러나 현실은 소박한 그 일말의 기대마저 짓밟아 버리곤 합니다. 선거 때마다 금권 타락 선거와 지역주의로 좌절감에 빠지고 우리의 가슴에 멍이 들기 일쑤입니다. 사람을 갈아 치운다고 더 나아질 것 같지도 않고 판을 바꾼다고 해서 정직한 사회가 될 것 같지도 않은 무력감에 빠집니다. 사치향락은 더 극에 달하고 뇌물과 탈법은 점점 더 심해지고, 실종된 시민의식이 온 세상을 어지럽히고, 음란, 퇴폐, 극단적인 이기주의, 청소년에게까지 만연된 충동적인 폭력, 무책임한 환경 파괴 등, 우리는 이 세상에서 희망의 단서를 도저히 찾아볼 수 없습니다. 도대체 어떤 사람들이 정치 지도자가 되어야 이 백성을 정신 차리게 하고 이 사회를 다시금 살맛 나게 만들 수 있습니까? 사실 무슨 기대를 한다는 것 자체가 바보 같다는 생각이 들 정도로 우리는 날마다 서글픈 현실을 마주하고 있습니다.

우리에게는 역사를 통해 경험적으로 배운 진리가 있습니다. 정치 지도자에게 기대를 하면 하는 만큼 실망하게 된다는 사실입니다. 세상 나라에 대해 이상주의를 펼치면 펼치는 만큼 절망의 늪에 빠질 확률이 더 커집니다. 우리는 이 사실을 역사를 통해 누누이 배웠고 또 우리나라의 짧은 헌정사를 통해서 많이 경험했습니다. 사람들은 속는 줄 알면서 다시 한 번 믿어주고, 당할 줄 뻔히 알면서 또 한 번 기대를 가져보는 것입니다. 일종의 '정치 중독증'이라고 할 수 있습니다. 달리 뾰족한 대안이 보이지 않기 때문입니다. 이것이 세상 나라의 숙명이요, 이 세상 국가의 운명입니다. 달리 대안이 없습니다.

하지만 아직도 이 세상 나라에 모든 소망을 두고 사는 사람들이 너무 많습니다. 참으로 어리석은 사람이 아닐 수 없습니다. 훌륭한 정치가가 출현하면 우리 인생의 꿈이 성취될 수 있다는 막연한 기대감을 품는 것은 순진하다기보다 오히려 어리석은 것이라고 해야 옳을 것입니다. 그렇다고 해서 세상 나라에 대한 책임을 회피하라거나 이 세상의 장래사를 놓고 무조건 비관적으로 생각하라는 말은 아닙니다. 우리 본연의 자세를 바로잡아야 된다는 말입니다. 수없이 속으면서 또 속을 짓을 하면 안 된다는 말입니다. 이 세상은 지나가는 하나의 과정입니다. 더 나아질 것도 없고 더 나빠질 것도 없습니다. 죄악으로 물든 세상은 원래가 그런 것입니다.

인생이란 본래 이런 세상에서 그저 그렇게 살다 가는 것입니다. 그 이상도 없고 그 이하도 없습니다. 그럼에도 불구하고 거기에 무슨 영원한 소망이 있는 것처럼 넋을 잃고 추종한다면 신기루를 따라가는 사람과 무엇이 다르겠습니까?

나의 택한 사람을 보라

우리의 현실이 이러한데, 역사의 주인이신 만군의 여호와께서 철저하게 절망하고 있는 우리를 향해서 놀라운 말씀을 들려주고 계십니다. 바로 이사야서 42장 말씀입니다. 이 본문은 이해하기가 쉬운 말씀이 아닙니다. 그러나 성령께서 우리의 마음을 여시고 마음에 와 닿는 말씀을 들려주실 것입니다. 하나님은 우리를 향해 이렇게 말씀하십니다.

"내가 붙드는 나의 종, 내 마음에 기뻐하는 나의 택한 사람을 보라"(사 42:1).

하나님이 택한 사람이 여기 있으니 이 사람을 주목하라고 말씀합니다. 하나님이 택한 자가 누구입니까? 예수 그리스도입니다. "온 세상이 믿고 따를 수 있는 유일한 구원자, 모든 사람이 소망하는 이상적인 나라를 세우고 영원토록 통치하실 의의 왕이 여기 있으니 이 사람을 보라."는 말입니다. 그는 하나님이 택하신 사람입니다. 하나님이 보시기에 우리를 구원하시고 우리에게 소망을 줄 수 있는 가장 이상적인 사람입니다. 그를 보라고 말씀하십니다. 그는 바로 예수 그리스도이십니다. 하나님은 택하신 자, 예수 그리스도에게 자기의 신을 부어주셨습니다. "내가 나의 신을 그에게 주었은즉." 성령으로 감동시켜 주셨다는 말입니다. 성령의 사람이 되게 하셨다는 말입니다. 하나님이 예수 그리스도에게 성령을 부어 주셨다는 사실이 무엇을 의미하는지 알기 위해서는 이사야 11장 2절을 참조할 필요가 있습니다.

"여호와의 신 곧 지혜와 총명의 신이요 모략과 재능의 신이요 지식과 여호와를 경외하는 신이 그 위에 강림하시리니."

성령이 예수 그리스도에게 임하자 그는 누구와도 비길 수 없는 총명한 자, 지혜자가 되었고 모략과 재능을 구비한 자, 지식과 여호와를 경외하는 거룩함을 구비한 유일한 구원자, 우리의 왕이 되셨습니다. 하나님이 예수님을 이렇게 준비시키셨습니다. 이 세상 그 누구도 그와 비길 수가 없습니다.

공의의 나라

하나님은 왜 예수 그리스도를 선택하시고 우리에게 주셨는지 이사야 42장 1절 끝부분에 잘 나타나 있습니다. "그가 이방에 공의를 베풀리라"는 말씀, 곧 이방에 공의를 베풀게 하기 위해서입니다. 이 말은 3절과 4절에 다시 나옵니다. "진리로 공의를 베풀 것이며." "세상에 공의를 세우기에 이르리니." 이렇게 세 번이나 반복하는 이유는 하나님께서 예수 그리스도를 우리에게 주신 것이 바로 공의를 베풀기 위해서임을 강조하기 위해서입니다.

"공의를 베푼다"는 말은 일차적으로 법이 바로 서는 나라를 만든다는 뜻입니다. 한때 하나님께서는 이스라엘 백성들에게 "어떻게 하면 공의를 바로 세울 수 있는가"에 대해 율법으로 가르쳐주셨습니다. 레위기 19장 15절에 하나님은 이스라엘 백성들의 재판관을 향해 이렇게 말씀하셨습니다. "너희는 재판할 때에 불의를 행치 말며." 이 말은 곧 악을 선으로 바꾸고 선을 악으로 바꾸지 말라는 뜻입니다. 돈을 받고 재판을 굽게 하지 말라는 것입니다.

또 "가난한 자의 편을 들지 말며"라고 했습니다. 어떤 경우에는 가난한 사람이 나쁜 짓을 한 것이 분명하지만 정에 이끌려 가난한 사람의 편을 들 수가 있습니다. 그런데 그것도 안 된다는 것입니다. 공의를 바로 세우는 나라라면 가난하다거나 불쌍하다는 것이 면죄 사유가 되어서는 안 됩니다. 모든 경우를 법대로 해야 합니다. 악은 악으로, 선은 선으로 판결해야 됩니다. "세력 있는 자라고 두호하지 말고"라고 하신 말씀은, 잘못이 명백하다면 그가 아무리 힘있는 사람이라도, 아무리 재력 있는 사람이라도 그것 때문에 그 사람을 풀어준다든지 형을 감해 주어서는 안 된다는 말입니다.

한 나라의 공의는 공의로운 법 집행에서부터 시작됩니다. 법이 공의롭게 집행되는 나라에서 사람들은 안심하고 살 수 있습니다. 선은 항상 선이요, 악은 항상 악입니다. 그러므로 억울한 일을 당하는 사람이란 존재할 수가 없습니다. 힘있는 자들이 힘없는 자들을 괴롭히고 핍박하는 일도 일어나지 않습니다. 법이 바로 서면 그 나라는 밝은 사회가 될 수 있습니다.

그러나 이 세상에서 그와 같이 공의가 바로 서는 나라가 존재하는 일이란 가능합니까? 이것이 불가능하다는 사실을 너무나 잘 보아 왔습니다. 이 지상에서 공의가 바로 서는 나라란 불가능합니다. 아무리 선진국이라고 해도 가려진 곳을 들춰 보면 그곳 역시 불의가 판을 치고 있다는 것을 누구나 알게 됩니다. 하나님은 한때 이스라엘 백성을 특별히 구별하고 간섭하시어 공의가 바로 서는 나라를 세워 보려고 하셨습니다. 하지만 그들의 불순종 때문에 이루어지지 않았습니다. 이 세상에서는 그런 나라가 불가능합니다. 그래서 하나님이 최종적으로 내놓으신 한 가지 대안이 바로 자기 아들 예수 그리스도를 성령으로 충만하게 하셔서 세상에 보내시고 그가 다스리는 새로운 나라를 세우시는 것입니다. 이것이 천국이요, 하나님 나라입니다.

아름다운 하나님 나라

예수 그리스도가 공의로 영원토록 다스리실 그 나라가 어떤 나라인지는 이사야서 11장에 잘 나타나 있습니다. 예수님이 다스리시는 공의로운 나라를 인간적인 방법으로 설명하려고 하면 오히려 그 영광을 가릴 수 있습니다. 그러므로 성경 본문을 그대로 보는 것이 가장 좋다고 생각합니다.

"공의로 빈핍한 자를 심판하며 정직으로 세상의 겸손한 자를 판단할 것이며 그 입의 막대기로 세상을 치며 입술의 기운으로 악인을 죽일 것이며 공의로 그 허리띠를 삼으며 성실로 몸의 띠를 삼으리라"(4, 5절).

예수님의 다스림은 거룩한 다스림이요, 의로운 다스림이기 때문에 악인은 악인대로 심판하시고 선인은 선인대로 영광을 주신다는 내용입니다

다. 6~9절을 보면 하나님 나라에 대한 기막힌 묘사가 나옵니다.

"그때에 이리가 어린 양과 함께 거하며 표범이 어린 염소와 함께 누우며 송아지와 어린 사자와 살찐 짐승이 함께 있어 어린아이에게 끌리며 암소와 곰이 함께 먹으며 그것들의 새끼가 함께 엎드리며 사자가 소처럼 풀을 먹을 것이며 젖 먹는 아이가 독사의 구멍에서 장난하며 젖 뗀 어린 아이가 독사의 굴에 손을 넣을 것이라 나의 거룩한 산 모든 곳에서 해됨도 없고 상함도 없을 것이니 이는 물이 바다를 덮음같이 여호와를 아는 지식이 세상에 충만할 것임이니라"(6~9절).

모든 사람이 하나님을 압니다. 하나님을 두려워합니다. 하나님을 섬깁니다. 그런 백성으로 가득한 하나님 나라가 되면 거기에는 남을 해치는 일도 없고 상처 입는 법도 없고 억울한 일도 없고 고통스러운 일도 없다는 말입니다. 이와 같이 아름답고 평화로운 나라가 바로 주님이 공의로 다스리는 그 나라의 모습입니다. 얼마나 황홀한 나라입니까? 이런 말씀을 보기만 해도 황홀감에 젖게 됩니다. 하나님이 우리를 위해 준비하고 계시는 그 나라가 눈앞에 펼쳐집니다. 이런 말씀을 보면 입술에서 찬송이 절로 터져 나옵니다.

사막에 샘이 넘쳐흐르리라
사막에 꽃이 피어 향내 나리라
주님이 다스리는 그 나라가 되면 사막이 꽃동산 되리
사자들이 어린 양과 뛰놀고 어린이들 함께 뒹구는
참사랑과 기쁨의 그 나라가 이제 속히 오리라

독사 굴에 어린이가 손 넣고 장난쳐도 물지 않는
참사랑과 기쁨의 그 나라가 이제 속히 오리라.

이사야서 42장에서, 예수님이 다스리는 그 나라와 그 나라의 왕이신 예수님을 바라보라고 말씀합니다. 예수님을 소망하고 예수님을 믿으라고 말씀합니다.

다가오는 하나님 나라

예수님이 다스리실 공의로운 나라가 우리 앞에 점점 가까이 다가오고 있습니다. 이 세상에서 그 나라에 들어가지 못하는 것만큼 큰 불행은 없습니다. 그 나라의 백성이 되는 기회를 놓치는 것만큼 큰 손해는 없습니다. 그래서 우리가 한 사람이라도 더 전도하려고 애를 쓰는 것입니다.

다시 말씀드립니다. 주님이 다스리는 공의로운 그 나라가 우리 앞에 점점 다가오고 있습니다. 그런데도 우리 가운데는 아직도 세상 나라나 세상적인 야망, 세상적인 행복을 추구하는 데 혈안이 되어 있는 사람들이 적지 않습니다. 그러나 이 세상에서 수많은 상처와 절망을 체험하면서도 여전히 이 세상에 미련을 두고 있는 사람만큼 어리석고 불행한 사람은 없습니다.

다가오는 하나님 나라를 믿습니까? 그 나라가 지금 눈앞에 가까이 다가와 있는 것을 믿는다면 왜 전도하지 않습니까? 목전에 와 있는 그 나라를 보면서도 옆에 있는 형제나 이웃을 그 나라로 인도하고자 노력하지 않는다면, 저는 그에게 정말 예수님을 믿고 있는지 묻고 싶습니다. 하나님이 택하시고 성령으로 기름 부으신 그 종을, 분명히 우리가 믿음의 눈으로 바라보며 그분이 다스릴 영원한 하나님 나라를 대망하고 있다면, 예수님을 모르는 사람을 볼 때 가만히 있지 못합니다.

대통령이나 국회의원만 잘 뽑으면 세상이 달라질 줄 아십니까? 별로 기대할 것 없는 세상 나라의 일에 대해 입에 거품 물고 욕하면서 열을 올릴 필요가 없습니다. 그런 것은 다 그만두고 예수님을 믿고 그분이 다스리는 영원한 나라, 해됨도 없고 상함도 없는 그 나라로 함께 들어갑시다. 왜 이렇게 말하지 못합니까? 안 믿으니까 못하는 것 아닙니까? 자기가 자신 있게 바라보지 않기 때문에 말을 못하는 것 아닙니까? 정말 믿는다면 왜 말을 못합니까?

전도자의 태도

예수님은 세상에 하나님 나라를 세우기 위해 오셨습니다. 그리고 자기가 다스리는 천국에서 영원히 살 새로운 백성을 창조하기 위해 전도하셨습니다. 복음을 전하셨습니다. 본문(사 42:1~4)에는 또 한 가지 흥미로운 사실이 기록되어 있습니다. 세상 사람들에게 복음을 전하시는 예수님의 태도에 관한 것입니다. 예수님은 하나님 나라를 건설하기 위해 전도하시면서 세 가지 태도를 취하셨습니다.

첫 번째 - 온유하라

"그는 외치지 아니하며 목소리를 높이지 아니하며 그 소리로 거리에 들리게 아니하며"(사 42:2).

쉽게 말하면 예수님은 세상 사람들에게 전도하실 때 온유하게 대하셨다는 것입니다. '아니하며'라는 말을 세 번이나 반복하면서 표현을 바꾸어 말하고 있는 것은 예수님의 온유하심을 특별히 강조하기 위한 것입니다.

예수님의 온유가 어떠한 것이었는지는 세상 임금들과 권력자들의 그것과 비교해 보면 좀더 쉽게 알 수 있습니다. 세상 임금이 행차하는 광경을 한번 상상해 보십시오. 고관대작들이 주위를 호위해 섰고, 앞에는 군악대가 나팔을 불어댑니다. 요란한 소리로 자기 권위를 백성들 앞에 드러냅니다. 자기 권위를 선전하는 데 급급한 모습입니다. 그러나 하나님 나라의 왕이신 예수님은 자기 백성을 만날 때 외치지 않으셨습니다. 소리를 높이지 않으셨습니다. 사람들에게 자기 소리를 듣게 하려고 악을 쓰거나 나팔을 불지도 않으셨습니다. 심지어 예수님은 자기를 대적하는 자들 앞에서도 다투지 않으셨습니다. 자신을 죽이려고 하는 사람들 앞에서도 마치 도살장에 끌려가는 어린 양과 같이 침묵하셨을 따름입니다.

그분은 하나님이면서도 자신의 권위를 가지고 사람들을 겁주지 않으셨습니다. 그분은 분명 하나님의 아들이셨지만 오히려 자기의 그 영광을 초라한 인간의 모습으로 바꾸어서 사람들이 부담스러워하지 않게 다가오셨습니다. 그분은 말씀하실 때도 사람들에게 가까이 다가와서 부드럽게 말씀하셨습니다. 이사야는 그분의 모습에 대해 이렇게 표현했습니다.

"그는 주 앞에서 자라나기를 연한 순 같고 마른 땅에서 나온 줄기 같아서 고운 모양도 없고 풍채도 없은즉 우리의 보기에 흠모할 만한 아름다운 것이 없도다"(사 53:2).

　사람들은 그분을 보고 두려워하거나 옷깃을 여미고 긴장할 필요가 전혀 없었습니다. 그분은 초라한 종의 모습으로 오셨기 때문입니다. 예수님은 너무나 부드럽게, 그리고 너무나 자연스럽게 우리 가운데 오셔서 우리를 만나 주셨습니다. 우리는 그런 예수님의 모습을 성경에서 얼마든지 볼 수 있습니다.

　그럼에도 불구하고 예수님의 부드러운 말씀은 날카로운 화살 같아서 사람들의 마음속에 깊이 꽂혔습니다. 그분은 학자의 혀를 가지고 있어서 우둔한 자를 지혜롭게 하였고 절망하는 자에게 소망을 주셨습니다(사 50:4). 그분의 말씀을 듣는 자의 마음에 변화가 일어났고, 죄를 회개하고 하나님께 돌아와 복종하는 놀라운 기적이 여기저기서 일어났습니다.

　그분의 입에서 나오는 하나님의 말씀은 살았고 운동력이 있어서 비록 조용하게 말씀하시지만 그것은 조용한 말씀이 아니었습니다. 힘없는 것처럼 말씀하셨지만 그것은 절대로 힘없는 말씀이 아니었습니다. 온유하셨지만 그 온유함은 무기력한 것이 아니었습니다. 조용하셨지만 그 조용함은 사람을 잠자게 만드는 그런 고요가 아니었습니다. 온유함 속에 능력이 있었던 것입니다. 하나님 나라는 완력이나 허세로 세워지는 것이 아닙니다. 온유의 터 위에 세워집니다. 우리는 이러한 진리를 예수님을 통해서 발견하게 됩니다.

　우리는 전도하기 위해 사람들에게 다가갈 때 예수님의 온유함을 한시도 잊으면 안 됩니다. 우리의 왕이신 예수님이 온유하셨는데 종인 우리가 거만하거나 딱딱하게 위세를 부리는 것은 말이 되지 않는 일입니다. 설득하느라고 소리를 높일 필요도 없습니다. 우리가 설득해서 예수 믿을 사람은 아무도 없습니다. 부드럽게 말해도 성령은 역사하십니다. 은근히 자기 자랑을 앞세워 오히려 사람들이 거리감을 느낀다면 그는 예수님의 온유함을 모르는 사람입니다. 복음을 거부하는 사람일지라도 화를 내서는 안 됩니다. 예수님은 화내지 않으셨습니다. 우리를 대적하고, 멸시하고, 심지어 괴롭힌다 할지라도 그들에게 감정을 내비치면 안 됩니다. 예수님은 자기를 십자가에 못 박은 사람들 앞에서도 자기의 감정을 드러내지 않으셨습니다. 하나님의 나라는 온유 위에 세워집니다. 그러므로 온유해야 됩니다.

남편을 전도하기 위해 애교를 떨면서 교회에 가서 복음을 들어 보자고 온갖 정성을 다해 매달리는 부인들이 있습니다. 아주 잘하는 일입니다. 그러나 남편이 사정상 못 들어줄 때도 있습니다. 그렇다고 눈을 부릅뜨고 화를 내면서 "그래. 좋아. 나 천국 갈 때 당신은 지옥에나 가버려!"라고 악담한다면 안 됩니다. 예수님의 온유를 기억하시기 바랍니다. 철학자 니체는 기독교의 온유함을 가리켜 '노예 도덕'이라고 비아냥거렸습니다. 그러나 속지 마십시오.

"온유한 자는 복이 있나니 저희가 땅을 기업으로 받을 것임이요"(마 5:5).

온유한 자가 승리합니다. 그러므로 불신자를 대할 때 온유하시기 바랍니다.

두 번째 - 불쌍히 여기라

그 다음으로 주님께서 우리에게 보여 주신 태도는 긍휼, 곧 불쌍히 여기는 마음가짐입니다.

"상한 갈대를 꺾지 아니하며 꺼져 가는 등불을 끄지 아니하고 진리로 공의를 베풀 것이며"(사 42:3).

이사야는 예수님이 얼마나 긍휼이 풍성하신 분인가를 묘사하기 위해 '상한 갈대'와 '꺼져 가는 등불'을 비유로 들고 있습니다. 히브리어 본문을 보면 이 '상한 갈대'와 '꺼져 가는 등불'이라는 말을 특별히 강조하기 위해서 일부러 동사 앞에 놓고 있다는 것을 알 수 있습니다. 상한 갈대와 같은 자, 꺼져 가는 등불과 같은 자를 주님께서 얼마나 불쌍히 여기시는가를 강조하려는 것입니다.

갈대는 강가나 호숫가에서 자라는 풀의 일종으로 다른 풀에 비해 상당히 크고 강하지만, 나무에 비해서는 몹시 약하고 또 꺾이기 쉽습니다. 조금만 힘을 가하면 꺾이고 상합니다. 짐승이 한 번 지나가면서 밟아 버리면 다 꺾여서 맥없이 쓰러집니다. 그래서 갈대는 약한 자의 상징처럼 되어 있습니다. 온전한 갈대가 이런데 상한 갈대야 오죽하겠습니까?

연약하기는 꺼져 가는 등불도 마찬가지입니다. 4, 50년 전만 해도 시골에서는 등잔불을 밝히고 생활했습니다. 등불 아래서 책을 읽기도 하고 식구들이 모여 앉아 두런두런 이야기를 나누기도 했습니다. 등잔불은 기름이 충분하고 심지가 좋고 공기가 잘 통하면 잘 타면서 주변을 환하게 밝혀 줍니다. 그러나 기름이 다 떨어져 가면 심지 끝에 붙은 불은 가물가물 꺼지기 시작합니다. 기름이 있다고 해도 심지가 좋지 않으면 시커먼 연기를 내면서 역시 꺼져 갑니다. 공기가 잘 통하지 않아도 그렇습니다. 이렇게 가물거리는 등불은 조금만 바람이 스쳐 지나가도 확 꺼져 버립니다. 너무나 힘이 없어 보이는 모습입니다.

그러면 도대체 이 상한 갈대와 꺼져 가는 등불은 누구를 비유하는 것일까요? 하나님의 표준에서 보면 이 세상 사람 전부를 가리킨다고 해도 과언이 아닐 것입니다. 완전하신 하나님의 표준에 비추어 볼 때 인간이라는 존재는 다 꺼져 가는 등불이요, 상한 갈대요, 어쩌면 그것보다도 더 약한 존재들인지 모릅니다.

그러나 이 말씀을 그런 의미로 보기는 어렵다고 생각합니다. 사람의 표준으로 볼 때에도 상한 갈대 같은 사람들이 있습니다. 꺼져 가는 등불 같은 사람들이 있습니다. 우리 주변에는 건드리면 부러질 것같이 약하고 아무 힘이 없는 그런 사람들이 많이 있습니다. 가난해서 멸시받는 자들이나 병들어 버림받은 자들, 실패하여 소망을 잃어버리고 사는 자들, 늙어서 사람들의 관심에서 벗어나 고독하게 사는 사람들, 상한 갈대란 바로 이런 사람들을 가리키는 말입니다. 조금만 다치면 다 꺾이고 쓰러질 사람들입니다.

주님께서는 이런 사람들을 특별히 불쌍히 여기셨습니다. 그리고 그들을 향해서 소망을 버리지 않으셨습니다. 상하기는 했지만 아직도 꺾이지 아니한 갈대를 보시듯이 그들에게도 구원받을 소망이 있다고 보시는 것입니다. 그래서 그들을 특별히 찾으셨고 생명의 말씀을 그들에게 전하여서 상한 갈대와 같은 그들을 성전의 백향목 기둥처럼 만들어 주셨습니다. 마태, 마가, 누가, 요한복음에서 우리는 이러한 예들을 얼마든지 발견할 수 있습니다.

인간의 잣대로 재어 보면 우리 주변에도 꺼져 가는 등불 같은 사람들이 많이 있습니다. 양심의 불꽃이 거의 다 사그라진 것처럼 행동하는 악인들이 많이 있습니다. 선한 구석을 찾아보기 힘들 정도로 흉악한 자들이 많습니다. 가룟 유다처럼 차라리 세상에 태어나지 말았으면 좋았으리라는 생각이 들 정도로 불행한 사람들도 많습니다. 가물거리던 등불이 꺼져 버리면 모든 천지가 어두워지듯이 어둠 속으로 빠져들어서 다시는 그 어둠에서 해방될 기회를 얻지 못할 불행한 자들이 우리 주변에 많이 있습니다. 예수님 당시의 세리들이 그랬고, 죄인이라는 딱지가 늘 따라붙던 사람들이 그랬고, 창녀들이 그랬습니다. 이런 사람들은 모두 가물가물 꺼져 가는 등불과 같은 사람들이라고 할 수 있습니다.

그러나 예수님은 이런 자들을 불쌍히 여기셨습니다. 그들에게도 구원의 여지가 남아 있다고 보셨습니다. 그들은 꺼져 가는 불꽃이지만 아직 꺼지지는 않았습니다. 그들에게 복음을 전하면 구원받을 수 있다고 보셨습니다. 지금은 꺼져 가는 등불 같지만 그들이 구원받으면 온 천지를 밝히는 중천의 태양처럼 변할 수 있다고 생각하셨습니다. 그래서 많은 죄인들이 주님 앞에 와서 새사람이 되었습니다.

우리 역시 전도할 때 예수님의 이 불쌍히 여기는 마음을 본받아야 합니다. 주변에 상한 갈대와 같이 연약한 자가 있습니까? 꺼져 가는 등불 같이 양심도 없어 보이는 자가 있습니까? 우리는 무엇보다 먼저 그를 불쌍히 여겨야 합니다. 그리고 기대를 가지고 그를 바라보아야 합니다. 비록 지금은 약하지만 예수님만 만나면 소망이 있다고 말하는 눈으로 불신자들을 보고 대해야 합니다.

사랑의교회에 〈우리〉라는 신문이 있습니다. 거기에 '재판장과 사형수'라는 제목의 감동적인 기사가 실린 적이 있었습니다. 열한 살의 어린 소녀를 납치해서 성폭행하고 살해한 흉악범이라면 법적으로 반드시 사형을 선고해야 할 사람이요, 이 사회로부터 영원히 격리되어야 할 악한 사람입니다. 그 사람을 재판한 분이 저희 교회 집사님이셨습니다. 아무리 흉악한 죄수라도 한 사람의 생명을 끊어 놓은 사형을 언도하는 결단이니 판사의 마음이 얼마나 괴로웠겠습니까? 더욱이 믿음이 좋은 분이라면 더 그럴 것입니다. 하나님 앞에 서면 살인죄를 범한 그 사람이나 그렇지 아니한 자기나 다를 바 없이 다 죄인인데, 죄인이 죄인에게 사형 선고를 내려야 하는 모순 때문에도 심적인 고통이 엄청나게 컸던가 봅니다.

집사님은 법에 따라서 사형을 선고하기는 했지만 그 사형수를 잊지 않고 지난 3년 동안 신앙서적을 보내고 편지를 써 보내면서 복음을 전했다고 합니다. 꺼져 가는 등불처럼 소망이 없지만 불쌍히 여기는 마음 때문에 그에게 복음을 전한 것입니다. 결국 그의 정성은 결실을 맺어 사형수는 드디어 예수를 믿게 되었고, 완전히 거듭나서 자기 죄를 철저히 회개하고 새사람이 되었습니다. 그리고 이제는 자기만 구원받는 것이 너무나 안타까워 자기와 비슷한 처지에 있는 사람들을 전도하느라 시간 가는 줄 모르고 열심히 뛰는 사람이 되었다고 합니다.

그가 자기를 재판했던 집사님에게 보낸 많은 편지들 중 몇 통이 〈우리〉지에 소개되었습니다. 그 가운데 이런 말이 있었습니다.

"판사님, 남들은 이 가을이 쓸쓸하다고들 합니다. 그것은 모든 사물이 시들어 가는 과정을 보여 주는 계절이기 때문에 그런가 봅니다. 하지만 주님의 자녀가 된 저는 말씀과 찬송으로, 외로움과 쓸쓸함보다는 새로운 힘과 믿음을 가지고 주님 안에서 신앙의 길을 걷고 있습니다."

얼마나 멋있습니까? 가물거리던 불꽃이 다시 확 타오르는 것 같은 느낌이 들지 않습니까? 그러므로 우리는 주변에 있는 자들 가운데 아무리 상한 갈대처럼 보이는 사람들이라도 소망을 가지고 바라보고 그들을 불쌍히 여겨야 합니다. 아무리 악한 사람이라도 소망을 가지고 대해야 합니다. 그들의 영혼을 불쌍히 여겨야 합니다. 이것이 주님이 우리에게 보여 주신 자세입니다.

세 번째 - 포기하지 말라
다음 주님께서 우리에게 보여 주신 태도는 포기하지 않는 자세입니다.

"그는 쇠하지 아니하며 낙담하지 아니하고"(사 42:4).

이것은 예수님이 전도하시다가 절망하지 않으신다는 말입니다. 상대방이 아무리 복음을 듣지 않아도 포기하지 않으신다는 말입니다. 하나님께서 예수님에게 주신 하늘나라의 백성이면 그는 반드시 회개하고 돌아올 것이라는 소망을 가지고 보신다는 것입니다. 아무리 악해도 하나님이 택하신 자들에 대해서는 안된다고 하는 법이 없습니다. 예수 그리스도 안에서는 모든 것이 '예스'(Yes)입니다. '노'(No)가 아닙니다. 전도할 때 우리 역시 낙담하거나 포기해서는 안 됩니다. 한 번 전도해서 안 믿는다고 낙심하거나 포기하면 안 됩니다. 우리에게 필요한 것은 기다림입니다. 기다림만 있을 뿐이지 포기는 있을 수 없습니다. 누구를 보더라도 그가 구원받을 수 있다는 소망을 가지고 우리는 다만 전도하고 기다려 주어야 합니다.

어떤 사람은 하나님을 일명 '시속 3킬로미터의 하나님'이라는 별명으로 부르기도 합니다. 이스라엘 백성들은 40년 동안 시내 광야를 지났습니다. 그 광야의 모래밭을 무거운 짐을 지고 짐승을 끌고 여행했기 때문에 아무리 빨리 가려고 해도 속도가 나지 않았습니다. 기껏 속도를 높인다고 해도 시속 2킬로미터 내지 3킬로미터 정도의 속도밖에 내지 못했습니다. 그렇게 느릿느릿하게 행진하는 이스라엘 백성에게 하나님은 "내가 너희와 함께 가겠다."고 하셨습니다. 하나님도 이스라엘 백성들처럼 시속 3킬로미터로 걸으셨다는 말입니다. 하나님이 어디 시속 3킬로미터로 걸으실 분입니까? 그럼에도 불구하고 백성들이 더디게 가자 하나님도 더디게 가셨고, 그러다 보니 40년이 걸렸다는 이야기입니다. 우리 하나님은 이런 분입니다.

전도할 때도 마찬가지입니다. 안 믿는다고 해서 '에이! 모르겠다'고 포기하고 가시는 분이 아닙니다. 그가 예수 믿기까지는 10년이 넘게 걸릴지도 모르는 일입니다. 하나님은 10년이라도 소망을 가지고 함께 걸어가십니다. 그러므로 우리가 전도할 때 상대방이 금방 안 믿는다고 해서 쉽게 절망한다든지 함부로 거칠게 말해서는 안 됩니다. 우리 예수님은 절대로 포기하는 법이 없으십니다. 언제까지든지 기다려 주십니다. 지금까지 수년 동안 전도해도 아직 회개하지 않고 있는 가족이 있습니까? 가까운 사람이 있습니까? 예수님은 절대 그를 포기하지 않으십니다. 이 사실을 분명히 기억하시기 바랍니다.

약함으로 강함을 이긴다

하나님 나라를 대망하십니까? 우리의 왕이신 예수 그리스도를 바라보는 믿음을 갖고 계십니까? 그분이 다스리는 나라가 공의로운 나라라는 것을 믿습니까? 그 나라에만 소망이 있는 줄을 확신합니까? 그렇다면 그 나라에 혼자 들어가겠다고 생각하는 것은 무서운 이기주의가 아닐 수 없습니다.

그러므로 내 주변에 있는 사람들을 하나님 나라로 인도하기 위해서 예수님과 같은 자세로 그들을 찾아가야 합니다. 어떤 사람은 애간장을 태우면서, 거드름을 피울지도 모릅니다. 어떤 사람은 쉽게 믿을지도 모릅니다. 어떤 사람은 교회에 나와서 복음을 듣고 결신하여 눈물을 흘리며 하나님의 품에 안기기도 할 것입니다. 반면 어떤 사람은 걸어나온 그대로 다시 걸어나갈 것입니다.

그러나 사람들이 어떤 반응을 보이든지 우리는 작은 예수가 되어야 합니다. 온유함을 가지고 그들을 대합시다. 인간적인 힘이 들어가면 안 됩니다. 우리가 온유할수록 성령의 능력은 강하게 역사합니다. 떠들 필요가 없습니다. 강요할 필요가 없습니다. 소리를 지르거나 다툴 필요도 없습니다. 하나님의 나라에서는 약함이 강함이요, 부드러움이 강직함임을 믿어야 합니다.

우리는 예수님처럼 그들을 불쌍히 여겨야 합니다. 그들은 소경입니다. 죄의 종입니다. 그들은 죽음의 덫에 걸려 있는 사람들입니다. 상한 갈대를 다루듯이, 꺼져 가는 등불을 다루듯이 불쌍히 여기면서 조심스럽게 다루어야 합니다. 완악하게 복음을 거역할지라도 그들에게는 아직 작은 불꽃이 남아 있다는 것을 믿어야 합니다. 그들이 구원받을 수 있다는 소망을 가지고 그들을 바라보아야 합니다. 그 누구를 놓고도 실망하거나 포기하지 않도록 합시다. 하나님께 절망이란 존재하지 않습니다. 오직 기다림이 있을 뿐입니다.

이와 같은 자세를 가지고 주변에 있는 믿지 않는 불쌍한 자들을 찾아가면 우리의 손을 통해, 우리의 입술을 통해, 우리가 전하는 복음을 통해 하나님 나라가 임할 것입니다. 세상 나라에 절망한 사람들이 하나님 나라를 발견하고 환호성을 지르게 될 것입니다. 그들의 얼굴이 환하게 밝아질 것입니다. 우리 모두 전도를 통하여 하나님께서 영광을 받으시도록 예수님의 마음과 태도를 가지고 안 믿는 자들을 찾아가는 자들이 되기 바랍니다.

비전을 가진 2 전도자

5. 디사이플 메이킹 (마태복음 28:18~20)

6. 파워 전도 (사도행전 2:1~4)

7. 가장 부가가치가 높은 사업 (마태복음 25:14~30)

8. 하나님을 아는 지식 (이사야 11:1~10)

5. 디사이플 메이킹

지난 세월 동안 교회의 머리가 되시는 주님이 사랑의교회를 오른손에 굳게 붙드시어 제자훈련의 기치를 높이 들고 생명력을 잃어가고 있는 교회들에게 새로운 목회 방향을 제시하게 하셨습니다. 또한 이로써 한국 교회와 일본, 대만, 미주 지역에 있는 교포 교회, 그리고 세계 도처에 흩어져 있는 한국 선교사들을 섬기게 하셨습니다.

'평신도를 깨운다' 제자훈련 지도자 세미나를 처음 시작할 때만 해도 교회에서 제자훈련을 한다는 것은 매우 낯선 일이었습니다. 교회에서도 제자훈련을 해야 한다고 말하면 목회자들 중에는 이상한 눈초리로 쳐다보는 사람이 적지 않았습니다. 그러나 이제는 제자훈련을 모르면 오히려 이상하게 여길 만큼 목회자들의 인식이 많이 바뀌었습니다.

사실 제자훈련 목회는 부활하신 주님이 승천하시면서 제자들에게 주신 지상명령 속에 그대로 드러나 있는 목회전략입니다. 본문(마 28:18~20)을 보십시오. 지상명령의 핵심은 "너희는 가서 모든 족속으로 제자를 삼으라."는 이것입니다.

제자훈련에 눈을 뜨다

믿는 집안에서 태어났고 어려서부터 성경을 배우며 자라난 저였지만, 신학교 3학년 졸업반이 될 때까지도 제자를 삼는다는 것이 무엇인지 잘 몰랐습니다. 누구 하나 가르쳐주는 사람도 없었고, 제자 삼는 사역에 대해 관심을 가지고 있는 교수님조차 한 분도 안 계셨습니다. 그래서 그때까지만 해도 지상명령을 단순히 "세계 복음화를 위해 열심히 전도하라"는 말씀 정도로만 이해하고 있었습니다.

그런데 하나님께서 특별한 기회를 주셨습니다. 제가 한 명 밖에 남지 않은 어느 교회 대학부를 맡게 된 것입니다. 눈앞이 캄캄했습니다. 그러나 사실 그것은 그 교회의 문제만은 아니었습니다. 지금부터 약 30년 전만 해도 고등학교를 졸업하면 학생들이 모두 교회를 떠나버리는 바람에 교회마다 큰 고민에 쌓여 있었습니다. 그때 저는 스스로 이런 질문을 제기했습니다. '왜 젊은이들이 교회를 떠나는가? 왜 선교단체에는 젊은이들이 벌떼처럼 몰려드는데 교회에서는 썰물 빠지듯 모두 다 떠나버리는 걸까?'

심각하게 고민하던 중에 선교단체와 교회를 비교하면서 문제점을 분석하기 시작했습니다. 그런데 거기서 한 가지 놀라운 차이를 발견했습니다. 그것은 제자훈련이었습니다. 선교단체에는 제자훈련이 있었지만 교회에는 제자훈련에 대한 개념 자체가 없었습니다. 이를 계기로 저는 제자훈련에 눈을 뜨게 되었습니다.

 제자훈련, 곧 제자를 만들라는 말의 깊은 의미를 조금 알게 되자 흥분이 되어 견딜 수가 없었습니다. 그 흥분은 저를 제자훈련에 미친 사람으로 만들었습니다. 하나님은 저로 하여금 5년 동안 대학생들과 함께 제자훈련이 무엇인가를 계속 탐구하고 검증하게 하셨고, 그 후 3년 동안의 외국 유학을 통하여 제자훈련에 대해 신학적, 성경적인 정립을 하게 하셨습니다. 그리고 귀국해서 사랑의교회를 개척하고 6년 동안 제자훈련을 시험할 수 있도록 해주셨습니다. 처음 제자훈련에 눈을 뜬 때로부터 거의 14년 동안이나 저를 준비시키셨던 것입니다.

출판과 세미나 사역 출범

 그러던 어느 날, 하나님은 갑자기 제 마음에 제자훈련에 대하여 지금까지 실험하고 발견한 것을 모두 정리하여 책으로 출판하라는 부담을 주셨습니다. 사실 그 당시에는 예배당을 건축하느라 정신이 없던 때였습니다. 자금이 부족해서 아침저녁으로 뛰어다니기도 바빠서 책을 쓴다는 것은 엄두도 내지 못할 처지였습니다. 그러나 하나님께서는 계속해서 영감을 주시면서 저를 몰아붙이셨습니다. 도저히 거절할 수 없었습니다. 3개월 동안 교회 일은 교회 일대로 하면서 밤잠을 설쳐가며 죽을힘을 다해 책을 썼습니다. 그런 과정을 거쳐 1984년에 나오게 된 것이 바로 『평신도를 깨운다』라는 책입니다. 흥미를 끌 만한 요소라고는 거의 없는, 딱딱하고 이해하기도 쉽지 않은 내용이었음에도 불구하고 나온 지 한 달도 채 안되어 재판을 찍고, 두 달도 안되어 4판을 찍어야 했을 정도로 책은 불티나게 팔렸습니다.

이런 과정들을 지켜보는 동안 제 마음속에는 이런 생각이 들기 시작했습니다. '하나님께서 이 책을 통해 무엇인가 큰일을 계획하고 계시는 것은 아닐까?' 아니나 다를까 책이 나온 지 2년 정도 지난 어느 날, 하나님은 또 갑자기 이런 영감을 주셨습니다. '사랑의교회만 제자훈련을 해서는 안 된다. 한국의 모든 교회마다 제자를 만드는 이 사역을 통해서 예수의 제자들이 구름 떼처럼 일어나도록 해야 한다. 그러므로 제자훈련을 가르치는 세미나를 시작하라.'

도대체 무엇을 가지고 세미나를 하라는 말씀인지 염려가 앞섰습니다. 그러나 이 일을 이루고자 하시는 주님은 지혜를 주셨습니다. 이제까지 사랑의교회에서 실시한 제자훈련을 통해 정리되어 있는 풍성한 자료와 사랑의교회라는 공개할 만한 좋은 현장이 있기 때문에 목회자들이 보고 듣고 실습하면서 확실히 깨닫고 돌아가면 되겠다는 생각이 들었습니다. 이렇게 해서 '평신도를 깨운다' 제자훈련 지도자 세미나를 시작하게 되었습니다.

실습할 다락방 수에 맞추어서 등록을 받아야 하기 때문에 처음에는 80명 정도밖에 받지 못했습니다. 처음 등록을 받던 그날의 충격을 잊을 수가 없습니다. 제자훈련 세미나를 한다고 하자 목사님들이 새벽 기도를 마치고 곧장 뛰어와서 6시부터 줄을 서 있는 것이 아닙니까? 그런 일이 일어나리라고는 상상도 하지 못했습니다.

그때부터 '14년간 44회의 세미나를 해오면서 국내외 5,700여 명에 가까운 목회자들이 이 세미나를 거쳐갔습니다. 5천 개 이상의 교회가 제자훈련을 중요하게 여기는 목회를 시작했다는 의미라고 본다면 참으로 대단한 일이 아닐 수 없습니다. 이제 사랑의교회 수양관이 지어졌고, 다락방 수도 많아졌기 때문에 매 세미나 때마다 360명에서 400명까지 등록을 받을 수 있게 되었습니다. 그러면 1년에 2번만 해도 거의 800명의 목회자들이 세미나를 거쳐가게 되는 것입니다. 여기에다 일본 목회자들 100명과 미주의 교포 교회 목회자들 100명을 더하면 매년 천 명의 목회자들이 이 세미나를 통해 제자 만드는 사역이 무엇인가를 배우게 된다는 말입니다.

왜 하나님께서 사랑의교회로 하여금 이 일을 주도하게 하셨는지 그 깊은 뜻은 잘 모릅니다. 그러나 한 가지 분명한 사실은 하나님께서 우리에게 이 일을 맡기셨다는 것입니다. 우리는 다만 하나님께 순종할 따름입니다.

초판 이후 14년 만인 1998년 여름, 『평신도를 깨운다』라는 책을 다시 썼습니다. 그 책을 처음 쓸 때만 해도 교인 수가 700명 정도에 불과했는데 지금은 20배를 훨씬 넘어섰습니다. 그러니 14년 전의 책을 그대로 둘 수가 없어서 다시금 쓴 것입니다. 같은 제목이기 때문에 자칫 진부한 책이 될 가능성도 다분했습니다. 14년 정도 지나면 한물 간 책으로 치부하고 들춰 보지 않을 수도 있습니다.

그런데 놀랍게도 다시 쓴 책에 대해서도 처음과 같은 반응이 나타났습니다. 전국에서 책 주문이 쇄도했습니다. 교회 지도자들이 제자 만드는 사역에 대해 얼마나 비상한 관심을 갖고 있는지 알 수 있는 좋은 증거라고 생각합니다. 현재는 이 책의 번역 작업도 활발하게 추진되고 있습니다. 5년 전에 일어판이 나왔고, 중국어판은 교재로 만들어졌으며, 영어판도 곧 나올 예정입니다.

성경 원리에 가장 근접한 목회

　제자를 만들라는 말씀을 실제 목회 현장에 적용할 수 있도록 돕는다는 것은 감당하기에 벅찬 일입니다. 하지만 한편으로는 그 어떤 사역보다 영광스러운 사역이라고 할 수 있습니다. 교회 지도자들이 제자를 만드는 사역에 관심을 갖는 이유는 제자훈련이 성경 원리에 가장 근접한 목회이기 때문입니다. 목회자라면 누구나 가능한 한 하나님의 말씀에 가까운 목회를 하려고 노력합니다. 그러나 방법적인 면에서 본다면 하나님 말씀에 가까운 목회가 있고, 하나님 말씀에 먼 목회도 분명히 있습니다. 하나님 말씀에 가까울수록 이상적인 목회일 것입니다. 그런 의미에서 제자 삼는 목회야말로 성경 원리에 가장 근접한 방법이라고 믿습니다. 많은 분들이 제자훈련에 관심을 갖는 것도 바로 그런 이유 때문일 것입니다.

　교계에서 존경을 받는 목사님 한 분이 사석에서 이런 고백을 하시는 것을 들은 적이 있습니다. 지난 수십 년 동안 큰 집회를 인도하느라 혼신의 힘을 다해 왔다고 하시면서, 그런데 이제 와서 보니 그런 대형집회는 거품이 빠지면 남는 것이 별로 없는 것처럼 실속이 없었다는 것입니다. 그래서 그분이 내린 결론인즉, 비록 숫자는 적어도 제자를 만드는 사역이야말로 진정한 열매를 기대할 수 있는 사역인 것 같다는 말씀이었습니다.

　참으로 반가운 이야기가 아닐 수 없습니다. 그분이 그동안 해오신 목회가 잘못됐다는 말이 아닙니다. 대형집회를 통해서 수많은 영혼들이 주님 앞으로 돌아왔고, 그 덕에 한국 교회도 오늘날과 같이 부흥할 수 있었던 게 사실입니다. 그러나 많은 사람을 모아 놓고 설교하는 것만으로는 주님이 원하시는 제자를 만들지 못한다는 사실을 솔직히 인정했다는 점이 중요한 것입니다.

본문을 보십시오. 우리에게 "모든 족속으로 제자를 삼으라."고 명령하시는 분은 하늘과 땅의 모든 권세를 가진 분이십니다. 그러므로 이 명령에는 그분의 절대권위가 깃들어 있습니다. 주님의 엄중하신 명령입니다. 이 명령에서 조금이라도 빗나간다면 주님 앞에 섰을 때 결코 칭찬을 들을 수 없을 것입니다.

가르쳐 지키게 하는 자리까지

제자를 만들기 위해서 할 수 있는 일이 세 가지 있습니다.

"너희는 가서 모든 족속으로 제자를 삼아 아버지와 아들과 성령의 이름으로 세례를 주고 내가 너희에게 분부한 모든 것을 가르쳐 지키게 하라"(마 28:19, 20).

여기서 주목할 것은 '가서', '세례를 주고', '가르쳐' 라는 동사들입니다. 한글 개역성경에는 분명하게 드러나지 않지만, 헬라어 원문을 보면 이 동사들은 '제자를 삼으라' 는 주동사를 수식하는 분사형으로 되어 있습니다. 제자를 만드는 데 필수적인 세 가지 방법에 대해 말하고 있는 것입니다.

먼저 가야 합니다. 세상 사람들에게 가서 전도해야 한다는 말입니다. 전도하지 않고 어떻게 사람들이 제자가 될 수 있겠습니까? 세상에 나가 복음을 전하여 예수 믿게 해서 교회 공동체 안으로 데리고 와야 합니다.

그 다음으로 세례를 주어야 합니다. 아버지와 아들과 성령의 이름으로 세례를 주어야 합니다. 다시 말해서 등록교인이 되게 하라는 것입니다. 마지막으로 가르쳐야 합니다. 말씀을 가르침으로써 말씀대로 순종하며 살 수 있도록 만들어야 합니다. 그럴 때 삶과 인격에서 온전히 그리스도를 닮아 가는 제자가 될 수 있습니다. 예수 믿고 구원받은 것에 머물러 있으면 안 됩니다. 세례를 받고 등록교인이 되었다는 것에 머물러 있어서도 안 됩니다. 장로, 집사, 권사 등의 직분만 받는 것으로 만족해서도 안 됩니다. 말씀을 배우고 순종하는 자리까지 나아가야 합니다. 그래야만 예수의 제자가 될 수 있습니다. 안타깝게도 많은 교회들이, 그리고 많은 성도들이 그렇게 하지 않는 것 같습니다. 예수 믿은 것으로 만족하고 그 자리에서 10년, 20년 머무는 분들도 많고, 세례 받은 후 세월이 흘러 직분을 받는 것으로 모든 할 일을 다 끝낸 것처럼 생각하는 분들도 적지 않습니다. 더 이상의 영적인 발전을 포기해 버린 사람들입니다.

그러나 분명히 알아두십시오. 이것은 결코 말씀대로 신앙생활을 하는 것이 아니라는 사실을 말입니다. "가르쳐 지키게 하라."는 말씀은 대단히 강력한 말씀입니다. 교회가 책임 있는 교육을 하라는 말씀입니다. 말씀을 듣고 아는 정도에서 머물게 하지 말고, 그 말씀을 실제 생활에 적용할 수 있도록 책임 있게 이끌어 주라는 말입니다. 이것이 바로 제자훈련입니다.

목회자들이 제자훈련을 소홀히 한 이유

물론 모두 다 그런 것은 아니지만 많은 한국 교회 지도자들이 그동안

이러한 책임을 소홀히 여겨 온 것이 사실입니다. 두 가지 측면에서 그 원인을 찾아볼 수 있습니다.

첫째, 일주일에 한두 번 설교를 듣는 것으로 배우고 순종하는 크리스천이 될 수 있다고 생각했기 때문입니다. 즉, 설교를 듣는 것만으로도 가르쳐 지키게 하는 제자훈련이 이루어질 수 있다고 생각한다는 것입니다. 그러나 실제로 그렇게 되고 있느냐고 묻는다면 자신 있게 대답할 수 있는 사람이 과연 몇이나 되겠습니까? 설교는 교회의 심장입니다. 교회가 설교와 함께 일어설 수도 있고 쓰러질 수도 있을 만큼 설교가 차지하는 비중은 막중합니다. 그러나 설교가 가르쳐 지키게 하는 좋은 방법이기는 하지만, 설교를 만능으로 여기고 설교만으로도 다 할 수 있다고 생각해서는 안 된다는 말입니다.

과거와 같은 농경 사회라면 설교만 들어도 말씀을 배워 순종하는 자리에까지 이르는 것이 가능했을지도 모릅니다. 텔레비전이나 신문과 같은 대중매체가 없었기 때문에 정보라고는 오직 교회에 가서 듣는 말씀 밖에 없었습니다. 그러므로 한마디를 들어도 가슴에 깊이 와 닿았습니다. 다른 정보들로 인해 혼동되는 일이 없기 때문에 설교를 듣고 그 말씀대로 순종하며 살 수 있고, 혹시라도 말씀대로 살지 못하면 눈물을 흘리며 회개할 수 있었습니다. 그러나 요즘같이 정보가 홍수처럼 쏟아지고 그로 인해 다양한 가치관이 기승을 부리는 세상에서는 설교 한두 편 듣고 말씀대로 순종하는 제자가 된다는 것은 지극히 어려운 일입니다. 물론 말씀을 들은 대로 사는 사람도 있을 수 있습니다. 그러나 대부분은 잘 안됩니다. 이것은 부인할 수 없는 현실입니다.

더욱이 요즘 설교의 권위가 얼마나 땅에 떨어졌습니까? 설교다운 설교를 찾기가 그리 쉽지 않습니다. 이렇게 설교가 점점 그 권위를 잃게 되자 '설교'라는 단어는 부정적인 말의 대명사처럼 되어 버렸습니다. 대화 중에 흔히 듣게 되는 말이 있습니다. "또 설교하고 있네." 어떤 의미입니까? 완벽한 체하며 남에게 교훈하지 말고, 본인이나 제대로 하라는 것입니다. 가정에서도 부모가 자녀에게 똑같은 교훈을 반복해서 계속 주다 보면 자녀들이 나중에는 신경질을 부리며 이렇게 말합니다. "아이 참, 설교 좀 그만하세요. 스트레스 받아요." 오늘날의 설교가 이처럼 부정적인 인상을 주는 말이 되어 버렸다는 건 참으로 안타까운 일입니다.

교회 안에서도 그렇습니다. 대부분의 사람들이 그 말씀대로 순종하고 살아야겠다는 절박한 심정을 가지고 설교를 듣기보다 그저 예배순서 중의 하나 정도로 여깁니다. 설교를 수십 번 들어도 하나님의 말씀대로 살겠다는 몸부림이 나오지 않습니다. 그럼에도 불구하고 많은 목회자들과 교인들이 설교만 들으면 그것으로 다 되는 줄 압니다.

둘째, 목회자들의 시간 투자에 구조적인 문제가 있기 때문입니다. 사람들을 만나거나 행정적인 업무를 처리하는 데 쏟는 시간에 비해 성도 한 사람 한 사람을 그리스도의 제자로 만들기 위해 말씀으로 땀 흘리는 일에 사용하는 시간이 상대적으로 너무 적습니다. 가르치는 일에 시간을 투자하지 않고서 어떻게 예수의 제자가 만들어지기를 기대할 수 있겠습니까?

교인들 역시 마찬가지입니다. 한국 교회 목회자들은 밤낮이 따로 없습니다. 아기 돌이나 개업 때는 물론이고 애가 아파도, 부부 싸움을 해도, 간밤에 이상한 꿈을 꿔도 "오시오", "가시오" 하면서 늘 목사를 부르는 것이 현실입니다. 목회자를 보는 시각에도 문제가 있습니다. 부르는 곳마다 바쁘게 쫓아다니는 사람은 목회 잘한다고 생각하지만, 교인들을 앉혀 놓고 예수님의 제자가 되도록 하기 위해 땀을 흘리며 열심히 가르치는 사람에게는 이상한 눈초리를 보냅니다.

　이렇게 말씀을 가르쳐 지키게 하는 것을 소홀히 한 결과 오늘날 한국 교회가 어떻게 되었습니까? 양적으로는 부흥했는지 모르지만 질적으로는 아직도 만년 초보신앙 수준에 머물러 있어서, 어린아이 같은 모습이 한국 교회의 현주소가 아닙니까? 세상에 나가면 예수를 믿는 사람인지 아닌지 구별이 안될 정도로 세상적인 생각을 하고 말하고 행동하는 교인들이 얼마나 많은지 모릅니다.

한국 교회의 위기

　'한국기독교목회자협의회'라고 하는 매우 뜻깊은 모임이 있습니다. 13개 교파, 1,200여 명의 목회자들이 한국 교회가 새로워져야 한다는 데 인식을 같이하여 결성한 모임입니다. 이 모임이 지향하는 바가 몇 가지 있습니다. 지금까지 교파와 교단으로 나뉘어져 서로 싸우기에 급급하던 분열상을 청산하고 모두 화해하여 하나가 되자는 것입니다. 그리고 한국 교회 안에 있는 구조적인 비리와 부조리를 자신부터 먼저 갱신하자는 것입니다. 그동안 자기 혼자 믿음 좋은 것으로 황홀해 한 나머지 사회에 대한 교회의 책임을 너무나 등한히 했는데, 이제는 이 사회에 대한 책임을 함께 지자는 것입니다.

　일전에 그 모임에 세미나 강사로 오신 감리교 유원규 박사의 강의에서 충격적인 이야기를 들었습니다. 종교사회학을 전공한 유 박사님이 1997년과 1998년 한국 갤럽에서 '한국인의 종교의식과 한국 개신교의 신앙의식'에 대하여 조사한 자료를 가지고 분석 강의한 것인데 그 내용을 몇 가지로 정리해 보면 다음과 같습니다.

먼저 지난 몇 년 사이에 약 370만 명이 종교간 이동을 했다고 합니다. 종교간 이동이라면 불교에서 천주교로 갔다든지, 천주교에서 불교로 갔다든지, 기독교에서 천주교로 갔다든지 하는 이동을 말하는데, 특기할 것은 그 중에서 개신교인이었는데 천주교나 불교로 종교를 바꾼 사람의 비율이 무려 58.4퍼센트나 된다는 사실입니다. 종교간 이동을 한 사람 열 명 중 여섯 명이 기독교에서 타종교로 갔다는 말입니다. 기막힌 사실이 아닐 수 없습니다. 왜 이런 일이 일어납니까? 제대로 되지 못한 교인이 그만큼 많다는 이야기입니다.

더 기가 막힌 건 한때 기독교든, 천주교든, 불교든지 간에 종교를 가졌다가 현재 무종교를 표방하고 있는 사람이 1,094만 명인데 그 가운데 기독교인이던 사람이 73퍼센트나 된다는 사실입니다. 따라서 기독교에서 다른 종교로 바꾼 사람과 기독교였지만 현재는 아무것도 믿지 않는다는 사람을 합하면, 교회와 적어도 한 번 관계를 맺었다가 떠난 사람이 무려 1천만 명이나 된다는 이야기입니다. 왜 이런 현상이 우리 주변에서 일어납니까? 예수를 믿고 교회에 등록을 하기는 했지만 그 이상의 발전이 없기 때문에 '교회도 별거 아니구나' 라는 생각을 갖고 모두 떠난 것입니다.

이런 믿음은 어린아이의 믿음입니다. 어린아이는 장난감 하나를 가지고 며칠씩 놀지 못합니다. 한 장난감을 가지고 놀다가 조금 있으면 흥미를 잃고 던져 버리거나 다른 장난감을 찾습니다. 어린애와 같은 신앙 상태에 머물러 있는 교인들 역시 마찬가지입니다. 그 수준으로 만족하지 못하기 때문에 다른 곳으로 가버리는 것입니다.

또 한 가지 이유가 있습니다. 복을 받으려고 교회에 나왔던 사람들이 원하던 복을 다 받아서 더 이상 받을 것이 없어 보이니까 교회를 떠나 버린다는 것입니다. 번듯한 자가용도 샀지, 냉장고도 두 개나 생겼습니다. 아파트도 40평짜리로 장만했고 병도 나았으니 이제 더 이상 하나님이 필요 없어졌는데 무엇 때문에 꼬박꼬박 헌금 바쳐가며 교회에 나오겠습니까?

오늘날 한국 교회가 교인수에만 눈이 멀어 교인들을 그런 식으로 키워 놓은 것입니다. 만일 교회에서 교인들이 말씀을 배워서 그대로 실천하는 자리까지 나아갈 수 있도록 전심전력으로 밀어주었더라면 1천만 명이나 되는 사람들이 교회를 떠나 다른 종교로 갔겠습니까? 요즘 "교회가 부흥이 안된다. 침체기다."라고 걱정하는 소리를 자주 듣는데, 어쩌면 이것은 당연한 결과인지도 모릅니다. 1천만이나 되는 수가 교회를 떠났는데 어떻게 교회가 침체되지 않을 수 있습니까?

아무 종교도 갖고 있지 않은 2천2백여만 명에게 만일 앞으로 종교를 가진다면 어떤 종교를 가질 것인지 물었더니 기독교라고 답한 사람은 겨우 20퍼센트에 불과했다고 합니다. 왜 오늘날 한국 교회가 이 지경이 되었습니까? 왜 이토록 사회에서 공신력을 잃어버렸습니까? 말씀대로 순종하는 데까지 자라지 못한 크리스천들이 모인 집단이었기 때문에 그렇습니다. 오늘날 교회의 성장을 가로막고 있는 장본인은 세상이 아니라 바로 예수 믿는 사람들 자신입니다. 세상이 악해졌다고 탓하지 마십시오. 문제는 바로 말씀을 순종하는 경지에 이르지 못한 우리에게 있습니다.

제자훈련만이 타개책이다

그러므로 주님의 말씀을 가르쳐 지키게 하는 제자 삼는 사역, 바로 이것만이 오늘의 위기를 타개하는 길임을 명심해야 합니다. 제자훈련이야 말로 한국 교회가 침체를 벗어나 성장의 가도로 달려갈 수 있는 지름길입니다. 사랑의교회는 이런 면에서 한국의 모델 교회로 자리를 잡았습니다. 그리고 사랑의교회에 와서 보고, 도전을 받고 돌아간 목사님들 가운데는 사랑의교회보다 더 아름다운 교회를 만든 분들도 많이 계십니다. 그분들 중에 한 목사님이 이런 말씀을 하셨습니다. "제자훈련을 3년 정도 했더니 교회를 보는 교인들의 시각이 완전히 달라졌습니다. 자신이 교회의 주체라는 걸 깨닫고 정말 예수님처럼 살아 보려고 몸부림치면서 봉사하는 분위기로 바뀌었습니다. 그러자 교회가 살아났습니다."

어떤 교회에서는 제자훈련을 통해 평신도 지도자들이 계속 배출되었습니다. 그들이 자발적으로 교회 근처의 공단에 나가, 일을 끝내고 유흥가에 가서 술이나 먹던 젊은이들에게 복음을 전하고 그들과 함께 살면서 그들을 그리스도의 사람으로 만들어 보려고 애를 쓰고 있다고 합니다.

또 어떤 교회에서는 제자훈련을 통해 새로운 스타들이 등장했다고 합니다. 지금까지 교회에서 스타라고 하면 장로와 권사를 떠올렸습니다. 장로와 권사는 교회 안에서 제일 권위 있고, 존경받는 자리와 직분으로 인식되어 왔습니다. 그러나 직분도 없고, 사회적인 신분이 신통치 않은 사람이라도 제자훈련을 받고 나서 변화되어 많은 사람들을 전도하여 교회로 데려오다 보니, 교회의 영적 질서까지 재편되더라는 것입니다. 과거에는 직분을 가진 사람이 중심적인 인물이었는데, 이제는 영적으로 성숙해서 열매를 맺는 사람이 교회의 새로운 주체가 되었다는 말입니다. 이 얼마나 엄청난 사건입니까?

감사하게도 이렇게 교회의 체질이 바뀌는 교회들이 전국 각처에서 계속 늘어나고 있습니다. 만일 사랑의교회의 '평신도를 깨운다' 제자훈련

지도자 세미나를 받은 목회자들이 목회하는 교회마다 이런 아름다운 열매를 계속해서 맺고 좋은 소문이 사방으로 퍼진다면 한국 교회는 분명히 다시 살아날 것입니다. 사회에서 잃어버렸던 공신력을 다시 회복할 것입니다. 앞으로 종교를 선택한다 할지라도 기독교는 아니라고 대답한 80퍼센트에 해당되는 사람들이 자기들의 생각이 잘못되었다는 것을 깨닫고 기독교를 믿겠다고, 교회에 나가겠다고 말하는 상황으로 바뀔 것입니다.

제자의 자세

그러므로 우리는 하나님께서 주신 이 귀한 사명을 잘 감당해야 합니다. 그러기 위해 반드시 명심해야 할 것이 두 가지 있습니다.

첫째, 하나님의 말씀을 지키는 데까지 성장하기 위하여 배우고 노력하는 사람이 되어야 합니다. 배우는 것으로 끝나면 그것은 죽은 지식입니다. 말씀을 배웠다면 그 말씀에 순종하고 그럼으로 인격과 삶이 변화되고 가치관과 세계관이 달라지며, 그래서 예수님을 닮은 제자가 되기까지 끊임없이 노력하는 성도가 되어야 합니다. 그럴 때 우리는 그리스도의 제자로서 큰 몫을 감당할 수 있습니다.

아무리 이 나라가 소망이 없고, 한국 교회가 병을 앓고 있다 해도 우리 모두가 하나님의 말씀대로 살려는 성숙한 제자가 되기만 하면 가는 곳마다 기적이 일어납니다. 우리 가정이 변화되고, 직장이 변화됩니다. 우리가 만나는 수많은 사람들이 우리를 통해 새로운 세계에 눈뜨게 됩니다. 그런 의미에서 우리부터 잘하자는 이야기입니다.

"그러므로 예수께서 자기를 믿은 유대인들에게 이르시되 너희가 내 말에 거하면 참 내 제자가 되고 진리를 알지니 진리가 너희를 자유케 하리라"(요 8:31, 32).

이 말씀에 주목하십시오. 지금 수많은 사람들이 예수님을 믿는다고 하면서 예수님을 따라옵니다. 예수님은 소위 예수 믿는다는 사람들에게 매우 중요한 진리를 말씀하십니다. "너희가 내 말에 거하면 참 내 제자가 된다." 여기서 '내 말에 거한다' 는 말은 하나님의 말씀을 아는 것만큼 순종하는 사람이 되는 것을 의미합니다.

우리는 믿음을 너무 강조한 나머지 순종에 대해서 조금은 등한히 여기는 경향이 생겼습니다. "믿기만 하면 된다!" 옳은 말입니다. 우리는 오직 믿음으로 구원을 얻습니다. 그러나 우리가 놓쳐서는 안 될 사실이 있습니다. 성경이 말씀하는 믿음은 순종과 떼려야 뗄 수 없는 관계에 있다는 것입니다. 예수님도 모래 위에 지은 집의 비유를 통해 이 사실을 분명히 교훈하십니다.

"나의 이 말을 듣고 행치 아니하는 자는 그 집을 모래 위에 지은 어리석은 사람 같으리니 비가 내리고 창수가 나고 바람이 불어 그 집에 부딪히매 무너져 그 무너짐이 심하니라"(마 7:26, 27).

말씀을 듣고도 순종하지 않으면 결국 그 믿음도 뿌리가 뽑히게 된다는 말씀입니다. 신앙생활이란 다른 것이 아닙니다. 하나님의 말씀을 배운 만큼 그대로 살려고 노력하는 것이 바로 신앙생활입니다. 우리가 아무리 많이 배웠다고 해도 그것을 자기 삶에 적용하는 능력이 없으면, 그리고 순종하는 태도가 없으면 예수 안에 거한다고 말할 수 없습니다. 예수의 참 제자가 될 수 없습니다. 우리부터 이 사실을 분명히 명심해야 합니다. 그러면 하나님께서 앞으로도 우리를 아름답게 사용하실 것입니다. 그러나 만일 입으로만 제자훈련을 떠벌리고 실제 삶 속에서는 하나님의 말씀대로 순종하려고 하는 겸손한 자세가 없다면 하나님께서 우리를 떠나실 것입니다.

둘째, 모든 족속을 가슴에 품어야 합니다. 주님은 모든 족속으로 제자를 삼으라고 말씀하셨습니다. 사랑의교회만 잘되면 안 됩니다. 사랑의교회의 세미나를 다녀간 몇 분의 목사님만 잘되어서도 안 됩니다. 우리 하나님은 전 세계에 있는 모든 족속의 교회를 통해 영광을 받으셔야 합니다. 우리가 다른 형제 교회들을 섬기는 것은 주님께서 모든 족속으로 제자를 삼으라고 명령하셨기 때문입니다. 주님은 모든 족속이 그리스도의 제자가 되기 원하고 계십니다. 우리가 모든 족속을 가슴에 품어야 하는 이유가 바로 여기에 있습니다.

지금까지 세미나를 마치고 간 5천여 명의 목회자들이 각 교회에서 말씀대로 순종하는 제자 100명씩만 만들어도 이 땅에는 50만 명의 제자가 일어나게 됩니다. 매년 국내외에서 1천 명의 목회자들이 이 세미나를 거쳐 간다면 1,000개의 교회에서 예수의 제자를 만드는 작업이 시작되는 것입니다. 우리의 작은 헌신과 노력이 맺는 그와 같은 열매들을 한번 상상해 보십시오. 얼마나 놀랍고 가슴 벅찬 일입니까?

그러므로 우리는 모든 교회를 가슴에 품고 기도해야 합니다. 기도할 때 세계 도처의 모든 족속 가운데 예수님을 닮은 제자들이 벌떼처럼 일어나서 "아멘! 주 예수여, 어서 오시옵소서."라며 주님을 맞이하는 영광의 날이 속히 임하게 될 것입니다.

6. 파워 전도

현대 사회를 주도하는 컴퓨터 분야에서 세계적으로 부동의 선두주자 자리를 지키고 있는 회사가 있습니다. 바로 마이크로소프트사입니다. 그 회사의 창업주 빌 게이츠가 쓴 책『빌 게이츠@생각의 속도』는 이미 베스트셀러가 되었습니다. 이 책이 그렇게 세인들의 관심을 끄는 이유는 컴퓨터, 인터넷과 결합된 변화를 모르면 세상을 이해할 수 없다는 생각이 이미 보편화되었기 때문입니다. 그러므로 가장 최첨단의 영역일 뿐만 아니라 일종의 미래학 영역이라고 볼 수 있는 이 분야에 관심을 갖고 주의를 기울이는 것은 목회에도 필수적인 일이라고 할 수 있습니다. 이런 책을 통해 비즈니스 분야에서는 지금 어떤 일이 일어나고 있는가에 대한 정보를 얻고, 21세기에는 어떤 변화가 있을 것인가를 내다봄으로써 목회 차원에서 여러 가지로 심사숙고하고 계획을 세울 수 있게 됩니다.

이 책이 독자에게 계속해서 주지시키고 있는 것은 '정보가 곧 힘'이라는 사실입니다. 이미 진부하게 들리는 이 말이 얼마나 무서운 현실이 되었는지, 이 책을 읽은 사람이라면 새삼 발견할 수 있습니다. 지금 우리가 살고 있고, 또 앞으로 살아가야 할 사회는 그야말로 정보가 힘이 되는 사회입니다.

그렇다고 해서 온갖 정보를 마치 잡동사니처럼 많이 모아 놓기만 하면 힘이 되느냐 하면 그것은 아닙니다. 유효한 정보를 빠른 속도로 소통하는 것이 중요합니다. 그래서 정보는 그 속도가 얼마나 빠른가에 따라 값어치가 결정됩니다. 어떤 정보는 능력이나 힘이 되는 반면에 어떤 것은 결국 쓰레기통에 들어가고 마는 쓸모없는 것이 될 수도 있습니다. 중요한 것은 속도입니다. 디지털 형식을 이용하여 새롭고 비상한 방식으로 정보를 얻고, 이를 공유하여 활용하는 정보의 속도가 현대 사회를 주도하는 힘이요, 미래 사회를 여는 힘이라는 말입니다.

21세기로 접어들면서 세상은 더욱 살벌해졌습니다. 조금만 방심하면 한없이 뒤쳐지게 됩니다. 조금만 게으름을 피워도 아주 무식한 인간이 되어 버릴 가능성도 상당히 높습니다. 앞으로 우리를 깜짝 놀라게 할 일들이 많이 일어날 것입니다. 그 가운데서도 가장 무서운 현상은 수많은 사람들이 정신병자가 되리라는 사실입니다. 끊임없이 쏟아져 나오는 새로운 지식과 정보의 변화 속도를 좇아가지 못하면 결국 정신병자가 되고 맙니다. 변화의 속도를 좇아가지 못하면 사회에서 낙오되고, 그 위기감과 불안이 계속 악순환되면서 결국에는 인격이 파괴되는 위기가 찾아오는 것입니다. 얼마나 많은 사람들이 도태되고, 얼마나 많은 사람들이 상처를 입을지 생각하면 눈앞이 캄캄해집니다. 하나님의 은혜가 아니면 도무지 살아갈 수 없는 살벌한 세상이 바로 21세기라는 생각이 듭니다.

흔히 이 시대를 가리켜 '무한경쟁의 시대'라고 말하지 않습니까? '무한경쟁'이 무엇입니까? 눈에 핏발을 벌겋게 세우고 악착같이 매달리지 않으면 살아남기 어려운 것이 바로 무한경쟁입니다. 세상에서 살아남을 수 있는 힘의 양태는 시대에 따라 다양하게 변해 왔습니다. 원시 시대에는 육체적, 물리적인 힘이 '힘'이었습니다. 또 부동산, 군사력이 힘이 되는 때가 있었고, 다음으로 1차 산업에서 나오는 생산량이 힘이 되던 시기가 있었습니다. 21세기의 힘은 바로 정보입니다. 그것도 가속도가 붙은 정보입니다. 정보의 힘이 없다면 생존하기 힘든 삼류 인생으로 밀려날 수밖에 없는 시대가 바로 21세기입니다.

유일 불멸의 힘

그렇다면 교회의 힘은 무엇입니까? 예수 믿는 사람의 힘은 무엇입니까? 세상에서 말하는 정보입니까? 성경에 대한 정보의 양입니까? 아닙니다. 교회의 힘은 바로 '성령'입니다. 우리는 이 세상의 힘을 다 가질 수는 없지만 이 세상이 가질 수 없는 단 한 가지의 힘을 가질 수 있습니다. 이 세상을 능히 다스릴 수 있고, 이 세상의 모든 고통과 인생고의 문제를 해결할 수 있는 하나님의 힘, 성령을 우리 모두가 가지고 있습니다. 하나님이 교회와 믿는 자들에게 주신 이 성령은 시대를 초월하여 변함이 없습니다. 세상의 힘은 시대가 바뀔 때마다 끊임없이 변화하지만 성령은 하나님이 주신 유일한 불멸의 힘입니다.

"이는 힘으로 되지 아니하며 능으로 되지 아니하고 오직 나의 신으로 되느니라"(슥 4:6).

그렇습니다. 몇천 년 전 성령으로 스가랴 선지자 시대의 문제를 해결할 수 있었던 것처럼 21세기에 우리가 당면하는 모든 문제들도 성령으로 해결할 수 있습니다. 하늘로부터 오는 변함이 없고 유일한 힘을 덧입으면, 21세기가 아무리 무한경쟁 시대라 할지라도 우리는 살아남을 수 있을 뿐만 아니라 연약한 사람들을 붙들어 일으켜 세울 수 있습니다. 그만큼 성령의 능력은 우리에게 중요합니다.

신앙생활이라는 것은 내 힘으로 하는 것이 아닙니다. 물론 이 세상도 내 힘으로 사는 것이 아닙니다. 하나님의 힘으로 사는 것입니다. 이에 관한 릭 워렌 목사님이 하신 좋은 예화가 있습니다. 한때 세계를 주름잡았던 권투 왕 무하마드 알리를 잘 아실 것입니다. 그는 현재 파킨슨병에 걸려 투병 중에 있습니다. 그가 지난번 애틀랜타 올림픽 때 성화 점화를 위해 단상에 올라섰을 때, 점화를 제대로 못할 정도로 손을 덜덜 떠는 것을 우리는 목격했습니다. 그가 누구입니까? 전성기 시절 "내가 가장 힘이 세다. 세상에서 제일 강한 자다."라면서 큰소리치던 사람이 아닙니까? 그런 그가 떨리는 손으로 겨우겨우 성화를 점화할 수 있을 정도로 약한 자가 되었습니다. 그는 기자회견에서 이런 의미 있는 말을 했다고 합니다. "사람보다 하나님이 더 강하시다는 것을 입증하기 위해 제가 이 병에 걸렸습니다."

백 번 옳은 말입니다. 인간의 힘이 무슨 의미가 있습니까? 사람이 만든 힘은 다 유한합니다. 정보의 힘이 아무리 강해도 세월이 흐르면 바뀌게 됩니다. 그러나 성령을 통해서 우리에게 주신 하나님의 능력은 변함이 없습니다. 아무리 세월이 가도, 아무리 세상이 급변해도 하나님이 주시는 성령의 힘은 변하지 않습니다. 이 성령의 힘은 힘 중의 힘이요, 유일한 힘입니다. 이 힘이 급변하는 세상을 이깁니다. 이리저리 엉켜 있는 문제를 간단하게 해결합니다. 이 세상에서 꺾이지 않고, 거꾸러지지 않도록 우리를 굳게 붙들어 줍니다. 이 성령의 힘을 소유해야 합니다.

혹시 아직도 예수님이 누구신지 잘 모르는 분이 계십니까? 세상살이에 이런 저런 상처를 입고 마음이 무거워져서 '교회나 가보자!'는 마음을 갖은 분 있습니까? '그래도 가정에서는 내 권위가 인정되었는데 이제는 집안 식구들 앞에서도 힘을 쓸 수가 없다.'는 생각에 어깨가 축 처져 있거나 심적으로 몹시 위축되어 있는 형제들이 혹 계십니까? 그러나 소망이 있음을 기억하십시오. 하나님이 우리에게 성령의 힘을 주시면 우리는 일어납니다. 우리는 웃으면서 살 수 있습니다. 이 세상을 두려워하지 않고 살아갈 수 있습니다.

원판 필름 교회

성령의 능력을 바로 알기 위해서는 그 원류를 찾아가야 합니다. 사진으로 말하면 원판 필름을 찾아보는 일입니다. 사도행전 2장에서 보듯이 성령 강림과 함께 탄생한 예루살렘교회가 바로 그곳입니다. 흔히 이 교회를 가리켜 이상적인 교회, 가장 건강한 교회라고 말합니다. 따라서 우리 교회가 성령의 능력으로 든든하게 서 있는 교회인지 알려면 이 원판을 가져와서 비춰 보면 됩니다.

우리 각자가 진정으로 성령 충만한 가운데, 성령이 주시는 능력을 가지고 살고 있는가를 점검해 보려면 예루살렘교회의 성도들과 비교해 보면 됩니다. 성령의 충만함을 받자 그들이 얼마나 강하고 놀라운 사람으로 변화되었는지, 그런 그들을 통하여 세상에 어떤 일들이 일어났는지 비교해 보십시오. 그러면 자신이 성령 충만한 사람인지 아닌지 분별할 수 있게 됩니다. 그리고 이러한 반성을 통하여 좀더 주님 앞에 기도해야 되겠다거나 좀더 능력을 얻어야 되겠다는 결심도 하게 되는 것입니다.

예수님은 유월절 십자가에서 세상 죄를 지고 돌아가셨습니다. 그리고 사흘 뒤 첫 열매를 드리는 초실절, 죽음을 이기고 부활하셨습니다. 그 후 50일이 지난 오순절에 그분은 약속하신 대로 성령을 보내주셨습니다. 사실 '오순절'(五旬節)이라는 말은 '50일째 되는 날'이라는 뜻입니다. 성령이 오신 그날은 유대의 요일로 치면 안식일 다음날이 되지만 오늘날로 말하면 주일입니다. 성령이 임하신 날이기 때문에 우리 모두가 주일에 함께 모여서 예배를 드리며 하나님 앞에 경배 드리는 것입니다. 그러므로 주일 예배에 참석하여 하나님께 경배 드리는 우리는 모두 성령의 은혜를 받을 수 있다는 점을 기억하고, 그것을 기대하는 마음으로 예배 드려야 합니다.

120여 명의 제자들은 승천하신 예수님을 전송하고 나서 다락방에 모여 10일 동안 기도하고 있었습니다. 그들이 모이던 아침 9시경은 아마도 매일 기도하고, 찬송하고, 예배를 드리기로 정해 놓은 시간이었던 것 같습니다. 그날도 다른 날과 마찬가지로 열심히 기도하고 있는데, 갑자기 큰소리가 들렸습니다. 엄청난 바람 소리 같았습니다. 사실 한국에서는 바람 소리가 얼마나 무서운지 잘 경험할 수 없습니다. 그러나 가끔 토네이도로 큰 어려움을 겪곤 하는 미국 중부 지역에 사는 사람들은 바람 소리가 얼마나 무서운지 잘 안다고 합니다. 지축을 흔들며 돌진하는 토네이도는 그야말로 상상을 초월하는 전율을 느끼게 하는, 무섭고 강력한 소리를 냅니다. 영화 '트위스터'를 본 사람들은 토네이도의 위력을 잘 알 것입니다.

바로 그와 같은 바람 소리가 났던 겁니다. 성경에는 '강하고 급한 바람 소리'라고만 기록되어 있고 자세한 설명이 없기 때문에 그 강도가 어느 정도였는지 정확하게 파악하기는 힘듭니다. 그러나 예루살렘에 있는 수많은 사람들이 그 소리를 듣고 큰일이 터진 줄 알고 몰려들 정도였다는 것을 감안한다면 그 소리가 얼마나 강했는지 짐작해 볼 수 있습니다.

학자들은 당시 예루살렘의 상주 인구를 2만 5천에서 3만 명 정도로 추정합니다. 더욱이 그날은 오순절날입니다. 오순절경에는 중동 지역의 기후가 아주 좋습니다. 뿐만 아니라 지중해 연안과 당시 세계 각지로 흩어져 있던 교포 유대인들이 이 절기를 지키기 위해 모여들었습니다. 그래서 그 무렵이 되면 예루살렘의 인구가 10만에서 30만 명 정도 되었으리라고 봅니다. 10만에서 30만 명 정도의 사람들이 심상치 않은 바람 소리를 듣고 무슨 일이 벌어진 줄 알고 소리 나는 쪽으로 달려왔으니, 그 소리가 얼마나 대단했을지 짐작이 가는 일입니다.

바람 소리와 함께 하늘에서 불이 내려와 120여 명의 사람들 각자의 머리 위에 마치 혀처럼 날름거리는 불꽃으로 머물러 있었다고 합니다. 그 자리에 있던 남녀노소 모두에게 성령이 예외 없이 임하신 것입니다. 이와 같이 성령은 모든 믿는 자에게 충만히 임재하십니다. 이 사실을 믿습니까? 이 불꽃은 하나님의 임재를 상징하는 징표입니다. 구약 성경은 하나님께서 모세를 부르실 때 불꽃 가운데서 나타나셨고 엘리야에게 응답하실 때도 불로 응답하셨다고 기록하고 있습니다.

이처럼 오순절날 제자들에게 임한 이 불의 임재는 곧 하나님의 임재를 상징하는 것입니다. 이 얼마나 놀랍고 황홀한 사건입니까? 그뿐만이 아닙니다. 성령께서 입을 열게 하시니 모든 사람이 방언으로 하나님을 찬양하기 시작했습니다.

성령 임재에 대한 잘못된 태도

성경에서의 이런 장면을 보면서 주의해야 할 것이 있습니다. 잘못된 환상을 가지면 안 된다는 것입니다. '오늘날도 이런 현상이 일어났으면 좋겠다. 급하고 강한 바람 소리가 나면서 앉아 있는 우리 모든 사람들 머리 위에 성령이 불꽃처럼 임하면 얼마나 좋을까? 얼마나 황홀할까?' 하지만 이런 기대는 절대 금물입니다. 오순절 성령 강림과 같은 사건은 반복되지 않습니다. 예수님의 십자가의 사건이 반복되지 않는 것처럼 성령이 지상 교회에 처음으로 임하시는 그 드라마 같은 사건은 절대 반복되지 않습니다. 그러므로 우리는 잘못된 환상을 갖지 말아야 합니다.

그때로부터 성령은 이미 교회에 임하여 지금까지 우리와 함께 계십니다. 그러므로 더 이상 그런 일이 반복될 필요도 없습니다. 성령은 이미 교회와 우리 각자에게 임하셨습니다. 그렇기 때문에 오순절에 대한 잘못된 환상을 가지면 안 됩니다. 역사적인 기록에 따르면, 그런 환상에 사로잡혀 열심히 기도하던 사람들 중에 이상하게 된 사람들이 많다고 했습니다. 하나님이 주시지 않는 것을 억지로 달라고 떼를 쓰면서 자꾸만 이상한 공상을 하기 때문에 잘못되는 것입니다. 마귀가 틈을 타서 시험에 빠뜨리는 것입니다.

또한 예루살렘교회에 성령이 임하시는 사건을 보면서 이상한 병적 열등감을 가져서도 안 됩니다. 어떤 사람들은 이런 식으로 자기를 자책합니다. '처음 성령 받은 사람들은 입이 열려 방언을 말하고, 성령이 불같이 임해서 머리가 뜨겁고, 가슴이 후끈후끈 달아오르는 체험을 했다는데, 왜 나에게는 그런 것이 없을까? 아무래도 내 안에는 성령이 계시지 않는 것 같다. 나는 성령을 아직 모르고 있는 것이 분명하다.'

아예 이런 식으로 가르치는 교회도 있습니다. 어떤 방식으로든지 가슴이 한 번 후끈해져야 성령 받은 사람이라고 합니다. 하지만 이렇게 생각하는 것은 잘못입니다. 그와 같은 소리에 귀를 기울이면 안 됩니다. 그런 병적인 열등감을 가질 필요가 없습니다.

예수를 믿으면 이미 우리 안에 성령께서 거하십니다. 그분은 결코 우리를 떠나지 않으십니다. 하나님 앞으로 우리를 인도하시고 예수를 주와 그리스도로 시인하게 하시는 성령님은 들락날락하시는 분이 아닙니다. 우리 안에 거하시는 성령은 자신의 능력으로 오늘도 우리를 붙들고 계십니다. 지금의 내가 존재하는 것도 성령께서 나를 붙들어 주시고 힘을 주시기 때문에 가능한 것이지, 내 힘으로 존재하는 것이 아닙니다. 그러므로 어떤 열등감이나 잘못된 환상을 가지고 성령을 오해하는 일이 없어야 하겠습니다.

성령의 선물을 구하라

지금 우리에게 필요한 것은 성령을 달라고 간구하는 것이 아니라 성령의 선물을 기대하는 일입니다. 성령을 달라고 구할 필요는 없습니다. 성령은 이미 우리 가운데 임하여 계시기 때문입니다. 성령을 소유한 우리가 해야 하는 것은 성령이 주시는 선물을 기다리며 구하는 것뿐입니다.

성령의 선물이란 무엇입니까? 능력입니다. 힘입니다. 은사입니다. 치유하심입니다. 성령의 선물이 무엇입니까? 우리를 높이 들어 하나님의 나라를 위해 사용하시는 역사입니다. 이것을 믿으시기 바랍니다.

본문 41절을 보십시오. 베드로의 전도 설교를 듣고 한꺼번에 남자만 3천여 명이 회개하고 돌아오는 놀라운 대부흥이 일어났습니다. 얼마나 놀랍고 대단한 일입니까? 그것도 여자와 아이들은 제외하고 성인 남자만 3천 명입니다. 구름 떼처럼 모여든 이 사람들이 베드로의 말을 듣고 마음에 찔려 "형제들아 우리가 어찌할꼬?"라고 묻자 베드로가 무엇이라고 선포했습니까?

"베드로가 가로되 너희가 회개하여 각각 예수 그리스도의 이름으로 세례를 받고 죄 사함을 얻으라 그리하면 성령을 선물로 받으리니"(행 2:38).

그러나 이 구절을 "성령의 선물을 받으리니"라고 번역할 수도 있습니다. '성령을 선물로 받으리니'와 '성령의 선물을 받으리니'는 의미상 대단히 큰 차이가 있습니다. 그래서 요즘 미국의 저명한 권위 있는 성경은 이것을 '성령의 선물을 받으리니'라고 번역하는 것으로 알고 있습니다.

중요한 것은 이미 교회에 임하신 성령께서 우리에게 주시는 선물입니다. 이 선물을 사모해야 합니다. 성령의 선물이 우리 가운데 임할 때 어떤 일이 일어나는지 알려면 성령의 역사가 처음으로 시작된 초대 예루살렘교회를 주목해서 보아야 합니다.

부부가 결혼하고 거센 파도가 치는 험난한 세상을 5년, 10년 함께 살다 보면, 은근히 이런 생각이 들게 됩니다. '왜 우리는 신혼 때처럼 그렇게 달콤한 결혼 생활을 못하는 걸까? 왜 우리는 황홀하지 못할까? 그때는 가슴이 두근거리고 행복에 겨워 노래가 절로 흘러나왔는데, 왜 지금은 그런 감정들이 다 사그라진 걸까? 혹시 결혼 생활이 잘못되어가고 있는 것은 아닌가? 부부관계에 이상이 생긴 건 아닐까?' 그러나 그렇다고 '지금은 황홀하지도 않고 가슴이 뛰지도 않으니 우리는 서로 사랑하지 않는 것이 분명해.'라고 생각한다면 그런 남자나 여자가 정상이라고 볼 수 있겠습니까?

세월이 흐르면서 가끔 신혼 시절에 찍었던 사진도 꺼내 보고, 그때 찍은 비디오를 손잡고 같이 보기도 합니다. 그렇게 한번씩 사진을 꺼내 보는 이유가 무엇입니까? 신혼 때처럼 가슴이 두근거리고, 황홀하고, 꿈꾸는 것 같은 생활로 돌아가기 위해서가 아닙니다. 그 모습을 보고 그때를 회상하면서 '처음 사랑이 우리에게 아직도 건재한가? 우리는 그때 서약한 것을 지금도 성실하게 지키고 있는가? 그때에 비해서 얼마나 성숙한 부부가 되었나? 그때 그 풋풋한 사랑이 이제는 얼마나 많은 열매를 맺었나?' 하는 것을 점검하기 위해서입니다.

예루살렘교회에 임한 성령의 원본을 보는 이유도 이와 같습니다. 그때 일어났던 그 현상이 나에게도 똑같이 있어야 한다고 생각해서가 아닙니다. '예루살렘 성도들이 성령을 받고 얼마나 달라졌나? 그들을 통해 어떤 일이 일어났나? 그들이 갖고 있던 성령의 특별한 능력과 역사는 어떤 것이었나?' 이런 점들을 살펴보면서 나에게 있는 것과 없는 것을 평가하려는 것입니다. 우리는 그런 비교를 통해 기도 제목도 생기고, 성령에 대해서 더 많은 이해를 가질 수도 있습니다. 이런 의미에서 예루살렘교회와 우리 자신을 비교해 볼 수 있기를 바랍니다.

성령 충만은 찬양 충만이다

성령을 받은 예루살렘 성도들에게는 어떤 특징이 있었습니까? 가장 큰 특징은 하나님을 찬양하기 시작했다는 것입니다. 그들은 모두가 한마음과 한 입으로 하나님을 찬양하기 시작했습니다.

"저희가 다 성령의 충만함을 받고 성령이 말하게 하심을 따라 다른 방언으로 말하기를 시작하니라"(행 2:4).

성령은 오셔서 제일 먼저 그들의 입을 여셨습니다. 그러자 그들의 입에서는 찬양이 터져 나오기 시작했습니다. 그것이 찬양이었음을 11절 하반절을 통해 알 수 있습니다. 그들은 "하나님의 큰일을 말하고 있었다."고 기록하고 있는데, 여기서 '말하다'는 '찬양하다'라는 뜻입니다. '전도했다'라는 말과는 뉘앙스가 다릅니다.

사람들이 몰려와서 보니 그들은 하나님의 큰일을 말하고 있었습니다. 더욱 놀라운 것은 그들이 유대인의 언어로만 찬양하는 것이 아니라 15개의 각각 다른 지방 방언으로 말하고 있었다는 사실입니다. 그들이 말하는 방언은 요즘 이야기하는 이상한 방언이 아니라 15개의 각기 다른 지방의 언어입니다. 각 지역에서 온 사람들은 전부 자기가 사는 곳의 말로 찬양하는 것을 들을 수 있었습니다. 모인 사람들이 15개 이상의 부족이나 나라의 언어로 하나님을 찬양하는 제자들의 모습을 본 것입니다.

그들은 무엇을 찬양했습니까? 십자가에서 죽음을 이기고 승리하신 예수님의 이름을 찬양했습니다. 나 같은 죄인을 구원해 주신 하나님의 사랑을 찬양했습니다. 예수 그리스도께서 오늘도 살아 계시고, 만유의 주가 되심을 찬양했습니다. 성령이 임하자 그들은 예수님을 생각하면 가만히 앉아 있을 수 없었습니다. 가슴이 뜨거워져 견딜 수가 없게 되었습니다. 예수님의 사랑에 대한 감동이 해일처럼 밀려오기 때문에 가만히 입을 다물고 있을 수가 없었습니다. 마치 범람하는 강물을 이기지 못하여 제방이 터지듯, 주님을 찬양하는 함성이 터져 나왔습니다.

성령 충만한 교회에 가면 찬양이 살아 있습니다. 성령 충만한 성도는 슬플 때나 기쁠 때나 항상 그 입에서 찬양이 떠나지 않습니다. 가슴에서 성령의 샘물이 터져 나와 입 안에 가두어둘 수가 없는 것입니다. 해일을 막지 못하듯 사랑의 감동의 해일을 막을 수가 없었습니다. 용암이 산을 뚫고 분출하듯이 찬양이 활화산처럼 흘러넘쳤습니다. 혼자 흥얼거리기도 하고, 성도들과 함께 기쁨으로 찬양을 부르기도 합니다. 찬양이 그 사람의 가슴에 가득 차 있기 때문입니다.

찬송을 부르는데 도무지 따라갈 힘이 없고 게다가 두세 번씩 반복해서 부르면 짜증이 나 입을 꾹 다문다면, 그가 과연 성령을 모신 사람이라고 할 수 있습니까? 어떤 사람이 성령을 모시고 사는 사람인지 아닌지 단적으로 말하기는 힘들지 모릅니다. 하지만 예수님을 주와 그리스도로 믿는 자라면 성령을 모신 사람이라고 봐도 무방합니다. 그 사람이 지금 비록 찬양을 따라 하지 못하고 입을 다물고 있어도 말입니다.

그러나 또 다른 측면을 생각해 볼 필요가 있습니다. 만일 우리에게 찬양하는 은혜가 메말라 있다면, 그렇기 때문에 찬양하는 것이 지겹고 곤혹스럽다면, 우리는 성령 충만하다고 말할 수 없을 겁니다. 이것은 심각한 기도 제목입니다. 내 영혼이 성령의 깊은 감동과 사랑의 격정으로 다시 달구어지도록 기도해야 합니다. 예수의 사랑에 대한 황홀한 감격이 솟구쳐 오르도록 성령의 충만을 위해 기도해야 합니다. 미지근하거나 냉랭한 가슴은 결코 성령이 주시는 마음이 아닙니다.

　세상 살기가 얼마나 고달픕니까? 그러나 성령을 받은 우리는 고달픈 세상에서도 노래하며 살 수 있습니다. 찬양으로 세상을 헤쳐나갈 수 있습니다. 세상 사람들을 보십시오. 스트레스가 쌓이면 보통 노래방에 갑니다. 마이크를 잡고 엉덩이를 흔들면서 한참 동안 목이 터져라 신나게 노래를 부릅니다. 우리에게도 그런 경험들이 있을 것입니다. 그런데 하나님 앞에서 찬양할 때는 입이 떨어지지 않고 지겹다는 생각만 든다면 성령 충만한 사람이 아닙니다. 그래서야 세상을 이길 수 없습니다. 성령의 은혜를 달라고 기도하십시오. 성령의 충만을 달라고 기도하십시오. 무엇보다 찬양하는 은혜를 달라고 기도하십시오.

　근심 걱정이 짙게 드리운 가정은 자녀들이 먼저 그것을 감지합니다. 부모가 자세한 이야기를 해주지 않아도 어려운 일이 있어서 엄마 아빠가 고민하고 있다는 걸 자녀들이 압니다. 집안을 감싸고 흐르는 분위기는 감출 수가 없습니다. 그러나 그런 분위기임에도 불구하고 설거지하는 어머니 입에서 자기도 모르게 찬양이 흘러나온다고 가정해 봅시다. 아이가 엄마의 찬양하는 소리를 들을 때, 그 찬양이 어린 자녀에게 얼마나 큰 영향을 줄지 상상해 보십시오.

　엄마의 찬양 한 소절이 아이의 마음에 깔려 있던 무거운 먹구름을 확 걷히게 합니다. 그 찬양이 아이의 마음에 믿음의 뿌리를 내리게 합니다. 엄마의 잔잔한 찬양 소리가 집안에 생기가 돌게 합니다. 막혔던 사랑과 평안의 강물이 다시금 흐르기 시작합니다. 찬양은 마귀를 쫓아냅니다. 찬양은 근심을 몰아냅니다. 찬양은 주저앉아 있는 사람을 일으킵니다. 성령 충만하면 누구든지 찬양 충만함을 받습니다. 때로는 춤을 추기도 하고, 때로는 울기도 하면서 찬양하게 됩니다.

마귀를 쫓는 최고의 수단

한번은 남가주 사랑의교회를 방문했는데, 찬양이 참으로 은혜롭고 힘이 있는 것을 느꼈습니다. 장로님들도 찬양을 하다가 두 손을 높이 들기도 하고, 일어서기도 하는 것이었습니다. 성도들의 찬양하는 모습을 보고 그 교회가 성령 충만한 교회임을 알 수 있었습니다.

구원하심이 보좌에 앉으신 우리 하나님과 어린양께 있도다
구원하심이 보좌에 앉으신 우리 하나님과 어린양께 있도다
은혜 주심이 보좌에 앉으신 우리 하나님과 어린양께 있도다
은혜 주심이 보좌에 앉으신 우리 하나님과 어린양께 있도다.

이 찬송을 부르면서 우는 사람도 있고, 손을 들고 기뻐서 어쩔 줄 몰라 하는 사람도 있었습니다. 모습은 달라도 모두가 천국으로 두둥실 떠올라가는 것 같은 충만함이 넘치고 있었습니다. 그렇게 생동감 넘치는 모습을 보면 그 교회가 성령 충만한 교회임을 금방 알게 됩니다.

사랑의교회에서 릭 워렌 목사님과 일행 9명이 함께 주일 예배를 드린 적이 있었습니다. 그 목사님이 제게 이런 말을 해주었습니다. "목사님, 이 교회의 찬양이 정말 대단합니다. 아주 좋습니다. 주기도문송 부르는 것부터 시작해서 너무나 감동적이었습니다." 아마 그들의 가슴에도 성도들이 드리는 찬양이 강한 감동으로 다가왔나 봅니다. 저는 속으로 감사를 드렸습니다. '아! 역시 성령이 살아 계십니다. 충만히 임재해 계십니다. 감사합니다, 하나님. 할렐루야!'

찬양을 회복하시기 바랍니다. 성령의 은혜를 구하십시오. "주여, 내 입

을 벌려서 하나님을 찬양하게 하옵소서." 이렇게 부르짖으십시오. 성령이 우리 안에 터지게 하시는 그 찬양은 세상에서 승리하며 살 수 있게 하는 능력이 있습니다. 마귀를 이길 힘이 찬양을 통해 흘러나옵니다. 아무리 큰 고통 가운데서 씨름하다가도 나도 모르게 찬양이 나오면 마귀는 금방 "나 살려라!" 하면서 줄행랑을 놓습니다. 루터가 이렇게 말했습니다. "찬양이란 마귀를 쫓는 최고의 수단이다."

만일 성령 충만해야 할 가정에 마귀가 자리를 펴고 앉아 있다면 어떻게 되겠습니까? 우리의 입에서 찬양의 향기가 언제나 퍼지게 하십시오. 그러면 마귀는 우리 가정에서 결코 그 추악한 악취를 피울 수 없을 것입니다. 우리가 대단히 사랑하는 찬양, 자주 부르는 영감 넘치는 찬양이 하나 있습니다.

나 주님만을 섬기리 헛된 마음 버리고
성령이여 내 영혼 충만하게 하소서
주님 앞에 내 생명 드리리라.

무릎 꿇고 기도하다가 이 찬송을 불러 보십시오. 천사가 내려와서 우리 손을 꼭 잡아 줄 것입니다. 근심과 걱정을 안고 직장에 갈 때에도, 핸들을 잡고 있을 때에도 이 찬송을 불러 보십시오. 주님께서 우리 어깨를 포근히 안아 주실 것입니다.

성령 충만은 바로 찬양 충만입니다. 그런데 왜 입을 다물고 계십니까? 성령께서 우리 마음속에 찬양하라는 감동을 주시는데도 왜 입을 꽉 다물고 있습니까? 찬양에는 나이가 상관이 없습니다. 아무리 나이가 많이 들었어도 즐겨 찬양할 수 있습니다. 괜히 고상한 척하지 마십시오. 노래방에 가서는 남에게 뒤질세라 고함을 지르면서 왜 하나님 앞에 찬양할 때는 입을 다물고 있습니까? 그것은 결코 바른 태도가 아닙니다. 하나님 앞에서 전심으로 찬양하십시오. 어린아이처럼 찬양하도록 성령 충만하게 해달라고 간구하시기 바랍니다.

증거하는 교회

성령 받은 예루살렘교회의 두 번째 특징은 예수 그리스도를 증거하는 일이었습니다. 베드로가 한 번 증거하자 3천 명이 회개하고 돌아왔습니다. 사도행전을 계속 읽어나가다 보면 그 다음에는 5천 명이 예수 믿고 돌아왔다는 말씀을 발견할 수 있습니다. 5장 14절에는 "믿고 주께로 나오는 자가 더 많으니 남녀의 큰 무리더라."고 기록하고 나와 있습니다. 이는 더 이상 셀 수 없을 정도의 큰 무리가 회개하고 돌아왔음을 의미합니다.

어떻게 이런 일이 일어날 수 있었습니까? 그것은 베드로를 비롯한 다락방에 함께 모여 기도했던 120명의 성도들과 이들의 전도를 받고 그리스도인이 된 3천 명, 5천 명의 예루살렘교회 교인들 모두가 성령 충만하여 나가서 예수를 전한 결과였습니다. 성령 충만한 교회가 계속적으로 전하는 복음을 듣고 하나님께로 돌아오는 사람들이 기하급수적으로 늘어난 것입니다. 이처럼 성령 충만한 사람들은 복음을 전합니다. 나의 구원자이시고, 내 인생의 유일한 소망이신 예수 그리스도를 다른 이에게 말하지 않고는 견디지 못했던 것입니다. 이렇게 증거하는 삶이 바로 성령 충만함의 표징입니다.

한번은 강남역 부근에서 초파일 행사를 크게 하는 것을 보았습니다. 많은 사람들이 연등을 들고 행진하고 있었습니다. 그 모습을 가만히 지켜보면서 너무나 안타까워 가슴이 마구 저며 오는 듯한 느낌을 받았습니다. '아무것도 아닌 우상을 어깨에 메고 거기에 무슨 구원이나 복이 있는 것처럼 믿고 있으니 얼마나 가련하고 불쌍한 사람들인가? 만약 우리 교회가 좀더 능력이 있다면 어떻게 저 사람들을 가만히 내버려 두었을까? 한국 교회가 좀더 성령 충만하다면 어떻게 불교에 심취한 사람들이 아직도 저렇게 많을까?' 이런 탄식이 절로 나왔습니다.

성령 충만한 사람은 복음을 전합니다. 복음을 전하면 놀라운 열매가 있습니다. 믿지 않을 것만 같은 사람이 예수 믿고 하나님께 돌아오는 역사가 일어납니다. 이 모든 것이 성령의 능력입니다. 복음을 전하고자 하는 뜨거운 마음이 있습니까? 그렇다면 성령 충만한 사람입니다. 전도에 별 관심이 없습니까? 예수님을 알지 못한 채 헛된 것에 목숨을 걸고 살아가는 이웃을 보아도 예수 믿으라는 말을 하는 것 자체가 부끄럽게 생각됩니까? 이 시간에 땅바닥에 무릎을 꿇고 기도하십시오. 하나님의 보좌를 향해 성령의 선물을 구하십시오. "주여! 나에게 성령의 충만을 주옵소서. 성령의 능력과 담대함을 주옵소서. 지금 나의 상태는 정상이 아닙니다. 저를 성령으로 충만케 하옵소서."

말씀에 헌신함

성령을 받은 예루살렘교회의 세 번째 특징은 말씀 배우기를 힘쓰는 것이었습니다. 사도행전 2장 42절에는 예수를 믿고 돌아온 3천 명에 대한 기사가 나옵니다.

"저희가 사도의 가르침을 받아 서로 교제하며 떡을 떼며 기도하기를 전혀 힘쓰니라."

그들이 가장 먼저 힘쓴 것이 무엇입니까? 사도의 가르침을 받는 일이었습니다. 그들은 성경 말씀을 배우기 원했습니다. '전혀 힘쓰니라'는 '프로스카르테룬테스'(προσκαρτεροῦντες)라는 헬라어로 아주 긴 단어인데, 끈기 있게 계속 노력한다는 뜻입니다. 성령 충만함을 받은 예루살렘 교인들은 끈기 있게 하나님의 말씀을 배우기 원했습니다. 만사를 제쳐놓고 하나님의 말씀을 배우고, 그 말씀을 먹고, 그 말씀을 통해서 믿음이 자라기를 원했습니다.

성령이 함께하시는 사람들은 하나님의 말씀에 대한 갈급함이 있습니다. 말씀을 배우고 또 배우기 원합니다. 그렇다고 말씀 중독증에 걸린 것은 아닙니다. 하나님의 말씀을 공부하는 것을 능사로 알거나 성경 지식만 추구하는 것도 아닙니다. 배우고 깨달은 말씀에 자신을 온전히 순종하며 사는 것을 기쁨으로 여기는 것입니다. 이런 사람이 바로 성령 충만한 사람입니다.

성령은 진리의 영입니다. 성령은 모든 사람으로 하여금 하나님의 말씀에 귀를 기울이도록 만듭니다. 들을 때 깨닫게 만듭니다. 깨달을 때 그 영혼에 놀라운 변화가 일어납니다. 변화가 일어날 뿐만 아니라 그 말씀대로 사는 능력을 얻습니다. 말씀대로 순종하며 살 때 하나님의 놀라운 은혜가 삶 속에 따라오는 것을 체험합니다. 이것이 성령 충만이요, 성령 충만한 사람의 모습입니다.

그러므로 건강한 신앙생활은 말씀에 그 기초를 두어야 합니다. 예루살렘교회의 성령의 역사가 그렇게 강하고 대단했지만 어떤 종류의 성령 집회도 있지 않았습니다. 그들은 오직 하나님의 말씀을 배우려고 노력했습니다. 말씀의 기초가 바로 되어야 교회가 건강하고, 개인의 신앙이 바로 될 수 있습니다.

그런데 오늘날 한국 교계를 보면 성령은 많이 강조하면서 하나님의 말씀은 등한히 하는 교회가 참으로 많습니다. 그로 인해 결국 교회가 심각한 어려움에 빠지는 경우도 자주 보게 됩니다. 이상하게도 성령을 많이 강조하는 교회일수록 그 끝이 좋지 않은 경우가 많은데, 그 이유가 무엇입니까? 바로 하나님의 말씀을 배우는 일을 등한히 했기 때문입니다.

잘못된 은사들

성령 집회를 많이 했던 어느 교회의 예를 들어 보겠습니다. 그 교회 안에는 성령의 은사를 받은 사람들이 많았습니다. 거기까지는 좋았습니다. 그런데 목사 사모가 예언의 은사를 받았다고 하면서 한 번은 이런 예언을 한 적도 있다고 합니다. 교인 중에 모 회사의 사장이 있었는데 그에게 "당신은 사장을 그만두고 교회에 와서 사찰을 하라고 하나님께서 말씀하셨다"고 말했습니다. 하나님께서 그렇게 말씀하셨다는데 어떻게 감히 거부합니까? 그래서 그 사람이 정말 사장을 그만두고 교회에 와서 사찰 일을 했다고 합니다. 이것이 어떻게 예언입니까? 성령의 은사가 이렇게 왜곡되어 나타나면 교회가 굉장히 어려워집니다. 지금이 교회가 얼마나 말로 다할 수 없는 어려움을 겪고 있는지 모릅니다.

신문지상에 자주 오르내렸던 모 교회 역시 마찬가지입니다. 문제의 그 담임목사는 설교 시간에 이런 말까지 했습니다. 자신이 목사지만 라스베가스 카지노에 들어가서 노름으로 돈을 벌려고 했던 것은 재정적으로 어려운 교회에 조금이라도 보탬이 되기 위해서였다고 말입니다. 참으로 기가 막힌 이야기입니다. 그러나 더욱 말문이 막히게 하는 것은 그 이야기를 듣고 있던 사람들이 큰 소리로 "아멘! 아멘!" 했다는 그 반응이었습니다. 상상도 할 수 없는 일이 벌어지고 있는 것입니다. 어떻게 이렇게 기가 막힌 일들이 벌어지게 되었습니까? 도대체 왜 이런 현상이 일어났습니까? 병을 잘 고친다고 소문이 난 교회, 하나님의 능력이 역사한다고 소문난 교회가 왜 이토록 잘못되어 버렸습니까? 하나님의 말씀에 대한 기초가 약하기 때문입니다.

성령 충만하기를 원하십니까? 하나님의 말씀 앞으로 돌아오십시오. 그러나 배우는 것만을 능사로 아는 문제아가 되어서는 안 될 것입니다. 배우는 것만 능사로 아는 사람만큼 무서운 사람이 없습니다. 배운 말씀을 지킬 때까지 배우는 사람이 되십시오. 하나님의 말씀에 완전히 사로잡혀서 그 말씀에 순종하지 않고는 견디지 못할 때까지 배우시기 바랍니다. 이 정도로 하나님의 말씀을 사모해야 성령 충만한 사람입니다.

세상에서 승리하기까지

성령 받은 교회와 성령 받은 사람의 특징이 무엇입니까? 첫째, 찬양이 충만한 사람입니다. 둘째, 복음 전하기를 기뻐하는 사람입니다. 셋째, 말

쓸 배우기에 힘쓰는 사람입니다. 그 외에 나머지 특징들은 다음과 같습니다. 넷째, 성도끼리 교제하는 일을 힘쓰는 사람입니다. 다섯째, 떡을 떼는 일에 힘쓰는 사람입니다. 다시 말해 예수님의 죽음을 기념하는 성만찬을 항상 마음에 되새기며 주님의 십자가를 기뻐하고 감사하는 사람이라는 말입니다. 여섯째, 기도하기를 힘쓰는 사람입니다. 일곱째, 표적과 기사가 일어나는 역사가 있는 사람입니다. 여덟째, 헌금에 인색하지 않은 사람입니다. 성령 충만한 사람들은 땅을 팔아서 교회와 하나님 나라를 위해 아낌없이 내놓는 사람들이었습니다. 아홉째, 세상 사람들에게 좋은 이미지를 주는 사람입니다. 마지막으로, 삶 자체가 활짝 열린 전도의 문이 되는 사람입니다. 성령 충만한 사람들은 "저 사람 때문에 교회 안 나간다."는 말을 듣지 않습니다. 도리어 "저 사람을 보니까 나도 교회에 나가고 싶다."는 소원을 불러일으킵니다.

  교회가 이와 같이 삶으로 덕을 끼치는 모습을 세상에 보이면 놀라운 일이 일어납니다. 사도행전 2장 47절을 보십시오. 예루살렘교회 성도들은 사람들로부터 칭찬을 받았습니다. 그들의 영향으로 많은 사람들이 구원을 받고 날마다 교회로 밀려들었습니다.

  지금까지 성령 충만한 사람들의 10가지 특징을 살펴보았습니다. 우리 모두 이런 특징을 소유한 사람이 되면 얼마나 좋겠습니까? 만일 우리가 성령 충만하여 이와 같은 특징을 가지고 산다면 우리는 이 세상을 두려워할 이유가 전혀 없을 것입니다. 아무리 정보의 속도가 우리를 놀라게 하고 위축시키고, 낙심케 한다고 해도 성령이 주시는 능력을 입기만 하면 우리는 이 세상을 이깁니다. 성령이 주시는 능력을 입으면 우리는 날마다 감사와 찬송이 넘치는 삶을 살 수 있습니다. 어떤 원수가 우리 성문을 에워싼다 해도 우리는 평안히 잠을 잘 수 있으며, 승리를 선포할 수 있습니다. 예수님의 승리와 능력을 우리 것으로 누리며 살 수 있습니다. 이 모든 것은 성령의 능력으로 가능합니다. 우리 모두 이 성령의 능력을 가지고 세상에서 승리하며 살 수 있기를 간절히 바랍니다.

7. 가장 부가가치가 높은 사업

　예수께서 항상 생각하시는 가장 큰 관심사가 무엇일까 깊이 묵상해 보신 적이 있습니까? 그것은 거짓되고 음란하고 허무한 이 세상을 어떻게 하면 빨리 치유할까 하는 것입니다. 성경적인 표현을 빌리자면 모든 죄악과 비참함과 허무로부터 세상을 구원하는 것입니다. 하나님 나라를 완성하는 것입니다. 다시는 죄가 우리를 괴롭히지 못하게 하여 더 이상 아픔이나 늙음이나 고통이나 죽음이 존재하지 않는, 영원하고 완전한 하나님 나라를 완성하는 것이 예수님의 최고 관심사입니다.

　예수님은 부활하신 후 40일 동안 지상에 계시면서 제자들과 수 차례 만나셨습니다. 그런데 그때마다 나누었던 대화의 주제도 하나님 나라의 완성이었습니다. 사도행전 1장 3절은 이러한 사실을 잘 증언하고 있습니다.

"해 받으신 후에 또한 저희에게 확실한 많은 증거로 친히 사심을 나타내사 사십 일 동안 저희에게 보이시며 하나님 나라의 일을 말씀하시니라."

주님의 관심은 하나님 나라에 고정되어 있었습니다. 하나님 나라는 영적인 실체이기 때문에 육신을 가지고 있고 시간과 공간의 한계 속에 갇혀 있는 우리로서는 지금도 계속 발전하고 완성되어 가는 하나님 나라에 대해 깨닫거나 실감하는 일이란 참으로 어렵습니다. 그래서 하나님 나라에 대한 이야기를 하면 무슨 말인지 이해하지 못하는 사람들이 많습니다.

예수님 당시의 사람들도 이와 비슷한 형편이었습니다. 말씀을 듣는 사람 중에는 하나님 나라에 관한 개념조차 파악하지 못하고 있는, 영적으로 어두운 자들이 많았습니다. 이런 자들을 불쌍히 여기신 예수님은 그들이 하나님 나라를 좀더 쉽게 이해할 수 있도록 하는 독특한 표현 방식을 사용하셨습니다. 바로 '비유' 입니다. 예수께서 사용하신 비유는 사복음서를 통틀어서 약 47가지 정도가 나옵니다. 그리고 그 비유의 대부분이 바로 하나님 나라에 관한 것입니다. 본문 말씀도 하나님 나라에 관한 비유 가운데 하나입니다. "천국(하나님 나라)은 마치 무엇 무엇과 같으니…." 비유란 하나님 나라를 효과적으로 설명하고 표현하기 위해서 그것과 비슷한 다른 사물이나 현상에 빗대어 표현하는 양식입니다. 영적인 하나님 나라를 잘 깨닫지 못하기 때문에 세상에서 일어날 수 있는 비슷한 상황들을 사용하여 하나님 나라에 관한 부분적인 진리를 설명하는 것입니다. 그러므로 비유는 하나님 나라에 관한 진리를 모두 다 설명하지는 못하지만 중요한 진리 한두 개씩은 꼭 담고 있습니다.

주인과 종

본문은 '달란트 비유'라고도 하고 '충성된 종과 불충한 종의 비유'라고도 합니다. 이 비유에도 한 가지 중요한 진리가 담겨 있습니다. 바로 '하나님 나라의 백성인 우리가 세상에서 어떻게 살아야 되는가?' 하는 것입니다. 즉, 그리스도인이 짧은 한 생을 어떻게 살아야 하는지 가르쳐 주고 있습니다. 교훈의 내용은 예수님처럼 하나님 나라의 완성에 궁극적인 관심을 두라는 것입니다. 그 나라를 위해서 헌신하고 충성하며 살라는 것입니다.

먼저 본문의 전체적인 줄거리를 정리해 보겠습니다. 상당히 많은 재산을 소유한 부자가 있었습니다. 어느 해인가 그는 장기 외유를 계획하고 오랫동안 집을 비울 생각을 하게 되었습니다. 종들에게 집안일을 맡기고 자기가 돌아올 때까지 별 문제가 없도록 잘 관리하라고 지시만 해도 되었지만, 이 부자는 색다른 계획을 구상해 보았습니다. 자신의 부재 기간 동안에 재산을 묵혀 두기보다는 종들에게 사업 밑천을 대주고 장사를 시킨다면 더 좋으리라고 생각했던 것 같습니다. 떠나기 며칠 전, 평소에 쓸 만하다고 생각하던 종 세 사람을 불렀습니다. 그들에게 이와 같은 자기의 뜻을 전하고 세 사람 중에서 가장 유능하다고 평가한 종에게 다섯 달란트를 주었습니다. 그럭저럭 안심하고 맡길 수 있겠다 싶은 종에게 두 달란트를 주었습니다. 마지막으로 한편으로는 괜찮아 보이기도 하고 한편으로는 마음이 놓이지 않는 종에게 한 달란트를 맡겼습니다.

여기서 한 달란트는 6천 데나리온이라고 합니다. 1데나리온은 일꾼들의 하루 품삯입니다. 우리나라의 경우로 따지자면 대략 3만 원에서 5만 원 정도입니다. 3만 원씩만 잡아도 다섯 달란트는 9억 원입니다. 결코 적은 액수가 아닙니다. 두 달란트는 3억 6천만 원, 한 달란트는 1억 8천만 원입니다. 주인은 세 종에게 이처럼 큰 자본금을 대주면서 원하는 대로 사업을 해보라고 한 것입니다.

예수님이 주인과 종의 비유를 말씀하신 이유는 무엇입니까? 예수님은 주인이시고 우리 모두는 그분의 종이기 때문입니다. 어떤 사람은 '종'이 라는 말 대신에 '제자'라는 말을 써야 한다고 고집할지도 모르겠습니다. 그러나 성경에서 사용되고 있는 제자의 개념은 결국 종의 개념입니다. 예수님은 창조자요, 하나님이십니다. 하늘과 땅의 권세를 가진 최고의 존재입니다. 그분은 만물의 통치자이며 믿는 자의 왕이십니다. 우리는 전부 그분의 신하이며 종입니다. 종이라는 말도 너무 호사스러운 표현입 니다. 성경에는 우리를 지렁이 같은 존재라고 표현한 곳도 있습니다.

우리는 다 예수님의 종입니다. 예수님은 지금 하늘나라에 계십니다. 장기 외유를 하고 계신 셈입니다. 그러면서 세상에 남은 우리 모두에게 각각의 달란트를 맡기셨습니다. 어떤 사람에게는 9억 원을, 어떤 사람은 3억 원을, 어떤 사람에게는 1억 원을 맡기셨습니다. 우리는 모두 달란트 를 받은 종입니다.

목사만 달란트 받았는가?

이 비유를 읽으면서 오해가 있어서는 안 됩니다. 달란트 이야기만 나 오면 자신과는 전혀 상관없는 말씀으로 여기고 귀를 막아 버리는 사람이 있는데, 이것은 대단히 잘못된 자세입니다. 이 비유를 목사나 선교사에 게만 주시는 특별한 말씀이라고 생각하고, 사역자가 아닌 사람은 부담스러운 나머지 아예 신경쓰지 않아도 되는 것처럼 생각하는 사람이 있다면 그것은 너무나 큰 오해이고 잘못입니다. 본문을 자세히 살펴보십시오. 어느 한 절이라도 목사나 선교사들을 위해 특별히 하시는 말씀이라고 적혀 있는 구절은 전혀 없습니다. 이 말씀은 예수님의 종 된, 모든 하나님의 자녀들에게 하시는 말씀입니다. 어느 누구도 예외가 없습니다.

이 비유가 예수 그리스도를 나의 구주, 나의 하나님, 나의 주인으로 모신 모든 사람에게 해당되는 것이라고 인정하긴 해도 다섯 달란트를 받은 사람은 목사일 것이고 두 달란트나 한 달란트를 받은 사람은 평신도일 것이라고 생각할지도 모릅니다. 그러나 목사, 선교사, 평신도를 구분하여 달란트의 양이 다르게 결정되지 않는다는 것을 명심하시기 바랍니다. 달란트의 차이는 직분이나 직책에 따라 달라지는 것이 아닙니다.

하나님께서 각자의 능력에 따라 다양하게 주셨습니다. 평신도 가운데 다섯 달란트를 받은 사람들이 얼마나 많은지 모릅니다. 목사들 중에서 한 달란트를 받은 사람도 많습니다. 그러므로 액수를 가지고 목사다, 평신도다 하고 생각하지 맙시다. 우리 모두는 예수께서 각자에게 맡기신 달란트가 있습니다. 개인마다 다 다르며 고유합니다. 모든 사람들은 다 제각기 다양한 달란트를 받았습니다.

달란트의 독특성과 다양성

이런 다양성과 차별성이 나타나는 것은 창조주 하나님의 지혜에 기인합니다. 하나님이 기뻐하시기 때문에 이런 다양한 달란트를 주신 것입니다. 그분은 꽃을 만들어도 다양하게 만드십니다. 산을 만들어도 높낮이

가 다양한 봉우리를 만드시는 하나님이십니다. 결코 획일적인 한 가지 형태로 만족하지 않으시는 창조주 하나님은 우리를 세상에 내보내실 때도 각각의 달란트를 주어서 보내셨습니다. 어떤 사람에게는 많이 주시고, 어떤 사람에게는 적게 주시고, 어떤 이에게는 대여섯 가지를 주시기도 하고, 어떤 이에게는 한두 가지만 주시는 등 다양하게 주십니다.

그러므로 남과 비교할 필요가 없습니다. 내가 하나님께로부터 받은 달란트가 최고의 것입니다. 자기 달란트를 존귀하게 여기고 감사하며 동시에 다른 사람의 달란트의 소중함을 인정하고 더불어 기뻐하면 됩니다.

그러면 무엇이 달란트입니까? 하나님 나라를 완성하는 데 조금이라도 기여할 수 있는 것이면 무엇이든지 다 달란트입니다. 이 세상을 사는 시간도 달란트입니다. 어떤 사람은 30년을 살다가 가고 어떤 사람은 100살이 넘도록 삽니다. 하나님께서 각자에게 주신 시간의 달란트가 있기 때문입니다. 어떤 사람에게는 특별한 재능을 주신 반면 어떤 사람에게는 평범한 재능을 주셨습니다. 물질의 부요함을 주시는가 하면 일용할 양식만 주시기도 합니다. 건강을 주시기도 하고 병약한 몸을 허락하시기도 합니다. 어떤 가정에는 특출한 자녀를 주셨지만 그렇지 못한 가정도 있습니다.

이 모든 것이 하나님께서 맡기신 달란트입니다. 하나가 있으면 다른 하나가 없습니다. 이 사람에게 있으면 저 사람에게는 없습니다. 하나님께서 이렇게 하심은 우리 모두를 통해서 하나의 큰 목적을 달성하시기 위함입니다.

하나님은 각 사람마다 독특하고 다양한 최고의 달란트를 주셨습니다. 서로 각자 가진 것이 있고 갖지 못한 것이 있는 우리 모두가 연합하면 하나가 되도록 만드셨습니다. 바로 이것이 우리 모두를 통해 이루고자 하신 목적입니다. 그러므로 하나님께서 나에게 주셨다고 생각되는 달란트를 소중히 여기며 감사해야 합니다. 하나님이 우리를 위해서 최고의 것을 주셨기 때문입니다. 달란트를 받지 못한 사람은 아무도 없습니다. 모두가 다 받아서 가지고 있습니다. 마음속으로 내가 받은 달란트는 무엇일까 조용히 헤아려 보십시오.

주인의 칭찬

수년이 흐른 후에 드디어 주인이 여행을 마치고 돌아왔습니다. 돌아오는 길에 종들이 사업을 제대로 했는지가 무척 궁금해졌습니다. 도착하자마자 급하게 종들을 불렀습니다. 그리고 그동안의 실적을 계산하자고 했습니다. 그러자 다섯 달란트를 받은 종이 나와서 살짝 웃으며 말했습니다. "주인님, 저에게 다섯 달란트를 맡기셨지요. 제가 열심히 일해서 다섯 달란트를 더 남겨 모두 열 달란트가 됐습니다. 주인님, 여기 있습니다. 받으십시오." 이 종의 결산보고를 들은 주인은 너무나 기뻐하면서 그에게 칭찬을 아끼지 않았습니다.

"그 주인이 이르되 잘하였도다 착하고 충성된 종아 네가 작은 일에 충성하였으매 내가 많은 것으로 네게 맡기리니 네 주인의 즐거움에 참예할지어다"(21절).

주인은 세 가지 칭찬을 하고 있습니다. 첫째는 주인이 이제 진심으로 그 종을 신뢰할 수 있게 되었다는 점입니다. "충성된 종아, 내가 이제 너를 전적으로 신뢰한다."

첫 번째 종은 주인의 신뢰를 완전히 회복했습니다. 물론 과거에도 신뢰를 받았지만 이제는 주인으로부터 전적인 신뢰를 받는 사람이 되었습니다. 둘째는 더 큰일, 더 많은 일을 맡긴다는 약속을 받은 것입니다. 지금의 일보다 더 중요한 일, 더 많은 일을 맡기겠다고 하십니다. 종의 입장에서는 엄청난 영광이었습니다. 셋째로, 주인의 즐거움에 참여하라고 했습니다. 그 말은 주인이 즐거워하는 자리에 그 종을 초대하겠다는 뜻입니다. 종으로서가 아니라 친구로서, 한 식구로서 대하겠다는 말입니다. 종에게 이것만큼 큰 칭찬과 보상이 없었을 것입니다.

두 번째 종이 보고했습니다. 두 달란트 주신 것으로 열심히 일하여 네 달란트가 되었다는 내용이었습니다. 주인은 그 종의 등을 두드리면서 칭찬합니다. 23절에 그 칭찬의 내용이 나옵니다. 그런데 첫 번째 종을 칭찬한 21절과 한번 비교해 보십시오. 매우 중요한 특징을 발견할 수 있습니다. 다섯 달란트 받은 종이나 두 달란트 받은 종이나 칭찬의 내용이 똑같다는 것입니다. 한마디도 틀리지 않고 똑같습니다. 내용도 같고 칭찬의 강도도 동일합니다. 아무런 구별이나 차별이 없습니다.

우리는 여기서 우리 삶의 질을 결정하는 데 대단히 중요한 원리 한 가지를 배울 수 있습니다. 어떤 진리입니까? 달란트를 얼마 받았든지 그것을 가지고 주님을 위해 '충성'하기만 하면 주님의 칭찬과 상급은 주어진 달란트의 양에 관계없이 똑같다는 것입니다. 전혀 차별이 없습니다.

목사가 하나님 앞에 가면 교인들보다 훨씬 더 많은 칭찬을 들을 거라고 생각하십니까? 결코 그렇지 않습니다. 날마다 찬송을 부르며 교회 안팎을 청소하는 아주머니가 천국에 가면 주님이 몰라라 그냥 스쳐 지나가실지 모른다고 생각하십니까? 그것은 너무나 잘못된 생각입니다. 주님 앞에 가면 충성된 종이 듣는 칭찬은 똑같습니다.

사실 열 달란트 가진 사람과 네 달란트 가진 사람의 돈의 양은 엄청나게 차이가 납니다. 그들이 남긴 이윤도 배 이상 차이가 나고 있습니다. 그럼에도 불구하고 그 종들에게 주님이 주시는 칭찬과 보상은 똑같습니다. 그러므로 누구든지 자신이 받은 달란트에 충성한다면 그 달란트가 얼마든지, 남긴 이윤이 어느 정도든지 똑같이 칭찬 받고, 똑같은 영광을 누리게 됩니다.

중요한 것은 달란트의 양이나 이윤의 양이 아닙니다. '자신의 달란트를 가지고 얼마나 충성했느냐?' 입니다. 이 사실을 제대로 알고 가슴에 새기기만 하면 삶의 자세가 완전히 달라질 것입니다.

주인의 노여움

드디어 한 달란트를 받은 종이 앞으로 나왔습니다. 이 사람은 주인에게 받은 한 달란트를 어떻게 했습니까? 그가 주인에게 보고한 내용은 무엇입니까? 받은 돈을 그대로 수건에 싸서 녹이 슬지 않도록 땅에 묻어둔 일이었습니다. 어떤 사업을 벌여 볼 계획이나 시도마저 전혀 해보지 않고 받은 즉시 땅에 묻었던 것 같습니다. 주인이 돌아오자 땅에 묻어 두었던 것을 다시 파서 고스란히 내놓았습니다. 그러면서 자신을 변호하기 위해 변명을 늘어 놓기 시작했습니다.

"주여, 당신은 굳은 사람이라."고 하면서 주인을 비난하기 시작합니다. '굳은 사람' 이란 고약하고 인색한 사람이라는 뜻입니다. "당신은 손수 심지도 않는 데서 거두어 창고에 들이고, 씨를 뿌리지 않은 데서 모아 자신의 부만 축적하는 사람입니다. 당신만 생각하면 비위가 상해서 일하고 싶은 생각이 나지 않았습니다. 그래서 당신이 주는 돈을 땅에 묻어 놓았다가 가지고 왔습니다. 본전이라도 돌려주는 게 양심에 거리끼지 않겠다고 생각했기 때문입니다." 요사이 사용하는 표현대로 하자면 "당신은 착취자요, 나는 희생자"라는 것입니다. 그러므로 "나는 당신을 위해서 아무것도 하고 싶지 않았습니다. 그러나 나는 양심이 있고 당신처럼 고약한 사람이 아니기 때문에 본전이라도 돌려주어 당신에게 손해는 끼치지 않게 하겠다는 생각에 묻어 두었다가 다시 가져왔습니다. 받으십시오."라고 말하고 있습니다(마 25:24, 25).

주인이 그 말을 듣고 이렇게 꾸짖었습니다. "악하고 게으른 종아!" 악하면 게으르게 되고, 게으르면 악하게 된다는 것입니다. 주인은 그로부터 한 달란트를 빼앗아 열 달란트 가진 사람에게 주면서 말했습니다. "무릇 있는 자는 받아 풍족하게 되고 없는 자는 그 있는 것까지 빼앗기리라"(마 25:29). 이것이 하나님의 법칙입니다.

하나님 나라의 법칙은 공산주의가 아닙니다. 자신이 열심히 일하지 않고 남의 덕만 보고 살려는 적당주의가 통하지 않습니다. 철저하게 자신의 행위대로 검증 받습니다. 하나님은 공의와 정의로 우리의 삶의 무게를 달아보실 것이고 그것에 따라 우리는 상급을 받게 될 것입니다. 그것이 하나님 나라의 법칙입니다. 열심히 일해서 많이 소유한 사람에게는 주님께서 사랑과 신뢰를 더하시어 그 가진 것 위에 더 많은 것을 안겨 주시지만, 한 가지 작은 것에도 충성하지 못하고 불평하는 사람에게서는 있는 것까지 빼앗아버립니다. 이것이 영적인 원리이며 하나님 나라의 원리입니다.

주인이 무엇이라고 명령합니까?

"이 무익한 종을 바깥 어두운 데로 내어 쫓으라 거기서 슬피 울며 이를 갉이 있으리라."(30절).

바깥 어두운 곳이 꼭 지옥이라고 보기는 어렵습니다. 비유이기 때문에 그렇습니다. 그러므로 이 사람이 쫓겨나서 지옥에 떨어져 멸망을 받았다는 식으로 단정짓는 일은 피해야 할 것입니다.

여기서 배워야 할 진리는 이것입니다. 우리 모두에게는 언젠가 계산할 때가 있다는 것입니다. 예수님이 재림하시면 일생 동안 가지고 있던 달란트를 주님과 그 나라를 위해 어떻게 사용했는지 계산해야 합니다. 주님은 얼마나 많은 이윤을 남겼는지 보시지는 않을 것입니다. 주님의 저울은 그것을 잴 수 없습니다. 주님의 관심은 오직 얼마만큼 충성했는가에 있습니다. 한 달란트 받았어도 충성하기만 하면 다섯 달란트 받아서 충성한 종과 똑같이 대접해 주시고 축복해 주십니다. 우리는 이 진리를 분명히 알아야 합니다.

그러므로 우리 자신이 지금 어느 편에 속한 사람인지 스스로 판단해 보십시오. 수십 년 신앙생활 해오면서, 하나님이 주신 많은 달란트를 가지고 다른 사람에게 손가락질 당하지 않을 만큼 처자식 부양하며 살게 되었지만, 주님께서 지금 재림하신다면 나는 주님 눈에 세상을 어떻게 산 사람으로 비칠 것인가 생각해 보아야 합니다. 주님께 어느 정도나 충성했다고 자신 있게 보고할 수 있습니까? 최선을 다해 수고하고 애써서 얼마를 남겼다고 주님께 보고할 수 있습니까? 우리 자신을 깊이 반성해 보아야 합니다.

교회 안에 있는 두 부류의 종

　교회 안에는 두 부류의 사람이 존재합니다. 한 부류는 주님이 주신 달란트를 가지고 충성하는 사람입니다. 또 한 부류는 그렇지 못한 사람입니다. 받은 것은 많은 것 같은데 주님에게 마음이 없는 사람들이 있습니다. 그러나 충성하는 사람을 가만히 살펴보십시오. 자식은 하나님이 주셨다는 사실을 말씀을 통해 깨달으면 그 자녀를 하나님의 마음에 꼭 드는 사람으로 만들기 위해 뒤에서 눈물과 피땀으로 기도합니다. 자녀들에게 세상적으로 출세하라고 교훈하기보다 하나님의 마음에 드는 사람이 되라고 가르칩니다. 그들이 그렇게 세상 방식과 다르게 자녀들을 양육하는 이유는 무엇입니까? 하나님이 자식을 나에게 달란트로 주셨다는 것을 알고 있기 때문입니다.

　다른 사람들에 비해 물질을 여유 있게 주신 사람들이 있습니다. 그 중에 충성스러운 사람들을 보십시오. 그들은 다른 사람들처럼 주식투자나 각종 투기를 통해서 더 큰돈을 손에 넣으려고 혈안이 되어 있는 돈의 노예 같은 사람이 아닙니다. 물질이 주님께서 주신 달란트라는 것을 알고 어떻게 하면 주님의 최고 관심사인 하나님 나라를 완성하는 일에 그 물질을 사용할지 늘 생각하면서 돈을 씁니다. 남모르게 씁니다. 충성된 사람의 자세는 다릅니다. 제자훈련과 사역훈련을 마치고 내가 누구라는 것을 발견한 뒤, 한 번 밖에 없는 짧은 인생을 어떻게 살아야 가장 보람되고 아름다운 삶인가를 깊이 생각하는 사람들은 삶의 패턴이 달라집니다.

　전에는 이 젊음이 가기 전에 어떻게 하면 좀더 즐길 수 있을지 늘 생각하면서 교회는 그저 형식적으로 드나들던 사람도, 날마다 친구들과 어울려 다니며 골프며 취미생활에 몰두해 보지만 가슴 한구석 허한 곳을 채우지 못하고 만족을 줄 만한 것을 찾아 사방을 두리번거리던 사람도 자신이 예수님의 종이라는 것을 깨닫고 남다른 달란트를 많이 받았다는 것을 확인한 다음에는 그 삶이 완전히 달라지는 것을 봅니다. 시간을 쪼개어 주님께서 기뻐하시는 일을 하려고 노력하고, 돈도 쪼개어 주님이 원하시는 일에 더욱 많이 쓰려고 애씁니다. 젊음이 다 지나가기 전에, 재능이 굳어지기 전에 주님을 위해서 할 수 있는 일이 무엇일까 관심을 가지고 기웃거리는 사람으로 변화합니다. 이 사람이 바로 충성된 사람입니다.

그러나 불행하게도 한 달란트 받은 사람과 같은 생각을 하면서 신앙생활을 하는 분들도 적지 않습니다. 그들은 언제나 마음에 불만이 남아 있습니다. 교회를 다니면서도 불만에 가득 차 있습니다. 마치 교회가 자기를 착취하는 것 같은 느낌을 갖고 있기도 합니다. 헌금, 충성, 헌신, 전도 등과 같은 말만 들어도 저절로 불평이 나올 정도로 마음이 꼬여 있습니다. 이 사람들은 자신이 희생당했다거나 억압받았다고 생각합니다. 그러므로 이런 사람은 절대로 주인을 위해서 모험을 하려고 들지 않습니다. 희생하기를 거부합니다.

벤처 신앙

다섯 달란트의 자금으로 사업을 하는 사람은 모험하는 사람입니다. 요즘 '벤처'(venture)라는 말을 많이 쓰는데 벤처란 무엇입니까? 위험부담을 무릅쓰고 투자해 보는 사업입니다. 성공할 수도 있고 실패할 수도 있지만 투자하고 개발하는 것입니다. 만약 9억 원을 들여 사업하는 사람이 있다고 생각해 보십시오. 돈을 투자해 놓고 밤낮으로 얼마나 신경이 쓰이겠습니까? 잠도 제대로 자지 못하고 열심히 뛰어다니면서 어떻게든 성공하려고 온갖 고생을 마다하지 않을 것입니다. 그러므로 남다른 고생이나 희생도 기꺼이 감수합니다. 이것이 벤처 사업입니다.

주님께 받은 달란트로 주님을 기쁘시게 하고 이를 주의 나라를 위해 사용하려고 하는 것은 하나의 모험입니다. 하나님 나라를 위해 벤처 사업을 경영하는 것과 같습니다. 그러므로 항상 신경을 씁니다. 시간을 뺏길 때도 있고 돈을 뺏길 때도 있습니다. 어떤 때는 손해도 보고 어떤 때는 무거운 십자가를 지고 고통을 당하기도 합니다. 그럼에도 불구하고 이것은 꼭 해야 되는 일이라고 생각하기 때문에 뒤를 돌아보지 않고 앞으로 밀고 나가는 것입니다.

그러나 한 달란트 받은 사람과 같이 충성하고 싶은 마음이 없는 사람은 이런 부담감을 안고 살고 싶어하지 않습니다. 신앙생활 하는 것에 대해 불평이 가득합니다. 마음이 편치 않습니다. 영원한 나라의 영원한 왕이 되신 그분께 마음을 줄 수가 없습니다.

주님을 위해서 산다는 것은 모험입니다. 세상 사람이 볼 때는 웃음이 나올 정도로 허무맹랑한 이야기입니다. 하나님 나라가 눈에 보입니까? 예수님을 확인하고 볼 수 있습니까? 영적인 것이기에 보이지 않습니다. 보이지 않는 것을 보이는 것보다 더 중요시하고 그것을 위해 산다는 것은 구름을 잡는 것같이 허황되게 비칠 수도 있습니다. "하나님 나라를 위해 생명을 바친다. 모든 것을 드린다. 한평생을 그분을 위해 산다." 이렇게 사는 것이 세상 사람들에게 미친 짓으로 보일 수 있습니다.

구약 성경에 온 세상 사람들이 다 미친 사람이라고 손가락질을 했던 인물이 나옵니다. 노아입니다. 하나님께서 노아에게 방주를 만들라고 명령하셨습니다. 하나님은 그것도 지중해 연안이 아니라 산꼭대기에 만들라고 하셨습니다. 하늘은 맑기만 하고 비라고는 도무지 올 것 같지 않았습니다. 1년, 2년, 10년이 가도 이 배를 띄울 만한 큰비는 내리지 않았습니다. 그럼에도 불구하고 노아는 "이 세상을 홍수로 멸할 것이니 산에다 방주를 만들라".는 하나님의 말씀에 순종하여 자신의 전 재산과 시간을 바쳤습니다. 가족들까지 모두 동원되어 전력을 다했습니다. 사람들은 실소를 금치 못했습니다. 하나님께서 지금 우리에게 방주를 만들라면 하신다면 노아처럼 오랜 세월 땀 흘릴 사람이 과연 몇이나 있겠습니까?

   하나님에 대해 불만이 있거나 피해 의식을 가지고 있는 사람은 결코 모험을 하지 못합니다. 힘들게 신앙생활 하려고 하지 않습니다. 그러나 충성스럽게 살려는 사람은 하나님 나라가 다가오고 있음을 영의 눈으로 보기 때문에 그 나라가 완전하게 모습을 드러내는 날에는 이 세상의 모든 것이 온데간데없이 다 사라지고 오직 그분을 위해 충성한 공력만이 영원히 남아 횃불처럼 타오르리라는 것을 알고 있습니다. 그렇기 때문에 사람들에게 비웃음을 사도, 핍박을 받아도, 손해를 보아도 변함없이 그 나라를 위해 충성하는 것입니다. 가지고 있는 자그마한 달란트를 가지고 충성합니다. 생명까지 바치며 헌신합니다. 이것이 바로 다섯 달란트 받은 사람의 모습이요, 정신입니다.

잭 웰치보다 더 무서운 평가자

   만일 오늘 당장이라도 예수님이 재림하셔서 계산하자고 하시면 어떤 결과가 나올지 생각해 보셨습니까? 냉정하게 한번 평가해 보십시오. 예수님은 지금은 아주 너그러우신 분입니다. 충성하지 않는다고 해서 당장 때리거나 징계하시거나 일이 잘되지 않게 방해하시거나 하지 않습니다. 지금은 너그럽게 기다리고 참으십니다.

그러나 주님이 재림하시는 날, 마지막으로 이 썩어 냄새나는 세상을 쓸어버리고 하나님의 새로운 나라를 완성하시는 그날, 그분이 왕좌에 앉으셔서 우리를 불러 계산하실 때에는 대단히 공정하며 정확하십니다. 공법과 정의로 판결하십니다. 그때는 사정을 봐주는 것도 없고 연기도 없습니다. 이편과 저편을 빈틈없이 냉정하고 정확하게 갈라놓습니다. 31절부터 46절까지 나오는 '양과 염소의 비유'처럼 분명하게 갈라놓습니다. 절대로 적당히 하지 않을 것입니다. 이 세상의 가장 정확한 잣대로 재는 것보다 정확하게 잴 것이며, 이 세상에서 가장 정확한 전자저울로 다는 것보다 더 정확하게 달아서 판결하실 것입니다.

얼마 전 모 신문에 실린 미국의 제너럴 일렉트릭(General Electric, 약자로 GE)사의 회장인 잭 웰치의 경영철학에 대해 읽고 깊이 생각되는 바가 있었습니다. GE는 문어발 식으로 사업을 늘려서 많은 이익을 얻은 회사 중에 하나입니다. 1999년 〈포천〉(Fortune) 지에 따르면 미국 500대 기업 중에서 순이익 순위 2위에 꼽힌 회사입니다. 신문의 기사는 잭 웰치 회장이 어떻게 이 거대한 기업 집단을 우량 기업으로 운영하고 있는가, 그 비결이 무엇인가, 그만의 독특한 경영철학이 무엇인가에 대해 간단히 정리했습니다.

잭 웰치 회장은 자신의 경영철학을 이렇게 소개하고 있었습니다. "양손에 비료와 물을 들고 꽃을 가꾸되 열심히 물을 주고 비료를 주어서 아름다운 정원이 되면 좋지만, 만약 아무리 해도 아름다운 정원이 안되면 가차 없이 잘라 버린다." 쉽게 말해서 정원을 잘 가꿔서 성공하면 괜찮지만 그렇지 않으면 아예 뿌리째 다 뽑아 버리고 미련 없이 갈아엎어 버린다는 것입니다. 얼마나 냉정합니까?

그는 어떤 꽃이 제대로 될 것인지 알기 위해서 매일 거의 하루의 반 이상의 시간 동안 8만 5천여 명의 관리직과 전문직 사원들의 명단을 펴 놓고 평가한다고 합니다. 이를 근거로 사원들을 분류하여 새로이 명단을 작성해두고 계속적으로 평가, 관리하고 있다고 합니다. 1등급, 2등급에 해당하는 유능하고 충성된 사원에게는 스톡 옵션(stock option: 주식을 발행할 당시 가격으로 싸게 살 수 있는 권리를 주는 포상 제도)을 주면서 철저하게 보상해 줍니다.

그러나 하위 15퍼센트, 4등급에 해당하는 사람들은 그 이름에 '요주의 인물'이라고 적어 놓고 매일 감시합니다. 맨 아래 10퍼센트, 즉 5등급에 속하는 약 8천5백 명의 사람들은 한마디로 '다시 보고 싶지도 않은 존재들'로 낙인찍습니다. 기회만 생기면 해고할 사람들이라는 것입니다. 너무나 살벌하고 냉정한 회사입니다.

만일 우리가 이런 회사에 몸담고 있다면 하루도 편히 발 뻗고 지낼 수 없을 것입니다. 적당하게 하루하루를 넘길 엄두는 내지도 못할 것입니다. 회장에게 인정을 받거나 그만한 보상을 받기 위해서, 또 살아남기 위해서라도 머리를 싸매고 있는 힘을 다하여 발버둥쳐야만 하는 긴장 속에서 살아가게 될 겁니다. 그러나 예수님이 이 세상에 재림하시면 잭 웰치 회장보다 더 무서운 심판주로서 우리를 달아보실 것이라는 점을 알아야 합니다.

만약 우리는 1등급에 해당하는 충성된 종으로 대우받을 수 있다면 너무나 감사하고 기쁜 일입니다. 그러나 5등급에 속해서 '다시는 보고 싶지 않은 사람'이라는 딱지를 붙인 채 바깥으로 내쫓기는 인생이라면 너무나 부끄럽고 괴로울 것입니다. 그러므로 신앙생활을 취미생활처럼 적당히 하면 안 됩니다.

늦기 전에

교회 안에도 구원에서 탈락할 위험이 있는 사람들이 상당수 있습니다. 우리의 생명은 하나님이 주신 생명이며, 우리의 젊음은 하나님이 주신 젊음입니다. 내가 얻은 것이 아닙니다. 하나님이 주신 자녀요, 하나님이 주신 가정이요, 하나님이 주신 재능이요, 하나님이 주신 재물이요, 하나님이 주신 출세이며 성공입니다.

이 모든 것을 다 하나님께서 주셨는데, 정작 주님의 최고 관심사인 하나님 나라를 위해서는 쥐꼬리만큼만 쓰고 나머지는 전부 자신을 위해서 썼던 사람이 천국에 갔다고 가정해 봅시다. 그 사람이 거기서 마음 편하게 살 수 있을까요? 주님을 위한 사람들이 하늘의 별과 같이 빛나는 찬란한 영광에 둘러싸여 사는 곳이 천국인데, 세상에서 적당히 자기를 위해 살던 사람이 그곳에서 제정신으로 살 수 있을 것 같습니까? 그런 사람은 억지로 들어가라고 해도 안 들어가는 것이 훨씬 나을 것입니다. 그래서 주님은 자기만 아는 부자가 천국에 들어가는 것이 낙타가 바늘귀로 들어가는 것보다 더 어렵다고 말씀하셨습니다.

'혹시 내가 그런 사람은 아닐까?' 이런 가책이 든다면 그것은 성령께서 우리를 사랑하기 때문에 들려주시는 음성입니다. 그 음성에 따라 마음을 여시고 삶을 바꾸십시오. 당신의 관심사를 바꾸고 궁극적인 인생의 목적을 바꾸십시오. 재림하시어 나와 결산하실 주님 앞에 부끄럽지 않는 삶을 살아야 합니다.

최고의 부가가치 사업

우리가 받은 달란트를 가지고 주님의 나라를 위해 투자할 일들이 많이 있지만 그 가운데서 특별히 부가가치가 높은 사업이 하나 있습니다. 하나님께 큰 유익을 가져다 드릴 수 있는 부가가치가 높은 사업은 바로 전도입니다. 선교입니다. 전도는 하나님 나라를 완성하는 유일한 수단입니다. 예수님은 전도하기 위해서 세상에 오셨습니다. 성령님도 우리 모두를 전도하는 증인으로 만들기 위해서 세상에 오셨습니다. 예수님이 지상에 교회를 세우신 목적도 이 땅에 있는 사람에게 복음을 전하기 위해서였습니다. 그렇기 때문에 주님은 안디옥교회에서 가장 유능한 지도자인 바나바와 바울을 뽑아 지중해에 있는 나라들에 선교하라고 파송하셨습니다. 그만큼 전도는 주님의 나라를 위해서 가장 중요한 일입니다. 그 일을 위해서 돈을 쓰고 있습니까? 부가가치가 가장 높은 사업에 투자하고 계십니까? 그 일을 위해서 젊음을 바치고 있습니까?

전도가 부가가치가 높다고 말할 수 있는 증거가 있습니다. 마가복음 10장 28절에서 베드로는 이렇게 말합니다. "베드로가 여짜와 가로되 보소서 우리가 모든 것을 버리고 주를 좇았나이다." 베드로는 자기가 갖고 있던 모든 것을 주님의 나라를 위해 투자했다고 말하고 있습니다. 그는 계속해서 "주님, 그러면 우리는 어떻게 됩니까?"라고 묻습니다. 29, 30절에서 주님은 이렇게 대답하십니다.

"예수께서 가라사대 내가 진실로 너희에게 이르노니 나와 및 복음을 위하여 집이나 형제나 자매나 어미나 아비나 자식이나 전토를 버린 자는 금세에 있어 집과 형제와 자매와 모친과 자식과 전토를 백 배나 받되 핍박을 겸하여 받고 내세에 영생을 받지 못할 자가 없느니라."

자기가 갖고 있는 달란트 중에서 가장 귀한 것 중의 하나가 가족이요, 재산입니다. 이것을 아낌없이 드릴 정도로 주님께 충성하는 자에게 주님은 '백 배나 받는다'고 분명히 약속하셨습니다. 백 배 정도의 이익을 남기는 사업이라면 엄청나게 부가가치가 큰 사업임에 틀림없습니다. 그리고 약속하셨습니다. "내세에 영생을 받지 못할 자가 없느니라." 영생을 얻는 것, 구원을 얻는 것은 따 놓은 당상입니다. 그렇기 때문에 부가가치가 가장 높은 사업이 바로 전도라고 분명하게 이야기할 수 있습니다.

하나님 나라에 미친 사람들

이런 사실을 일찍부터 깨달은 사람들은 세상이 보기에 미친 것처럼 살다 갑니다. 우리나라에 처음으로 복음을 들고 왔던 토마스 선교사는 대동강변에 성경을 들고 서서 복음을 전하려다가 40대의 젊은 나이에 희생되었습니다. 그의 주검이 장사나 제대로 치러졌겠습니까? 시체가 어디로 갔는지 누가 알겠습니까? 그는 인생을 미친 것처럼 살았습니다. 왜냐하면 그 생명을 바칠 때 하늘로부터 오는 놀라운 축복이 있다는 것을 믿었기 때문입니다.

아펜젤러 선교사는 전라도에 복음을 전하기 위해 내려갔다가 돌아오는 길에 서해에서 풍랑을 만나 익사했습니다. 세상 사람이 보면 미친 짓이라고 생각할 것입니다. 그는 유능한 의사요, 학자였습니다. 그에게는 분명히 안전하고 편한 길이 있었습니다. 사람들은 그 길을 마다하고 성경을 들고 전도하러 다니다가 물에 빠져 허망하게 죽었다고 말할지 모릅니다.

허드슨 테일러는 현재 폭발적으로 부흥하고 있는 중국 교회에 복음의 씨를 뿌린 사람입니다. 그러나 그의 삶은 너무나 불행해 보였습니다. 가족을 이끌고 그 땅에 가서 복음을 전하다가 33세의 꽃다운 나이에 풍토병으로 아내를 먼저 보냈습니다. 첫딸도 죽었습니다. 둘째, 셋째도 다 죽었습니다. 나중에는 자녀들이 그리운 나머지 일기장에 이렇게 썼습니다. "낮에도 온종일, 그리고 저녁에도 내 딸 음성이 그립다. 그러나 그 아이를 심은 정원사가 오시어 그 예쁜 장미꽃을 뽑아가셨으니…." 그럼에도 불구하고 그는 평생 복음을 위해 살았습니다.

『빙점』의 저자 미우라 아야코는 병상에서 수년간 고생한 사람이지만, 병상에서도 복음 전할 길을 생각했습니다. '내가 비록 몸은 병들어 있지만 병든 몸을 가지고 복음을 위해서 할 수 있는 일이 없을까?' 이런저런 생각 끝에 종이를 잘라서 병상 옆에 놓아두었다가 기도하고 성경 읽으면서 은혜 받는 구절이 있으면 얼른 적어서 창문 밖으로 던지고 또 던졌다고 합니다. 지나가던 사람이 그 종이 조각을 주워 보고 예수 그리스도를 영접할 수 있다고 믿었기 때문입니다.

모두가 다 정신 나간 사람처럼 살았습니다. 미친 사람처럼 살았습니다. 이 부패하고 병든 세상과 족속으로부터 생명을 건지는 일보다, 영혼을 구원하는 일보다, 하나님 나라의 백성을 만드는 일보다 더 귀중한 일이 없음을 알았기 때문입니다. 그 일이 하나님께서 가장 원하시는 것임을 알았기 때문입니다. 하나님의 보좌 앞에서, 그 모든 눈물과 노고의 대가를 100배나 받게 되리라는 것을 확신했기 때문입니다.

당신은 무슨 희생을 하는가

얼마 전에 제가 시무하는 교회 한 집사님이 수술을 집도했습니다. 30시간이 넘는 대수술이었습니다. 생명 하나를 살리기 위해 그 의사는 자기의 모든 실력을 총동원하였습니다. 땀방울 맺힌 얼굴로 30시간이나 메스를 들고 버틴 것입니다. 간호사들도 모두 둘러서서 잠시도 환자를 혼자 두지 않고 서른 시간 동안 함께 씨름했습니다. 환자의 가정은 가진 돈을 다 써가면서 수술을 했습니다. 왜 이렇게 애를 씁니까? 생명 하나를 살리는 것만큼 귀한 일이 없기 때문입니다.

하나님도 마찬가지입니다. 내버려두면 영원히 멸망 받을 수밖에 없는 사람들의 영혼을 건지는 전도와 선교만큼 귀한 일은 없습니다. 그러므로 우리가 그 일을 위하여 우리에게 있는 것을 바치면서 충성하면 주님을 그만큼 기쁘게 해드릴 수 있고 하나님 나라에 영광을 돌릴 수 있습니다.

영혼을 구원하기 위해서는 시간을 내야 됩니다. 어떤 때는 돈을 써야 됩니다. 자존심도 접어 두고 접근해야 할 때도 있습니다. 그러나 그것만큼 가치 있는 일은 없습니다. 자신의 지위를 이용하십시오. 성공한 환경을 이용하십시오. 젊음과 아름다움을 이용하십시오. 모든 것을 동원하여 한 사람을 위해 투자하면 그것이 바로 하나님 나라를 위한 일이고, 하나님 나라의 완성을 앞당기는 가장 보람 있고 가치 있는 일이 됩니다. 한 사람이 세 명의 태신자를 선정해서 기도로 준비하고 전력하여 전도합시다. 이렇게 드린 우리의 기도는 결코 헛되지 않을 것입니다. 그 세 사람 중에 한두 사람에게라도 복음을 전할 수 있는 기회를 만들기 위해 전도 계획을 짜고 기도하면, 하나님께서 아이디어를 주실 것입니다.

주님 앞에서의 망신

어떤 자매가 이렇게 이야기하는 것을 들은 적이 있습니다. "목사님, 전도는 일생 중에 제일 즐겁고 행복하고 쉽고 수지 맞는 일입니다. 그런데 사람들은 전도가 제일 힘들고 제일 기분 나쁘고 제일 손해 보는 일이라고 생각합니다. 사람들의 의식을 좀 바꿔주세요. 사실이 아니잖아요." 교회 안에 이런 형제 자매가 있다는 것이 얼마나 감사했는지 모릅니다. 우리는 하나님 나라의 가장 부가가치가 높은 일에 얼마만큼 관심을 가지고 있으며, 우리가 가진 달란트를 얼마만큼 쓰고 있습니까?

제 마음에 은근한 불안이 있습니다. 저의 집 바로 맞은편에 모 제약회사 간부가 살고 있는데, 아직 예수님을 믿지 않습니다. 천주교인이라고는 하지만 실제로 성당에 나가는 것 같지도 않습니다. 목사가 앞집에 살기 때문에 혹시 예수 믿으라고 자꾸 귀찮게 할지 모른다고 생각해서 천주교 교패를 붙여 놓은 것 같습니다. 접근하지 말라는 뜻입니다.

그러나 한번 상상해 보십시오. 예수님이 재림하시어 제가 주님 앞에 서서 결산을 하는데 기분 나쁘게도 그 남자가 제 옆에 서 있습니다. 예수님이 그 남자에게 어디 살았는지 물으십니다. 그러자 서초동 진흥 아파트에 살았다고 대답합니다. 그때 주님께서 왜 예수를 믿지 않고 살았는지 다시 물으십니다. 그 남자는 아무도 자기에게 전도하는 사람이 없어서 예수 믿으라는 말을 한 번도 들어보지 못했다고 대답합니다. 그러자 이번에는 주님이 이렇게 추궁하십니다. "도대체 무슨 소리를 하고 있는 건가? 네 앞집에 누가 살았는데?" 그는 그래도 꽤 유명하다는 옥 목사라는 사람과 10년 정도 마주보며 같이 살았노라고 대답합니다. 이에 주님께서 "아니, 그런데도 옥 목사가 한마디도 안 했단 말인가?"라고 하십니다. 그 남자가 대답합니다. "예, 한마디도 하지 않았습니다." 그 옆에 서서 대화를 듣고 있는 제가 얼마나 민망하고 송구스럽겠습니까?

그런데 가만히 생각해 보니 제가 정말 그 집의 남편을 정식으로 전도한 일이 없습니다. 그 사람을 보면서 '어떻게 하면 전도할 수 있을까?' 하고 생각은 했지만, 상대방이 너무 부담스러워할까 봐 아직 뜸만 들이고 있었습니다. 뜸만 들였지 한 번도 솥뚜껑을 열어 본 일이 없습니다. 그러다가 갑자기 예수께서 재림하시면 제가 어떻게 되겠습니까?

영광의 상급

저와 같은 처지에 있는 형제 자매들이 한두 명이 아닐 거라고 생각합니다. 주님 앞에 가서 망신당하기 딱 좋은 상황이 우리 주변에 많습니다. 사람들이 주님 앞에 가서 왜 예수를 믿지 않았는지 추궁 당할 때 아무도 예수 믿으라는 말을 하지 않았기 때문이라고 대답한다면 주님은 무어라고 말씀하시겠습니까?

우리 모두 주님 앞에 너무나 귀한 달란트를 받았습니다. 이것을 사용합시다. 가장 부가가치가 높은 사업에 우리의 달란트를 아낌없이 투자합시다. 전도야말로 가장 주님을 기쁘시게 할 수 있는 일입니다. 그러므로 우리의 시간과 재물을 쓰고, 관심을 기울이면서 영혼을 구원하는 일에 앞장섭시다. 그래서 모든 족속이 주님의 백성으로 태어나는 영광스러운 그날의 환상을 가지고 우리의 인생을 멋지게 살아봅시다. 그러면 주님께서 우리를 보시고 "잘하였도다. 착하고 충성된 종아."라며 칭찬하시고 아낌없는 영광의 상급을 주실 것입니다. 이 칭찬을 받는 멋진 우리의 삶이 되기를 바랍니다.

8. 하나님을 아는 지식

　청소년사역을 하는 이찬수 목사님이 지난 7, 8년간의 사역을 정리하여 펴낸 『YY 부흥보고서』라는 책이 있습니다. YY란 'Yahoo Youth'(야호 유스)의 첫 글자를 딴 것인데 '예수님 때문에 함성을 지르는 청소년'이라는 뜻이라고 합니다. 저는 이 책을 읽으면서 때로는 가슴이 아프게 저며오기도 하고, 감격으로 눈시울이 뜨거워지기도 했습니다. 내용 중에 어린 중학생이 이 목사님에게 보낸 편지가 실려 있었습니다.

　"목사님, 세상 사는 것이 너무 힘들고 복잡해서 편지를 드립니다. 요즘 유명하다, 똑똑하다, 훌륭하다는 어른들이 많지요. 하지만 이 어른들이 잘못을 저지르는 것을 바라보는 저희들 마음은 착잡할 따름입니다. 사는 게 무언지 정말로 미쳐 버릴 것만 같습니다. 주님께서는 저를 왜 이 험악한 세상에 보내셨는지 모르겠어요. 저는 이 세상이 너무너무 싫습니다. 미쳐 버릴 것만 같아요. 터져 버릴 것만 같아요. 때로 방안에 틀어박혀 울어도 보고 소리도 질러 보지만 제겐 아무런 변화도 오지 않았어요. 특히 우리나라가 싫습니다. 운이 너무 없었나 봅니다. 많고 많은 나라 중에서 한국에 태어난 게 원망스럽기만 합니다. 이렇게 썩어 빠진 나라가 어디에 있겠습니까?"

　이 글을 읽으면서 제 마음이 얼마나 아팠는지 모릅니다. '인생을 얼마나 살았다고 벌써부터 이런 생각을 다할까?' 하고 생각하니 마음이 무거웠습니다. 그리고 이 중학생의 마음속에 있는 고통과 절망이 수십 년 인생을 산 저에게도 동일하게 있다는 것을 새삼 실감했습니다. 우리 모두는 이 어린 중학생의 탄식을 들으면서 동일한 절망을 느낍니다.
　뉴스 시간에 잠깐 나온 이야기입니다. 여름 방학 동안 여고생들이 봉사활동을 하고서 그 활동기록을 학교에 제출했습니다. 그 기록은 성적에도 반영되고, 대학입시에도 영향을 줍니다. 그런데 학교에 보고서를 제출한 15명의 학생 중 놀랍게도 10명이나 허위보고를 했다는 고 합니다. 선생님께서 왜 하지도 않은 봉사를 20여 시간이나 했다고 거짓으로 기록하고 도장까지 찍어왔는지 학생들에게 물었습니다. 그러자 그 학생들의 입에서 기가 막힌 대답이 나왔습니다. "어머니가 봉사기관에 가서 도장을 찍어다가 만들어줬어요." 이처럼 어린 딸에게 눈 하나 깜짝하지 않고 거짓말을 가르치는 현실, 이런 현실을 대할 때면 우리는 절망합니다.
　19명의 어린 생명을 앗아간 씨랜드 참사는 업주와 공무원, 시공 회사가 결탁한 총체적 부조리라고 합니다. 서로 몰래 주고받은 몇십만 원, 몇

비전을 가진 전도자　151

백만 원의 불의한 돈이 19명의 어린 생명을 앗아가고, 많은 가정에 평생토록 싸매지 못할 깊은 상처를 안겨 주었습니다. 이 사고로 아이를 잃은 필드하키 국가대표를 지낸 어느 엄마는 너무나 화가 나서 자신의 젊음을 바쳐 받은 훈장까지 국가에 반납하고 뉴질랜드로 이민을 떠났다고 합니다. 한국이 싫다는 것입니다. 무책임한 지도자들에게 더 이상 자기 자식을 맡기고 싶지 않고, 이 거짓된 세상에 자녀를 남겨 놓을 수가 없다는 것입니다. 우리는 이런 이야기들을 들으면서 또 한번 절망하게 됩니다.

그러나 우리가 꼭 잊지 말아야 할 중요한 사실이 있습니다. 절망 중에서도 꿈은 싹트고 꽃피운다는 것입니다. 절망은 꿈을 잉태하는 요람입니다. 저도 세상이 싫습니다. 살면 살수록 더 역겹습니다. 그러나 저에게는 다른 세상에 대한 꿈이 있습니다. 세상에 대해 절망하기 때문에 하나님 나라에 대한 꿈이 있습니다.

나에게는 꿈이 있습니다

절망하였기 때문에 꿈을 가졌던 사례는 많이 찾아볼 수 있지만, 저의 마음에 가장 먼저 떠오르는 사람이 있습니다. 그는 마틴 루터 킹 목사입니다. 노예의 자유를 선언한 선언문이 발표된 지 백 년이 지난 그 시절에도 당시 현실은 미국 사회 곳곳에서는 여전히 피부 색깔이 다르다는 이유 하나만으로 대부분의 흑인들은 정당한 사람 대접을 받지 못했습니다. 킹 목사는 흑인들이 사회의 천덕꾸러기로 전락하고 빈민굴에서 뒹굴며 범죄에 빠지는 것을 보며 매우 절망했습니다. 그는 그런 현실에 너무나 절망하고 또 절망하다가 그 절망 속에서 꿈을 갖기 시작했습니다.

그는 그 꿈을 '나에게는 꿈이 있습니다' 라는 감동적인 연설 속에 담아냈습니다.

"나에게는 꿈이 있습니다. 언젠가는 피에 물든 조지아의 언덕에서 옛적 노예의 아들과 노예 주인의 아들들이 형제처럼 사랑을 나누며 한 밥상에 둘러앉아 같이 식사를 할 날이 올 것이라는 꿈이 있습니다. 언젠가 나의 어린 네 자녀들이 피부 색깔이 다르다고 차별대우 받지 않고 그들의 인격으로 판단 받는 세상이 올 것이라는 꿈이 있습니다."

절망 가운데서 꿈을 가진 사람의 외침입니다. 이 연설을 읽을 때마다 감동으로 가슴이 저밉니다.

그날이 오면

이사야도 절망 속에서 새로운 꿈을 보고 있습니다. 본문(사 11:1~10)을 기록할 때의 이사야는 아직 젊은 청년이었습니다. 젊은 청년 시절의 조국 유대는 한마디로 소망이 없는 나라였습니다. 앞을 보나 뒤를 보나 위를 보나 아래를 보나 나라가 온통 썩을 대로 썩어서 소망이라고는 찾아볼 수 없었습니다. 이사야서 5장 8절 이하를 보면 소위 '화 있을찐저 시리즈' 라고 불리는 저주와 심판의 내용이 기록되어 있습니다. 여기에는 그 당시의 사회상이 적나라하게 나타나 있습니다. 지도층은 부동산을 통한 축재에 혈안이 되어 있었고, 부유층은 아침부터 저녁까지 술과 여자에 빠져서 정신을 못 차리고 있었습니다. 거짓이 판을 치고 공의가 뒤틀려 선악을 제대로 분별할 수 없을 정도로 사회는 혼탁했고, 이로 인하여 힘없는 사람들은 짓밟히고 착취 당하여 고통과 절망 속에 있었습니다. 의롭게 살기를 원하는 소수의 사람들은 이미 세상을 등지고 입을 다물고 침묵하는 세상이었습니다. 엄청난 고통의 강물이 사회 밑바닥을 흐르고 있는 시기였습니다.

하나님은 이러한 사악함을 보시고 진노하셔서 앗수르를 들어 북쪽 이스라엘을 징계하시고, 남쪽 유대는 바벨론을 사용하여 징계하시려고 준비하고 계시는 것을 젊은 청년 이사야가 보았습니다. 유대 나라는 마치 도끼로 가지가 잘리고 나무 둥치가 찍혀 이제는 앙상한 그루터기만 남은 형국이었습니다.

"철로 그 빽빽한 삼림을 베시리니 레바논이 권능 있는 자에게 작벌을 당하리라"(사 10:34).

여기서 레바논이나 빽빽한 삼림은 유대 나라를 비유하는 말입니다. 빽빽한 삼림처럼 요란하게 서 있었던 유대 나라이지만 하나님께서 철로, 도끼로 한 번 작벌하시니 그루터기만 남게 되었습니다. 이제 완전히 썩어 없어지는 일만 남게 된 것입니다. 아무런 소망이 없습니다. 이사야는 이런 조국의 현실을 보면서 절망하고, 가슴을 치면서 탄식하고 있었습니다.

그러나 이사야는 절망 가운데서도 꿈을 꾸는 사람이었습니다. 하나님께서 그에게 꿈을 보여 주셨습니다. 11장 1절에 그가 보고 있는 꿈이 나옵니다. 썩어 들어가던 앙상한 그루터기에서 싹이 납니다. 그 싹이 가지가 되고, 그 가지에서 잎이 납니다. 꽃이 피고 열매가 열립니다. 하나님은 이사야에게 이 꿈의 비밀을 가르쳐주십니다. "네가 이것을 보느냐? 잎이 나고 꽃이 피고 열매 맺는 이 가지가 무엇인지 아느냐? 다윗의 후손으로 이 세상에 태어날 메시아, 곧 나의 아들 예수 그리스도니라." 하나님이 계속해서 말씀하십니다. "예수 그리스도가 다스리는 그 나라가 임하면 네 눈앞에 펼쳐진 이 혼탁하고 부패한 나라는 사라진다. 그리고 유대 나라뿐만 아니라 온 세계가 예수 그리스도로 인하여 신천신지(新天新地)로 바뀔 것이다."

이런 내용이 10절에 기록되어 있습니다. "그날에 이새의 뿌리에서 한 싹이 나서"라는 말의 뜻은 "예수 그리스도가 이 세상에 오시면"입니다. 이새의 후손, 즉 다윗의 후손이신 예수님이 이 세상에 오시면 그분이 깃발을 높이 세울 것입니다. 구원의 깃발, 복음의 깃발, 하나님 나라의 깃발을 높이 세울 것입니다. 그분이 깃발을 높이 세우면 "열방이 주에게로 돌아오리라."고 합니다. 즉, 온 세계, 모든 나라, 모든 민족이 예수 그리스도의 깃발을 보고 다 찾아온다는 말입니다. 예수 그리스도가 다스리는 나라가 드디어 눈앞에 펼쳐진다는 말입니다. 이것이 하나님께서 이사야에게 주신 환상과 꿈이었습니다.

완전한 통치자, 완전한 나라

하나님의 나라를 다스리시는 분은 예수 그리스도입니다. 하나님은 이사야에게 이 왕이 어떤 통치자인지 이사야서 11장 2~4절에서 가르쳐주십니다. 그분은 완벽한 통치자입니다. 여호와의 신에 감동된 분입니다. 그분은 하나님이시며 지혜와 총명을 가진 분이요, 모략과 재능을 가진 분이요, 온전한 지식을 소유한 분이요, 여호와를 경외하는 완벽한 통치자입니다. 그런 통치자가 다스리는 나라이기에 백성들이 지도자를 잘못 만나 고통을 당하거나, 상처를 입거나, 억울한 일을 만나는 일이 더 이상 없으리라고 말씀하십니다. 이 말씀을 들을 때 이사야는 너무나 황홀했을 것입니다.

뿐만 아니라 5절에서는 이렇게 모든 것을 완전하게 갖춘 통치자가 다스리는 나라이기 때문에 그 다스림 자체가 완전할 수밖에 없다고 말씀하고 있습니다. 예수님은 자기 나라를 다스릴 때 공의로 그 허리띠를 삼으며, 성실로 몸의 띠를 삼으리라고 합니다. 지도자의 가장 중요한 자질은 선과 악을 정확하게 구별하여 선은 선대로, 악은 악대로 다스리는 지혜와 능력입니다. 이것이 공의입니다.

그러나 공의만으로는 부족합니다. 성실이 함께 따라와야 합니다. 예수 그리스도는 공의와 성실을 허리띠처럼 매고 나라를 다스리는 분입니다. 공의와 성실로 다스리기에 그의 판단은 언제나 공정하며 치우침이 없다고 말씀합니다.

"그 눈에 보이는 대로 심판치 아니하며 귀에 들리는 대로 판단치 아니하며"(사 11:3).

오늘날 우리의 현실은 어떻습니까? 인정, 학연, 지연, 뇌물 등에 의해 판단이 굽어지는 것을 자주 목격할 수 있습니다. 유전무죄 무전유죄(有錢無罪 無錢有罪)라는 말이 진리처럼 받아들여지는 것이 오늘날 우리의 현실입니다. 공의를 찾아보기가 힘들어졌고 선이 악이 되고 악이 선이 되는 것을 자주 봅니다. 그러나 예수님이 다스리는 나라에는 이와 같은 일이 절대로 일어나지 않습니다. 예수님은 악한 자는 악한 대로 다루시고, 선한 자는 선한 대로 대하십니다. 억울하게 고통을 당하고 해를 입어 그 한을 풀지 못해서 하늘을 향하여 하소연하는 사람들이 없는 나라를 만드십니다.

이처럼 주님이 완벽하게 통치하시므로 그분의 나라에는 놀라운 일들이 일어납니다. 6절 이하에 나오는 놀랍도록 아름다운 서사시를 보십시오. 그때, 즉 예수님이 다스리시는 그 나라가 임하게 되면 이리가 어린 양과 함께 거하며 표범이 어린 염소와 함께 눕고 송아지와 어린 사자와 살찐 짐승이 함께 있어 어린아이와 장난하는 동화 같은 세계가 펼쳐집니다. 이리처럼 간사한 인간, 사자나 표범처럼 사나운 인간, 곰처럼 미련한 인간, 독사처럼 악독한 인간이 발을 붙일 수 없는 나라가 예수님이 다스리시는 하나님의 나라입니다. 아무리 독사같이 악한 사람도 변화를 받아 어린아이처럼 순진한 자가 되는 곳이 바로 하나님 나라입니다. 그뿐 아니라 독사가 어린아이의 손을 깨물어 죽이거나 사자가 어린 양을 덮쳐서 찢어 놓는 것과 같은, 자연이 인간을 공격하는 따위의 일은 그 나라에서 더 이상 일어나지 않습니다. 하나님의 나라가 임하면 자연과 인간, 인간과 자연이 서로 화목하게 되고 함께 손잡고 푸른 초장에서 하나님을 찬송합니다. 그 나라에서는 얼마 전 터키에서 발생하여 수만 명의 목숨을 앗아간 지진과 같은 살벌한 저주들은 더 이상 일어나지 않습니다. 그리하여 놀라운 결과가 나타납니다.

"나의 거룩한 산 모든 곳에서 해됨도 없고 상함도 없을 것이니 이는 물이 바다를 덮음같이 여호와를 아는 지식이 세상에 충만할 것임이니라"(9절).

하나님이 다스리시는 신천지 임하면 그 나라에는 해를 입는 자, 해를 주는 자, 상처를 입는 자, 상처를 주는 자는 없습니다. 악한 자들이 선하게 바뀝니다. 자연과 인간이 화목하게 됩니다. 완전한 통치가 이루어지는 그 나라가 임합니다. 이것이 하나님 나라이며 젊은 청년 이사야가 가진 꿈이었습니다. 이것은 또한 우리의 꿈이기도 합니다. 이것이야말로 현실에 대해서는 절망하더라도 하나님의 자녀들이 가져야 되는 꿈이요, 비전인 것입니다.

하나님을 아는 지식

하나님 나라가 빨리 왔으면 좋겠다는 조바심이 일어나 이런 기도를 자주 드립니다. "하나님, 하루 속히 이런 나라가 임했으면 좋겠습니다." 그러나 그 나라가 임하기 위해서는 매우 중요한 조건이 먼저 채워져야 합니다. 9절에서 그 나라가 임하기 위해 갖추어져야 하는 중요한 한 가지 요건을 발견하게 됩니다. 즉, '물이 바다를 덮음같이 여호와를 아는 지식이 온 세상에 충만하게 될 때' 하나님의 나라가 임한다는 것입니다. 비행기를 타고 태평양을 건널 때 아래를 내려다보면 물만 보입니다. 태평양을 가득히 채우고 있는 망망대해의 물을 생각해 보면 이 말씀의 의미가 정확히 다가옵니다. 바로 이와 같이 하나님을 아는 지식이 온 세상에 가득할 때 예수께서 다스리시는 그 나라가 우리 눈앞에 펼쳐진다는 것입니다.

'하나님을 아는 지식'이란 막연히 모든 사람들이 가지고 있는 신에 대한 지식이 아닙니다. 그런 것은 마귀도 갖고 있습니다. 야고보는 이런 지식을 가지고 하나님을 안다고 말하는 사람들을 비꼬며 책망했습니다.

"네가 하나님은 한 분이신 줄을 믿느냐 잘하는도다 귀신들도 믿고 떠느니라"(약 2:19).

'여호와를 아는 지식'이란 입으로만 "주여, 주여" 하는 믿음이 아닙니다. 주님이 말씀하시는 여호와를 아는 지식은 요한복음 17장 3절에 기록된 바로 그 지식입니다.

"영생은 곧 유일하신 참 하나님과 그의 보내신 자 예수 그리스도를 아는 것이니이다."

'여호와를 아는 지식'이란 먼저 예수 그리스도가 나의 구주요, 나의 하나님이라는 사실을 믿는 '고백적 지식'입니다. 두 번째는, 예수 그리스도가 나 같은 죄인을 위하여 십자가에 죽으시고 사흘 만에 부활하셔서 하늘과 땅의 모든 권세를 가지신 만유의 주가 되셨다는 것을 믿는 '교리적 지식'을 말합니다. 세 번째로는, 성령을 통해서 살아 계신 예수 그리스도가 내 안에 거하시며 나는 그분과 함께 동행하고 있다는 것을 믿는 '경험적 지식'을 말합니다. 네 번째는, 이렇게 영광스러우신 예수 그리스도를 발견하고 그 은혜에 너무 감격하여 주님의 말씀에 전적으로 순종하며 일평생 주님께 헌신하겠다는 결의를 보이는 '실천적 지식'입니다.

이와 같이 예수 그리스도를 통해서 고백적, 교리적, 경험적, 실천적으로 하나님을 아는 지식이 바로 여호와를 아는 지식입니다. 이 지식은 너무나 중요합니다. 이 지식이 있느냐 없느냐에 따라 한 사람과 한 사회의 운명이 결정됩니다. 예수님을 통해 하나님을 아는 지식을 갖게 되면 사람의 심령이 근본적으로 변화됩니다. 심령이 변하면 그의 삶도 바뀌니다. 이런 사람이 온 천지에 가득해서 물이 바다를 덮음같이 충만해지면 예수 그리스도가 다스리시는 하나님의 나라가 우리 눈앞에 나타납니다.

하나님을 멸시하면

20세기를 지나오면서 우리는 엄청난 대가를 지불하고 한 가지 진리를 배웠습니다. 하나님을 아는 지식이 없으면 세상은 지옥이 되고, 하나님을 아는 지식을 거부하면 인간은 마귀가 된다는 것입니다. 우리나라도 예외가 아니었습니다.

러시아가 낳은 문호 솔제니친을 잘 아실 것입니다. 러시아 공산혁명이 진행 중이던 1920년대에 그는 어린아이였습니다. 매일 수십, 수백 명씩 끌려가 학살을 당하고, 온 나라가 공포 분위기에 빠지면서 아수라장으로 변했습니다. 어린 솔제니친은 어른들이 이 끔찍한 재난들에 대해서 주고받는 대화를 들었습니다. 너무나도 인상 깊었기에 어른이 된 다음에도 그 말들을 잊어버릴 수 없었습니다. 1983년, 미국의 템플턴 강연에서 솔제니친은 어릴 적 들었던 그 대화 내용에 대해 말했습니다. "왜 우리에게 이 끔찍한 재난이 왔을까? 사람들이 하나님을 잊었기 때문이다. 그래서 이런 일들이 우리에게 일어난 것이다." 이 대화 내용은 피비린내 나는 끔찍한 공산혁명이 왜 러시아에서 일어나게 되었는지 생각해 보게 합니다.

솔제니친은 대학에서 러시아 공산혁명사를 전공했습니다. 수십 년 동안 수많은 책을 읽고 연구하며 8권이 넘는 관련 서적들을 저술했습니다. 오늘날 그는 그 분야에서 최고의 권위자로, 최고의 지성으로 존경받고 있습니다. 그가 수십 년 동안 러시아 공산혁명사를 연구한 끝에 내린 결론이 있습니다. 반세기 동안 6천만 명이 넘는 인명을 앗아 갔던 이 참담하고 악마와 같은 공산주의 혁명, 이 비극이 왜 러시아에서 일어났는가에 대한 답은 의외로 간단했습니다. 그가 어렸을 때 들었던 어른들의 대화가 유일한 대답이었습니다. "사람들이 하나님을 잊어버렸기 때문이다." 이것이 템플턴 강연에서 그가 들려준 결론이었습니다.

지난 백 년 동안 무수한 사람들의 피 값을 지불하고서야 우리는 하나님을 아는 지식이 얼마나 소중한지 배웠습니다. 너무나 엄청난 대가를 지불했습니다. 하나님을 아는 지식을 멸시하는 나라는 지옥이 되었습니다. 공산주의는 사람들의 뇌리에서 하나님에 대한 의식조차 말끔히 쓸어내려고 온갖 악랄한 방법을 다 동원했습니다.

그들은 근본적으로 거짓된 인간론을 내세워 하나님의 말씀을 말살하려 했습니다. 하나님이 말씀하시는 인간의 범죄와 타락을 인정하지 않았습니다. 우리들이 회개하고 하나님 앞으로 돌아가야 할 존재임을 철저하게 부정했습니다. 그리고 하나님의 형상인 인간을, 사람의 형상을 가진 하나님으로 바꿔 버렸습니다. 하나님을 몰아내고 그 자리에 레닌과 스탈린을 대신 앉혔습니다.

1950년 어느 날 〈프라우다〉에 이런 기사가 실렸습니다.

"공장에서 일을 할 때 너무나 힘이 들어 더 이상 할 수 없다는 좌절감이 생기면 그때마다 그분, 스탈린을 생각하십시오. 회사에서 일을 하다가 과연 그 일을 할 수 있을지 의구심이 생겨 마음의 갈피를 잡지 못하고 답답할 때면 그분을 생각하십시오. 그러면 여러분의 마음에 새 힘이 솟구칠 것입니다."

얼마나 무서운 내용입니까? 레닌과 스탈린이 백성들을 어떻게 다스렸습니까? 무수한 피의 희생을 요구하는 철권으로 악마처럼 그들을 억압하며 다스렸습니다. 지금 우리는 이와 같은 모습을 북한에서 볼 수 있습니다. 하나님을 아는 지식을 부정하고 거부하는 인간이 얼마나 악마같이 무서운 존재가 될 수 있는지 보여 주고 있습니다. 하나님을 아는 지식을 우습게 여기고 멸시하는 사회가 얼마나 지옥같이 끔찍한 세상이 될 수 있는지 증거해 주고 있습니다.

부패하지 않는 나라

하나님을 아는 것이 얼마나 중요한지 마음속 깊이 새겨 두어야 합니다. 여호와를 아는 지식이 온 땅에 편만하게 되는 것, 그 자체만으로도 하나님의 나라가 되는 것입니다. 어떤 사람은 이런 말씀을 들으면서 '하나님을 잘 믿는다는 사람들도 별수 없더라.' 고 생각할지도 모릅니다. 옷로비 청문회 사건이 사람들에게 그런 생각을 갖게 한 대표적인 예입니다. 청문회에 증인으로 출석한 사람들 모두가 집사, 권사였습니다. 그들은 성경 위에 손을 얹고 다들 진실만을 증언하겠다고 서약했습니다. 그러나 그들의 증언은 도무지 진위를 가릴 수 없을 정도로 모순 투성, 거짓 투성이었습니다. '옷로비 청문회' 가 아니라 '교회 청문회' 라 불릴 지경으로 교회에 대한 이야기들이 난무했습니다. 너무나 부끄럽고 가슴 아픈 사건입니다. '지금 예수 믿는 사람의 수가 많아도 나라가 이렇게 혼탁한데 하나님을 아는 지식이 온 땅에 편만해진다고 해서 무엇이 달라지겠나?' 하는 생각이 들 수도 있습니다.

그러나 분명히 알고 있어야 할 것은 성도는 잘못할 수 있지만 예수님은 절대로 변하지 않으신다는 점입니다. 교회가 세상에서 부패하고 혼탁할 수 있습니다. 그러나 하나님의 나라는 절대로 부패하지 않습니다. 이러한 본질을 정확하게 이해하여야 합니다. 아무리 교회가 냄새를 피우고, 아무리 예수 믿는 사람이 잘못하는 부분이 있어도 이 사회의 소망은 하나님의 교회 밖에 없습니다. 하나님은 이 소망을 이루시기 위해 이 세상에 교회를 세우셨습니다.

사실 자타가 믿음이 좋다고 인정하던 사람들이라도 한순간 잘못하여 거짓말할 수 있는데, 하나님을 모르는 사람들은 얼마나 많이 거짓말하고, 얼마나 잘 속이겠습니까? 아무리 교회가 불완전해도 이 땅의 소망은 교회 밖에 없습니다. 모든 사람이 하나님을 알아야 이 사회에 소망이 있습니다. 하나님은 세상 사람들이 자신을 알 수 있는 도구로서 교회를 이 땅에 두셨습니다.

신지식(神知識)의 월드 와이드 웹 구축

하나님을 아는 지식이 온 땅에 충만해지기 위해서 성도가 꼭 해야 할 일이 있습니다. 교회만이 감당할 수 있는 사명이 있습니다. 바로 복음을 전하는 일입니다. 선교하는 일입니다. 우리가 예수님을 전해 주어야만 사람들은 예수님을 믿을 수 있습니다. 예수님을 믿어야 하나님이 어떤 분이신지 알게 됩니다. 하나님을 아는 길은 오직 예수님을 통해서만 가능하기 때문입니다. 그러므로 우리가 복음을 전하지 않으면 세상 사람들은 하나님을 알 수 없습니다. 우리가 입을 다물고 있으면 물이 바다를 덮음같이 여호와를 아는 지식이 이 땅에 편만하게 되는 것이 불가능합니다.

앞에 말씀 드린 어린 중학생처럼 이 세상 현실에 대하여 절망하고 있습니까? 이 세상에 대해 절망하므로 우리는 오히려 하나님 나라에 대한 꿈을 가질 수 있습니다. 그 꿈이 한낱 몽상이 아니라 현실로 완성되기를 원한다면 전도해야 합니다. 복음을 전해야 합니다. 믿지 않는 형제와 친구들에게 예수님을 믿으라고 강권해야 합니다. 우리 사회가 예수님이나 기독교에 대해 잘 알고 있는 것처럼 보여도 실상은 그렇지 않습니다. 아직도 우리 주변에는 복음을 모르는 사람들이 많이 있습니다.

아침에 어떤 부인과 같이 엘리베이터를 타게 되었습니다. "교회 다니십니까?"라고 물었더니 다니지 않는다고 했습니다. 그래서 "예수님을 꼭 믿으십시오."라고 했더니 "예?" 하고는 놀라서 저를 쳐다보았습니다. 마치 '아침부터 재수 없게 이 무슨 소린가?' 하는 눈치였습니다. 이처럼 우리 주변에는 예수 소리만 들어도 놀라는 사람들이 아직 많습니다. 이런 사람들에게 복음을 전하여 그들이 하나님을 알도록 해야 합니다. 이것이 교회의 목적입니다.

저에게는 매우 귀중한 책이 한 권 있습니다. 책의 제목은 『마우니 마망아 이방아』입니다. 낯선 말일 것입니다. 겉표지에는 십자가가 새겨져 있습니다. 저는 이 책을 단 한 줄도 읽을 줄 모릅니다. 그럼에도 불구하고 이 책을 받았을 때 얼마나 감사하고 감격했는지 모릅니다. 이 책은 정제순 선교사님이 메께오 부족의 언어로 번역한 신약 성경입니다. 그는 약 12년 전, 가족과 함께 선교사역을 위하여 파푸아뉴기니로 들어갔습니다. 그곳에서 식구들이 밤마다 모기떼와 싸우느라고 잠 못 이루던 날이 부지기수였고, 말라리아에 걸려 사선을 넘나들던 것이 몇 번인지 모릅니다. 건기가 되어 비가 오지 않으면 물 한 바가지로 버티며 온 식구가 며칠씩 살아야 했습니다. 악취를 풍기는 돼지우리 옆에 집을 짓고 메께오 부족들과 같이 살면서 그들의 말을 배웠습니다. 문자가 없는 그들을 위해 문자를 만들고, 10년 만에 드디어 신약 성경을 메께오 언어로 완전히 번역했습니다. 우리나라 선교사가 타민족의 부족을 위해 신약 성경을 완역한 것은 처음 있는 일이었습니다.

'마우니 마망아 이방아', 이 말은 '새롭게 태어난 말씀' 이란 뜻입니다. 이 성경을 손에 들 때마다 말할 수 없는 감동과 흥분을 느낍니다. 이제까지 하나님을 알지 못했던 메께오 부족들이 드디어 이 성경을 읽어서 예수 그리스도를 알고 믿게 되고, 여호와를 아는 지식이 물이 바다를 덮음과 같이 땅에도 충만하게 될 것을 생각하면 억제할 수 없는 감격과 찬양이 쏟아져 나옵니다.

하나님 나라 임재의 비전

가족 중에 아직도 믿지 않는 사람이 있습니까? 직장이나 학교의 친구 중에 아직 하나님을 아는 지식이 없는 사람들이 있습니까? 그들에게 예수를 증거하여 모두가 예수 믿고 하나님을 아는 경건한 사람이 되게 해야 합니다. 방관자가 되어서는 안 됩니다. 혹시 이 세상이 마냥 매력적으로 보이고 좋아 보이는 사람이 있다면 그는 영적으로 맹인입니다. 이 세상은 어린 중학생의 눈으로 보아도 너무나 절망스러운 곳입니다. 만일 이런 세상에 마음을 빼앗긴 채 하나님 나라의 비전을 갖지 못한다면 그 사람은 영적인 맹인입니다. 아무런 소망도 안겨 주지 못하는 이 세상을 바라보면서 우리 모두는 하나님 나라를 향한 불타는 꿈을 일구어야 합니다. 젊은 청년 이사야가 바라보았던 영광스러운 하나님 나라가 임재하는 꿈을 소유해야 합니다. 그 나라가 임하면 "하나님의 거룩한 산 모든 곳에는 해됨도 없고 상함도 없으리니 이는 물이 바다를 덮음같이 여호와를 아는 지식이 온 땅에 충만할 것"입니다(9절).

그 나라가 이 땅에 속히 임하도록 우리 모두 복음을 들고 나가야 합니다. 하나님을 아는 지식이 없어서 절망하는 이 땅의 모든 사람들에게 하나님 나라의 생명과 풍성함을 전해야 합니다. 고형원 형제가 지은 감동적이고 영감 넘치는 노래가 있습니다. 이사야의 환상이 살아 숨쉬는 찬양이 있습니다. 이 찬양 속에 들어 있는 간절한 심정과 동일하게 하나님 나라에 대한 소망을 소유하기 바랍니다.

세상 모든 민족이 구원을 얻기까지 쉬지 않으시는 하나님
주의 심장 가지고 우리 이제 일어나 주 따르게 하소서
세상 모든 육체가 주의 영광 보도록 우릴 부르시는 하나님
주의 손과 발 되어 세상을 치유하며 주 섬기게 하소서.

물이 바다 덮음같이
여호와의 영광을 인정하는 것이 온 세상 가득하리라
물이 바다 덮음같이
물이 바다 덮음같이
물이 바다 덮음같이.

보리라 그날에 주의 영광 가득한 세상
우리는 듣게 되리 온 세상 가득한 승리의 함성
물이 바다 덮음같이
여호와의 영광을 인정하는 것이 온 세상 가득하리라
물이 바다 덮음같이
물이 바다 덮음같이
물이 바다 덮음같이.

불타는 열정의 전도자 3

9. 지피지기 백전백승 (사도행전 26:24~29)
10. 전도자의 완전군장 (에스겔 3:1~11)
11. 희생 없이 전도 없다 (사도행전 11:19~21)
12. 성경이 되고, 성경을 전하라 (디모데후서 3:14~17)

9. 지피지기 백전백승

과거 폭압적 군사정권이 들어선 후에 정치적 혹은 사상적인 문제로 끌려가서 포승을 차고 재판을 받는 사람들의 얼굴들을 텔레비전으로 본 일이 있습니다. 이제 그 많은 사람들의 이름이나 얼굴들은 다 잊었지만 몇몇 사람들이 남긴 강한 인상은 아직도 제 가슴에 남아 있습니다. 결박 당했지만 전혀 위축되지 않은 당당한 태도, 평안한 얼굴, 활짝 웃는 웃음, 이런 모습들은 아주 깊은 인상으로 남았습니다. 그들을 보면서 저 정도로 소신 있는 인생을 사는 사람이면 존경할 만하다는 생각을 했습니다.

일본은 우리나라를 강점한 후 천황을 하나님이라고 추켜세우면서 신사참배를 강요했습니다. 그때 많은 성도와 목사님들이 생명을 걸고 이를 거부하며 투쟁했습니다. 그들 중 많은 목회자들은 일제에 잡혀 수년 동안 옥고를 치르면서 온갖 회유와 협박, 모진 고문 등으로 극도의 고통을 당했습니다. 그들 가운데 순교한 분들도 많았습니다.

지금 생존해 계시는 분들의 그때 이야기를 들어보면, 형무소 안에서 목사님들이 서로 가끔 마당에서 만나는 경우가 있었다고 합니다. 그러면 서로를 이렇게 위로하고 격려하며 기뻐했다고 합니다. "예수님은 우리를 위해 홍포를 입으셨는데, 우리는 주님을 위해 청포를 입고 있으니 얼마나 영광스러운 일입니까? 우리 이 믿음 흔들리지 맙시다." 죽음과 고문 앞에서도 두려워하지 않고 신앙과 믿음의 절개를 지킨 그들의 모습은 우리에게 무한한 감동과 도전을 줍니다.

당당한 죄수

우리는 이보다 더 강한 인상, 더 진한 감동을 주는 한 사람을 본문(행 26:24~29)에서 만날 수 있습니다. 그는 재판정에 서서 재판을 받고 있는 사도 바울입니다. 그의 앞에는 왕과 총독이 앉아 있고, 그 옆으로는 당대의 권력가와 유명인사들이 배석해 있습니다. 이 자리에서 사도 바울은 그들을 향하여 엄청난 도전을 합니다. 초라해 보이는 죄인의 신분이지만 그는 조금도 위축되거나 기죽지 않고 자기 앞에 앉아 있는 어떤 사람들보다 더 당당하게 선포합니다.

아그립바 왕이 짧은 몇 마디로 자신을 예수 믿게 하려는 바울을 가소롭다며 비웃는 투로 조롱했을 때 바울은 이렇게 외칩니다.

"말이 적으나 많으나 당신뿐 아니라 오늘 내 말을 듣는 모든 사람도 다 (쇠고랑을 찬 두 손을 번쩍 치켜들어 보이며) 이렇게 결박된 것 외에는 나와 같이 되기를 하나님께 원하노이다"(29절).

　사도 바울은 그 자리에 앉아 있던 모든 사람들이 깜짝 놀랄 만한 큰 소리로 당당하게 외쳤습니다. 누가 재판장이고 누가 죄수인지 모를 정도로 그는 법정의 분위기를 완전히 압도하고 있습니다. 쇠사슬이 사도 바울의 자유를 빼앗지 못하고 있습니다. 왕과 총독의 위엄과 권세가 그의 용기를 꺾지 못하고 있습니다. 왕과 총독의 권위가 바울의 권위 앞에서 초라해 보입니다.

　바울은 지금 매우 중요한 재판을 받고 있습니다. 그가 투옥된 것은 유대인들의 모함 때문이었습니다. 바울이 전도여행을 하면서 가는 곳마다 예수님이 세상의 구원자요, 메시아라고 전하자, 유대인들이 그를 모함하여 가이사랴에 있는 감옥에 집어넣었던 것입니다. 감옥에 들어간 지 2년이 다 되었는데도 유대인들의 손에서 벗어나는 것은 불가능해 보였고, 설사 석방되더라도 유대인들이 자신을 죽이려고 벼르고 있었기 때문에 바울은 다른 방법을 강구했습니다. 바로 로마 황제에게 상소하는 것입니다. 이 팔레스타인 땅에서 벗어나면 유대인들의 손에서도 벗어날 수 있고 로마에 가서도 복음을 전할 수 있기 때문이었습니다.

　바울이 상소하자 총독은 매우 곤란한 상황에 놓이게 되었습니다. 죄수를 로마에 보내려면 확실한 범법 사유가 있어야 하는데 바울을 아무리 심문해 보아도 특별한 혐의 사실을 발견할 수 없었던 것입니다. 황제의 재판정에 보낼 만한 잘못이 없었습니다. 이렇게 며칠을 고민하고 있을 때 마침 아그립바 왕이 방문했습니다. 베스도 총독은 왕에게 자기의 고민을 이야기하며 한 번 심문해 볼 것을 넌지시 제안하였고 왕이 승낙하여 이 재판이 열린 것입니다.

전도 대상자의 유형

먼저 재판석에 앉아 있는 사람들을 주목할 필요가 있습니다. 왜냐하면 재판석에 앉아서 심문하고 있는 베스도 총독, 아그립바 왕, 그리고 버니게라고 하는 여자, 이 세 사람은 우리가 복음을 들고 세상에 나가서 전도할 때 흔히 만나게 되는 세 가지 유형의 사람이라고 할 수 있기 때문입니다.

물이 바다를 덮음같이 하나님을 아는 지식이 세상에 충만해지게 하기 위해서 우리는 예수 그리스도의 복음을 전해야 합니다. 적을 바로 알면 백전백승이라는 말도 있듯이, 우리가 전도 대상자들이 어떤 유형의 사람인가를 어느 정도 분별할 줄 아는 안목을 갖는다면 복음을 더욱 효과적으로 전할 수 있을 것입니다. 이렇게 전도 대상자를 분석하는 데 재판석에 앉아 있는 세 사람은 우리에게 매우 큰 시사점을 던져주고 있습니다.

베스도 - 오해와 편견의 소유자

베스도는 유대의 현직 총독입니다. 그는 로마 황제로부터 임명을 받은 사람이기 때문에 로마에 충성하는 황제의 대리자이며, 식민지의 정치와 군사, 사법의 모든 통치권을 감독하고 행사하는 막강한 권력을 가진 인물입니다. 그가 재판석에 앉아서 바울의 말에 귀를 기울이고 있습니다. 바울은 앞에 있는 왕들과 재판관들에게 예수 그리스도의 복음이 전달될 수 있기를 바라면서 예수님이 십자가에 죽으시고 사흘 만에 부활하셨다는 복음의 진수를 전하고 있습니다(23절). 그런데 예수님이 죽으셨고 사흘 만에 부활하셨다는 이야기를 듣자마자 베스도 총독은 더 이상 참지 못하고 크게 소리를 질렀습니다.

"베스도가 크게 소리하여 가로되 바울아 네가 미쳤도다 네 많은 학문이 너를 미치게 한다 하니"(24절).

베스도는 바울에게 '돌았다' 고 말하고 있습니다. 바울이 전하는 복음을 듣자마자 그는 주위에 앉아 있는 많은 사람들을 개의치 않고 고함을 치고 있습니다. 우리는 이러한 베스도의 행동을 보면서 그의 성향을 분석해 볼 수 있습니다.

예수 믿는 사람을 보고 '미쳤다' 고 말하는 사람들은 기독교나 신자나 교회에 대하여 오해가 많은 사람들입니다. 편견을 가지고 있는 사람들입니다. 그들은 교회에 열심히 다니는 자를 광신자 취급하고, 예수는 가난하고 의지할 것 없는 사람이나 믿는 것이고, 교회는 나약한 자들이나 가는 곳이며, 게다가 교인이란 사람들은 죄다 이중인격자라고 비웃듯이 말합니다. 그들 대부분은 기독교와 교회, 성도에 대해 자기 나름의 편견과 오해를 가지고 있습니다. 베스도 총독이 바로 그와 같은 유형입니다.

우리도 복음을 전할 때 베스도 같은 사람을 자주 볼 수 있습니다. 오해하는 사람들이 많이 있습니다. 근거 없는 편견에 사로잡혀 있는 사람들이 많습니다. 이들은 우리를 괴롭히기도 하고 대적하기도 하고, 궁지에 몰아붙이기도 하면서 재미있어 합니다.

일련의 불미스런 사건들 때문에 기독교에 대한 편견과 오해가 봇물 터지듯이 쏟아지는 것을 보고 있습니다. 얼마 전 모 일간지 신문기자와 만난 적이 있었는데, 기자이기 때문에 세상 여론에 대해 밝으리라는 생각에 제가 먼저 물었습니다. "옷로비 청문회 사건 이후로 세상 사람들이 교회를 어떻게 봅니까?" 기자가 씩 웃으면서 대답했습니다. "생각했던 대로 예수 믿는 사람들은 말과 행동이 다르더라는 말을 많이 듣고 있습니다." 원래 믿는 사람들이란 신앙과 행동이 별개인 이중성을 가지고 있다고 생각하던 차에, 청문회에 나온 사람들이 한 손은 성경 위에 얹어 맹세하고 다른 한 손으로는 고급 옷을 걸치는 모습을 보면서, 또 한 입으로 어느 때는 하나님을 부르면서 다른 때는 거짓말하는 모습을 보면서 자기들의 생각이 옳았다고 판단한다는 것입니다. 너무나 부끄럽고 통탄할 일입니다.

세상 사람들이 보고 있는 사람들은 소수의 교인에 불과한데 그 소수를 보고 전체 기독교와 교회와 성도들을 똑같은 부류로 판단하고 매도하는 것입니다. 드러나지 않은 많은 신실한 성도들이 있음에도 불구하고 몇 사람을 보고서 기독교 전체에 대해 이야기하고 있습니다.

종말론 신앙 때문에 집단 가출을 한 사람들처럼 잘못되고 거짓된 신앙을 가진 사람은 소수임에도 불구하고, 세상 사람들은 한국 교회 전체가 그런 신앙에 빠져 있다는 듯이 이야기합니다. 사람들은 이러한 오해와 편견으로 기독교에 대항하여 자신을 무장하고는 그것을 바꾸려고 하지 않습니다. 우리 주변에서도 이러한 오해와 편견을 가지고 기독교를 공격하고 대적하는 사람들이 의외로 많다는 것을 자주 경험합니다.

아그립바 왕 - 관심은 가지나 거부하는 사람

아그립바 왕은 이 재판에서 주심입니다. 그는 예수님이 탄생할 때 그를 핍박하던 악명 높은 헤롯 대왕의 증손자입니다. 스무 살 내외로 아주 젊은 왕입니다. 그는 유대 나라에서 자랐기 때문에 유대의 모든 물정과 종교에 밝습니다. 유대교의 율법이나 전통에 대해서도 익숙합니다. 그리고 지금 유대 지역에서 일어나고 있는 예수에 대한 종교적 논쟁에 대해서도 알고 있었고, 그로 인하여 어려운 사건이 생긴다는 것도 잘 알고 있었습니다.

그래서 바울은 아그립바 왕에 대하여 매우 진지하고 세심하게 접근하고 있습니다. "아그립바 왕이여 선지자를 믿으시나이까 믿으시는 줄 아나이다"(27절). 그러나 바울의 말을 들은 왕의 반응은 매우 냉담했습니다. 아그립바 왕은 이렇게 말하고 있습니다. "네가 적은 말로 나를 권하여 그리스도인이 되게 하려 하는도다"(28절). 여기서 '적은 말로'는 '짧은 시간에'와 동일한 뜻입니다. 즉, 아그립바 왕은 바울을 향하여 가소롭다는 듯이 이렇게 말하는 것입니다. "네가 짧은 시간에 나를 예수 믿게 만들려고 설득하느냐?"

아그립바 왕은 겉으로는 상당히 관심을 갖고 귀를 기울이는 것 같지만 속으로는 복음을 거부하고 있습니다. 관심 있어 보이고 믿을 것 같아서 가까이 접근을 하면 거부 반응을 보이면서 뒤로 빼는 사람들이 아그립바 왕 유형입니다.

전도하다 보면 이런 사람들을 자주 만날 수 있습니다. "그래요. 맞아요." 하면서 고개도 끄덕여 주고 "믿으면 좋죠."라며 수긍하기도 합니다. 그래서 "말씀을 조금 더 드려도 되겠습니까?" 하고 물으면 "예, 하십시오."라면서 기분 좋게 한참이나 들어줍니다. 그러면 전도하는 사람이 신이 나서 이제 곧 좋은 형제 한 사람이 예수 믿게 되리라고 잔뜩 기대를 하게 됩니다. 그런데 이게 웬일입니까? 속으로 열심히 기도하면서 정성을 다하여 복음을 전했는데 맨 마지막에 가서는 갑자기 태도를 확 바꾸는 것입니다. 자신을 너무 설득하려 하지 말라고 하면서 말입니다. 스트레스를 주지 말라고 합니다. 때가 되면 자연히 믿게 될 것이니 오늘은 이 정도만 하자고 합니다. 이렇게 꽁무니를 빼는 사람들이 아그립바형의 사람들입니다.

불타는 열정의 전도자 177

버니게 - 무반응과 냉소주의

버니게는 아그립바 왕의 누이입니다. 성격상 어떤 결함이나 고약한 기질이 있었는지 이 여자는 여러 번 결혼했지만 번번이 실패했습니다. 지금은 동생에게 와서 얹혀 살고 있는데, 자기가 마치 왕비나 되는 것처럼 행세하고 있습니다. 또 이 오누이에 대한 이상한 소문, 즉 두 사람이 불륜의 관계라는 소문이 세간에서 가십 거리가 되고 있었습니다. 이 여자는 훗날 유대 나라에 여행 온 로마 황제의 아들 티투스를 유혹하여 그의 정부로서 로마로 가서 살았던 대단한 여자였습니다.

20대 초반이고 미모를 소유하고 있으며 권력과 호사스러운 생활에 철저하게 길들여진 이 여인의 귀에는 한낱 죄수에 지나지 않는 바울의 말이 들릴 리 없었습니다. 생각이 온통 다른 데 가 있는데 바울이 전하는 선지자나 예수나 십자가라는 말들이 귀에 들어올 리 있겠습니까? 그저 앉아 있을 뿐입니다. 그러다가 심심해지면 한번씩 바울을 내려다보면서 이런 생각을 했을 것입니다. '어쩌다 저 꼴이 됐을까? 정말 한심한 인간이구나.'

깨가 쏟아지게 재미있게 살고 있는 사람들, 젊고 아름답고 모든 것에 대해 자신만만한 사람들의 귀에는 "예수 믿고 천국 가자."는 말이 들리기 어렵습니다. 듣는 것 같지만 실제로 그들의 머릿속은 딴 생각들로 가득 차 있습니다. 그 마음은 텅 비어 있습니다. 전도하는 사람들을 보면서 속으로 '불쌍하다. 어쩌다가 저 모양이 됐을까? 허우대는 멀쩡한데 왜 저런 짓을 하는 걸까?' 라고 생각하는지도 모르겠습니다. 이런 사람들이 바로 버니게 같은 유형의 사람들입니다.

복음에 대하여 적대적인 사람들보다 이들을 전도하기가 더 어렵습니다. 왜냐하면 복음에 대해 전혀 반응이 없기 때문입니다. 아예 관심조차 없기 때문입니다. 즐길 것이 많아질수록, 경제적으로 여유가 생기면 생길수록 이런 사람들이 더 많아집니다. 그래서 그런지 이 유형의 사람들도 우리가 주위에서 흔히 만날 수 있는 것 같습니다.

누구에게나 복음을

재판석에 앉아 있는 인물들을 통하여 우리가 전도할 때 만나게 되는 세 가지 유형의 사람들을 살펴보았습니다. 편견과 오해 때문에 도전적으로 나오는 자가 있는가 하면, 일말의 관심은 가지고 있으면서도 나중에는 믿기를 거부하는 사람, 아니면 아예 반응조차 보이지 않는 사람들이 우리 주변에 있습니다. 모든 유형의 사람들에게 우리는 바울처럼 예수님을 전해야 합니다.

전도할 때에 사람을 차별하면 안 됩니다. 자기가 좋아하는 유형의 사람에게만 전도하겠다는 생각은 좋지 않습니다. 버니게형에게만 전도하겠다거나, 아그립바형은 좋은데 베스도형은 싫다는 식의 구별은 옳지 않습니다. 우리는 누구든지 만나서 복음을 전해야 합니다. 왜냐하면 어떤 유형의 사람이든지 그들이 처한 형편은 똑같기 때문입니다. 그들이 처한 형편이란 어떤 것입니까? 바울은 18절 말씀을 통하여 예수님을 믿지 않는 사람들이 어떠한 형편에 놓여 있는지 증거하고 있습니다.

"그 눈을 뜨게 하여 어두움에서 빛으로, 사탄의 권세에서 하나님께로 돌아가게 하고 죄 사함과 나를 믿어 거룩케 된 무리 가운데서 기업을 얻게 하리라 하더이다"(행 26:18).

세상 사람들은 어떤 처지에 있습니까? 그들은 영적으로 눈이 어두워 아무것도 보지 못하는 소경과 같습니다. 하나님도 못 보고 예수님도 보지 못합니다. 그들의 앞에 어떤 일이 기다리고 있는지 아는 사람들은 아무도 없습니다. 이 말씀은 예수님이 다메섹 도상에서 사도 바울에게 처음 나타나시어, 그를 복음 전하는 사도로 세상에 파송하시는 목적으로 가르쳐주신 말씀입니다. 세상은 모두가 영적으로 소경 되어 죽음을 향하여 달려가고 있는데, 아무도 그들의 운명을 모르고 있기 때문에 주님은 복음을 전하여 그들의 눈을 뜨게 하도록 하기 위해 바울을 사도로 파송하신 것입니다. 복음을 들어야만 영적인 소경이 눈을 뜰 수 있기 때문입니다.

우리는 이 세대에게 복음을 전하도록 부름 받은 예수의 제자들입니다. 그러므로 우리는 우리가 만나는 사람들이 어떤 유형의 사람이든지 상관하지 말고 예수를 전해야 합니다. 어두워서 앞을 보지 못하는 세상 모든 사람들에게 예수님의 복음을 전해야 합니다. 그들의 어두운 눈을 열어주어야 합니다. 우리가 복음을 전해야 그들은 눈을 뜨고 자기가 죄인인 것을 알고, 하나님이 살아 계신 것도 알고, 자기를 위하여 십자가에서 주님이 돌아가신 것도 알 수 있습니다. 우리가 전하지 않으면 어느 누구도 스스로 눈을 뜰 수 없습니다. 전도는 어두운 눈을 뜨게 할 수 있는 유일한 수단입니다. 어두운 눈을 떠서 하나님을 볼 수 있는 방법입니다.

가장 큰 축복 중의 축복

전도를 통해 또 어떤 일이 일어납니까? 사탄의 권세에서 하나님께로 돌아옵니다(18절). 세상 모든 사람들은 사탄의 지배 아래에 놓여 있는 노예들입니다. 한 사람도 자유인이 없습니다. 모두가 악령의 권세에 끌려다니는 사람들입니다. 영적으로 그들은 사탄의 쇠사슬에 꽁꽁 매여 살고 있는 사람들입니다. 그러나 우리가 찾아가서 복음을 전하여 그들이 예수님을 믿게 되면 그들은 그 사탄의 권세에서 자유하게 됩니다. 죄로부터 자유하게 됩니다. 악령의 권세에서 해방됩니다. 전도가 이것을 가능케 합니다.

우리는 전도의 강력한 능력을 분명히 확신하고 있어야 합니다. 전도를 통해 역사하시는 하나님의 놀라운 구원의 능력을 확실하게 믿고 증거해야 합니다. 그럴 때 우리의 작은 입을 통하여 증거된 그 복음이 이루어내는 위대한 하나님의 구원을 경험할 수 있습니다.

우리가 전도하여 그들이 예수를 믿으면 어떤 일들이 일어납니까? "죄 사함과 나를 믿어 거룩케 된 무리 가운데서 기업을 얻게 하리라."(행 26:18)고 하신 말씀처럼, 소망이 없는 세상 사람들이 예수의 이름으로 모든 죄를 용서받는 놀라운 축복을 얻게 됩니다. 영생을 소유하게 됩니다. 하나님과 더불어 영원토록 하나님 나라에서 영광을 누리는 거룩한 하나님의 자녀, 그리스도의 후사가 됩니다. 전도는 이와 같은 세상 사람들에게 엄청난 축복을 주는 놀라운 일입니다. 그러므로 전도는 가장 큰 축복 중의 축복입니다.

우리는 상대방이 어떤 사람인지 신경 쓸 필요가 없습니다. 그들은 모두 영적으로 맹인입니다. 영적으로 죄 사함 받아야 될 사람입니다. 모두가 사탄의 쇠사슬에 매여 있는 죄의 노예들입니다. 모두가 하나님 나라의 기업을 얻지 못한 사람들이기 때문에 우리는 복음을 들고 모든 사람에게 나가서 전해야 합니다.

복음 증거자의 무장

초점을 옮겨 재판석 아래에 홀로 서 있는 사도 바울에게 맞춰 보겠습니다. 2년 동안 감옥생활을 한 그의 옷은 남루하고 얼굴은 초췌하며 머리는 손질도 제대로 못한 채 헝클어져 있습니다. 손에 쇠사슬을 차고 힘겹게 서 있습니다. 그러나 그의 눈은 빛나고 투명합니다. 비록 그의 얼굴은 거칠었지만 평안합니다. 그의 가슴에는 피가 끓고 있습니다.

이 작은 죄수를 통하여 우리는 무엇을 배워야 합니까? 상대가 왕이든 총독이든 굴하지 않고 담대하게 예수 그리스도의 복음을 전하는 그에게서 우리는 무엇이 그를 저토록 당당하고 담대할 수 있게 하는지 그 비밀을 배워야 합니다. 그의 마음을 채우고 있는 정신을 배워야 합니다. 어떤 상황에서도 복음을 부끄러워하지 않도록 만드는 예수 그리스도의 심정을 배워야 합니다. 철저하게 무장한 복음 증거자로서의 마음 자세를 배워야 합니다.

그의 마음은 무엇으로 무장되어 있습니까? 29절 말씀에 보면 사도 바울은 적어도 세 가지 무기로 그의 마음을 무장하고 있습니다. 이것이 바로 왕과 총독과 권세자들 앞에서 "내가 쇠사슬에 결박 당한 것 외에는 당신들 모두가 다 나와 같이 되기를 원합니다."라고 담대하게 말할 수 있었던 비결이었습니다. 이 마음의 무장으로 인하여 그는 당당하게 외칠 수 있었고, 담대할 수 있었고, 평안할 수 있었습니다.

첫 번째 무장 - 구원의 감격과 확신

바울이 "당신들 모두가 나와 같이 되기를 원하나이다."라고 말할 수 있었던 이유는 구원의 감격으로 무장하고 있었기 때문입니다. 그의 마음은 언제나 구원의 감격이 흘러넘치고 있었습니다. 이렇게 악한 죄인을 예수 그리스도께서 살리시려고 십자가에 생명을 바치셨다는 것을 생각할 때마다 솟구쳐 오르는 구원의 감격 때문에 그의 가슴은 언제나 활화산처럼 불타고 있었습니다.

바울이 쓴 서신들을 보면 그가 항상 이 감격을 가지고 흐느끼는 사람이라는 인상을 받습니다. 예수님의 십자가만 생각하면 그의 사랑이 너무나 고마워 울고 있는 바울의 모습을 발견할 수 있습니다. 그는 자주 "훼방자요, 핍박자요, 포행자."(딤전 1:13)라고 자신을 소개합니다. 그가 왜 이런 식으로 자신을 자주 소개했냐면 자신은 구원받을 자격이 전혀 없는 사람이라는 것입니다. 또 자신을 이렇게 소개하기도 했습니다. "미쁘다 모든 사람이 받을 만한 이 말이여 그리스도 예수께서 죄인을 구원하시려고 세상에 임하셨다 하였도다 죄인 중에 내가 괴수니라"(딤전 1:15). 이 고백에 담긴 그의 진심은 무엇입니까? "세상에 많은 죄인들이 있지만 그 죄인 가운데 내가 가장 악질적인 죄인이다. 다른 죄인들이 구원받을 수 있다고 해도 나는 절대 구원받을 수 없는 사람이었다. 그럼에도 불구하고 나의 예수님이 나를 위해 십자가에 죽으시고 구원해 주셨으니 얼마나 감사한 일인가?" 이 구원의 감격은 그의 진심입니다. 이 구원의 감격이 사도 바울의 심정을 뜨겁게 만들고 복음을 부끄러워하지 않게 만드는 힘이었습니다.

전도하는 사람에게는 이런 구원의 감격이 매우 중요합니다. '나 같은 것이 예수님 때문에 구원받고 하나님의 자녀가 되었구나.' 이것을 생각만 하여도 가슴이 뜨거워져 주체하지 못하는 구원의 감격이 있어야 합니다. '어떻게 이 세상의 많은 사람들 가운데서 하나님이 나만을 사랑하시는지 정말 신기하구나. 어떻게 해서 내가 하나님의 사랑을 이렇게 받게 되었을까? 그것만 생각하면 나도 모르게 가슴이 뜨거워지는 감격이 있어야 합니다. 그래야만 비록 가난할지라도, 세상에 내놓을 만한 것이 아무것도 없는 천한 사람이라 해도 바울처럼 두 손을 번쩍 들고 "당신들이 나와 같이 되기를 원합니다."라고 당당하게 선포할 수 있습니다.

어떤 사람은 구원의 감격을 매일 느끼는 반면, 어떤 사람은 전혀 느끼지 못합니다. 예수님을 영접한 후 얼마 동안은 가슴이 뜨겁고 너무나 감사해서 자신도 모르게 입가에서 찬송이 흘러나왔습니다. 그런데 언제부터인지 가슴이 싸늘하게 식어 버려 요즘에는 십자가 이야기를 들어도 고개만 끄덕거릴 뿐 냉랭해졌습니다. 이런 현상은 절대로 바람직하지 않습니다.

왜 자꾸만 구원의 감격이 식어갑니까? 여러 이유가 있겠지만 결정적으로는 바울처럼 자기 자신을 죄인의 괴수로 보는 시각이 없기 때문입니다. 즉, '나는 그래도 좀 낫다'는 우월의식이 마음 밑바닥에 깔려 있기 때문입니다. 이런 우월의식이나 자기의(自己義)는 구원의 감격에 치명적인 손상을 줍니다. '수가성 여자는 남편을 5명이나 갈아치우는 형편없는 인생을 살았으니 창녀요, 진짜 죄인이다. 그러나 나는 그렇게 더러운 과거가 없다. 나는 적어도 그 여자보다는 낫다.' 자기도 모르게 하나님 앞에서 조금은 괜찮은 일면이 있다고 생각하게 되면 그것은 뜨겁게 타오르던 구원의 감격에 찬물을 끼얹은 격의 결과를 가져옵니다. 구원의 감격은 자신이 철저하게 죄인이고 무가치한 존재이며 비천한 존재라는 것을 하나님 앞에서 시인하고 애통하는 자리에서만 피어나는 꽃입니다. 구원의 감격은 내가 그와 같은 존재임에도 불구하고 나를 불러서 하늘의 영광을 안겨 주신 은혜에 대하여 깊이 깨달을 때 솟아나기 시작합니다.

하나님 앞에서는 수가성의 여인이나 강단에서 거룩한 말씀을 전하는 목사나 똑같습니다. 모두가 다 같은 죄인일 뿐입니다. 죄인이면 다 죄인이지 100퍼센트 죄인이 있고 10퍼센트 죄인이 있는 것은 아닙니다. 사람들 눈에는 조금씩 차이가 있어 보이지만 하나님이 보시기에는 모두가 다 똑같은 죄인일 뿐입니다. 태어나서 일생을 손발 꼼짝하지 못하고 살다가 죽는다고 해도 그 사람 역시 죄인이라는 말을 자주 합니다. 인간의 실존 자체가 죄인이라는 뜻입니다. 하나님은 우리가 나쁜 짓을 얼마나 많이 했는가를 놓고 우리를 죄인이라고 부르지 않았습니다. 모든 인간은 죄인으로 태어나 죄인으로 살 수밖에 없기에 죄인입니다. 그러므로 우리는 바울처럼 항상 '나는 죄인 중에서도 가장 밑바닥 죄인이다.' 라는 의식을 가져야 합니다. 가장 밑바닥 죄인임에도 불구하고 하나님께서 그의 주권적인 은혜로 구원해 주셨음을 믿고 인식할 때 그의 마음에 구원의 감격이 밀려오기 시작합니다.

다른 사람에게 전도하면서 "당신도 나와 같이 되기를 원합니다."라는 당당함을 가지고 전도하기 원한다면 바울이 누렸던 구원의 감격을 반드시 소유해야 합니다. 터져 나오는 구원의 감격이 복음을 전하는 우리의 말에서 묻어나야 합니다. 복음을 전하는 우리의 표정에서 상대방이 우리가 받은 구원의 기쁨을 볼 수 있어야 합니다. 그럴 때 우리가 전하는 복음을 듣는 사람의 마음이 감동으로 뜨거워질 것입니다.

두 번째 무장 - 자부심

재판석에 앉아 있는 왕이나 총독, 왕비 같은 여자와 죄수로 서 있는 바울을 비교해 볼 때 바울의 모습은 상대적으로 매우 초라합니다. 현실적으로 그들과 비교하여 자랑이나 긍지를 가질 아무런 근거도 없습니다. 그럼에도 불구하고 바울은 그들 앞에서 조금도 위축되어 있지 않습니다.

그들을 부러워하는 기색도 전혀 없습니다. 도리어 그의 가슴에는 당당한 긍지가 있습니다.

"말이 적으나 많으나 당신뿐 아니라 오늘 내 말을 듣는 모든 사람도 다 이렇게 결박한 것 외에는 나와 같이 되기를 하나님께 원합니다." 이 말에는 '나를 본받으라' 는 자신감이 진하게 배어 있습니다. '나는 비록 초라한 모습으로 서 있지만 하늘과 땅의 권세를 가진 예수 그리스도가 내게 생명을 살리는 복음을 맡기셨습니다. 나는 복음을 맡은 사도입니다. 조금 후에는 예수님과 하늘에 있는 모든 영광을 함께 누릴 수 있는 영광스러운 하나님 백성으로 선택된 사람입니다.' 이런 긍지와 자부심이 사도 바울에게 있습니다.

그러므로 왕의 영화가 눈에 들어오지 않습니다. 총독의 권세가 눈에 들어오지 않습니다. 별것 아닌 인간적인 허세를 가지고 위풍당당하게 앉아 있는 사람들이 그에게 어떤 영향도 주지 못합니다. 도리어 바울은 그들을 불쌍히 여기고 있습니다. 이런 긍지와 자존감이 있기에 그 사람들 앞에서 당당하게 복음을 선포하는 것입니다.

우리 믿음의 선배들도 바울과 같은 긍지와 자신감이 있었습니다. 가난하게 살면서도 당당했습니다. 가진 것이 전혀 없지만 하나님의 자녀라는 자존감만으로도 당당하게 살았습니다. 그러나 현대 교인들을 보면 이런 긍지가 많이 사라진 것 같습니다. 전도는 해야 될 것 같아 사람을 만나기도 하고 찾아가기도 합니다. 그러나 정작 찾아가서는 집 구경하느라 정신이 없습니다. 이 방 저 방 다니면서 입을 다물 줄 모릅니다. 장롱을 어디서 샀는지, 옷을 어디서 샀는지 끊임없이 물어보면서 부러워 어쩔 줄 몰라 합니다. 이런 마음으로는 전도가 불가능합니다. 이런 자세로는 "당신이 나와 같이 되기를 원합니다."라고 절대로 할 수가 없습니다. 도리어

"나는 당신처럼 되기 원합니다."라는 말이 더 맞습니다.

젊은 나이에 아주 아름다운 양옥집에서 세상에 부러울 것 없이 살던 30대 부부가 있었습니다. 그 집에 식모로 일하던 아주머니가 한 분 계셨는데 50대의 그 아주머니는 늘 얼굴이 평안해 보이고, 부엌에서 일을 할 때에는 자주 찬송을 불렀습니다. 이렇게 항상 기뻐하며 사는 모습을 지켜보던 안주인이 물었습니다. 자기가 볼 때 아주머니는 아무것도 가진 것이 없고, 세상적으로 재미있게 사는 것도 아닌 것 같은데 그렇게 날마다 찬송하고 기뻐하는 이유가 무어냐고 물었습니다. 그때 이 아주머니가 대답했습니다.

"네, 맞습니다. 저는 가진 재산도, 건강도, 아무것도 없습니다. 그러나 예수님이 나와 함께 계십니다. 그게 저는 기쁩답니다. 예수님만으로도 저는 기쁩니다. 주인 아주머니는 세상적으로 모든 것을 다 가진 것 같지만 제가 볼 때는 그렇지 않습니다. 내가 가지고 있는 그것을 주인 아주머니는 가지고 있지 못하니까요."

비록 가정부로 그 집에 얹혀 살고 있지만 얼마나 당당합니까? 얼마나 긍지가 넘칩니까? 이런 자부심으로 속사람을 무장해야 복음을 전할 수 있습니다. 우리의 굴하지 않는 그 자부심을 보고 상대방이 감동을 받습니다.

세 번째 무장 - 연민의 마음

바울은 불쌍히 여기는 연민의 정으로 마음을 무장했습니다. 그들을 불쌍히 여기는 마음 없이는 "말이 적으나 많으나 당신뿐 아니라 오늘 이 자리에서 내 말을 듣는 모든 사람도 이렇게 결박한 것 외에는 나와 같이 되기를 하나님께 원합니다."라고 간절하게 호소할 수 없습니다. 겉으로 보기에는 바울이 훨씬 더 불쌍해 보이고 위로 받아야 할 사람처럼 보입니다. 그러나 그런 바울이 아무 부족함 없이 재판석에 앉아 있는 사람들에게 도리어 "당신도 나와 같이 되기를 원합니다."라고 호소하는 것을 보면 그의 마음에는 그들을 향한 간절한 마음, 애타는 연민의 마음이 있다는 것을 알 수 있습니다.

바울은 왜 그들에게 연민의 정을 느끼고 있습니까? 바울이 그들을 보면서 그렇게 간절하게 예수 믿기를 호소하는 이유는 그들의 영혼 앞에 놓여 있는 하나님의 임박한 심판을 보고 있기 때문입니다.

"한 번 죽는 것은 사람에게 정하신 것이요 그 후에는 심판이 있으리니"(히 9:27).

바울은 이 말씀을 생각하면서 그들이 당할 영원한 하나님의 진노를 보고 있는 것입니다. 그 심판을 생각하면 그들의 영혼을 향한 안타까운 연민을 느끼게 됩니다. 우리는 그 심판이 무엇인지 잘 알지만 세상 사람은 영적으로 눈이 어두워져 있기 때문에 심판이 있다는 것도 모릅니다. 심판이 있다는 것을 듣고 한번쯤 생각해 보겠지만 결국에는 애써 부정합니다. 죽으면 끝이라고 하는 편한 생각을 가지고 세상을 살고 있습니다. 그러나 이 세상을 만드시고 인간을 만드신 하나님은 분명히 경고하고 계십니다. "한 번 죽는 것은 사람에게 정하신 것이요 그 후에는 심판이 있으리니."라고 말입니다. 그것이 얼마나 무서운 것인지 하나님은 아십니다. 그래서 하나님도 사람들이 이 심판에서 벗어나기를 간절히 원하십니다.

"나 주 여호와가 말하노라 내가 어찌 악인의 죽는 것을 조금인들 기뻐하랴 그가 돌이켜 그 길에서 떠나서 사는 것을 어찌 기뻐하지 아니하겠느냐"(겔 18:23).

하나님은 악인이 죽는 것, 즉 심판받는 것을 조금도 기뻐하지 않으신다고 말씀하십니다. 하나님이 진심으로 원하시는 것은 아무리 흉악한 악인이라도 예수 믿고 구원받아 하나님 나라에서 영생하며 사는 것이라고 말씀하십니다. 이것이 죄인을 향한 하나님의 애타는 마음입니다.

바울은 아그립바 왕, 베스도 총독, 버니게 왕비를 쳐다보면서 그들이 나중에 당할 하나님의 심판을 내다보고 있습니다. 하나님이 그들을 향하여 느끼는 연민의 정을 동일하게 느끼고 있습니다. 아무것도 모른 채 제 잘난 맛에 살아가는 그들을 보니 너무나 불쌍해서 찢어지도록 가슴이 저미어 왔습니다. 그래서 그는 소리칩니다. "당신들도 다 나와 같이 되기를 원합니다." 우리에게도 이 마음이 있어야 합니다. 이 마음이 있어야만 세상을 향해 담대하게 외칠 수 있습니다.

깡패의 협박은 무서워하면서도

최근에 어떤 분이 저희 아파트로 이사를 오셨는데, 소문에 따르면 이사오기 전에 100평이 훨씬 넘는 크고 호화로운 맨션에서 살았다고 합니다. 그런데 그가 집 크기를 반 이상 줄여서 이 아파트로 이사오게 된 이유는 협박을 받아서라고 합니다. 간혹 문틈에 돈 얼마를 미리 준비하고 기다리지 않으면 가만 두지 않겠다는 협박 내용이 적힌 쪽지가 끼워져 있곤 했다고 합니다. 처음에는 장난이려니 했는데 그런 일을 자꾸 당하자 불안해진 것입니다. 그래서 큰 집에 살다가는 식구들이 어떤 봉변을 당할지 모른다는 공포감에 하는 수 없이 그다지 신경 쓰지 않아도 되는 아파트로 이사를 왔다는 것입니다. 그 사연을 들었을 때 저는 이런 생각이 들었습니다. '협박꾼의 공갈이 겁나서 좋은 집도 버리고 이사할 정도인데, 하나님이 준비한 심판소식을 듣게 된다면 예수님을 믿지 않을 수 있을까?' 라고 말입니다.

오늘날 많은 사람들은 이 사람 같습니다. 깡패들의 협박은 무서워해도 하나님의 심판에 대해서는 잘 모릅니다. 마치 자신과 상관없는 것처럼 여기고 살아갑니다. 하나님의 심판의 말씀을 깡패의 협박보다 못하게 생각합니다. 하나님의 심판을 알지 못하고 실감하지도 못하므로 예수 믿을 생각을 전혀 하지 않는 것입니다. 그들이 당할 심판을 생각하면 우리 가슴이 찢어지는, 그런 연민의 마음이 들어야 한다고 생각합니다. 이 마음이 죄인을 향한 하나님의 마음이며, 바울이 가지고 있던 예수 그리스도의 사랑의 심정입니다.

저는 제가 사는 아파트의 같은 동에 살고 있는 30가정의 가장 이름을 전부 적어서 성경책에 끼워 놓고 다닙니다. 그 가운데서 예수 믿는 가정은 불과 다섯 가정 정도 밖에 되지 않습니다. 아침이나 저녁에 아내와 함께 그 쪽지를 펴놓고 한 가정 한 가정씩 사람들의 이름을 불러가면서 기도합니다. 그들이 당할 마지막 심판을 생각하면 그들의 영혼이 너무 불쌍하기 때문입니다. 우리 모두가 이런 연민의 마음을 가지고 예수님의 복음을 전해야겠습니다.

사랑하는 가족 중에 아직도 믿지 않는 사람, 직장의 동료나 오래 사귄 친구들 중에 아직도 예수님을 모르는 사람, 잘 알지 못하는 이웃 등 우리가 다가갈 수 있는 모든 사람들에게 관심을 갖고 기도하면서 찾아가기 바랍니다. 그들에게 예수 그리스도를 증거하기 바랍니다. 그들에게 복음을 전하기 위해 바울처럼 무장합시다. 구원의 감격을 가지고 무장합시다. 바울처럼 자존심을 가지고 무장합시다. 바울처럼 연민의 정을 가지고 무장합시다. 그러면 아그립바 같은 사람을 만나더라도, 버니게와 같은 사람을 만나도, 베스도와 같은 사람을 만나도 조금도 두려워하지 않고 담대하게 복음을 전할 수 있습니다. 바울처럼 "당신들 모두가 나와 같이 되기를 원합니다."라고 증거할 수 있습니다.

　우리가 진실하게 복음을 전하면 성령 하나님은 우리를 통해서 하나님의 위대한 구원의 역사를 이루실 것입니다. 복음의 능력이 나타날 것입니다. 하나님의 나라가 물이 바다를 덮음같이 온 땅에 충만해지는 날이 반드시 올 줄 믿습니다.

10. 전도자의 완전군장

성경에 등장하는 인물들의 특징을 가만히 살펴보면, 하나님이 어떤 일을 맡기려고 부르실 때 선뜻 응하는 자가 드물다는 사실을 발견하게 됩니다. 하나님이 부르실 때 주저하거나 버티거나 겁이 나서 못 가겠다고 거절하는 예를 자주 볼 수 있습니다. 본문(겔 3:1~11)의 주인공인 에스겔도 그런 사람 가운데 하나였던 것 같습니다.

나이 젊은 청년인 그는 바벨론으로 잡혀 와 포로생활을 하고 있었습니다. 어느 날 갑자기 하나님이 그를 환상 중에 부르셨습니다. 그리고 하나님이 주시는 말씀을 전하라고 명령하셨습니다. 그때 그가 못하겠다고 버티는 내용은 성경에 기록되어 있지 않습니다. 그러나 하나님이 그를 다루시는 과정을 주의 깊게 살펴보면 에스겔이 얼마나 주저하고 두려워했는지 쉽게 짐작할 수 있습니다.

우리는 모두 세상으로 보냄을 받은 그리스도의 증인입니다. 우리는 모두 하나님께로부터 복음을 전해야 할 사명을 받았습니다. 우리 중에 아무도 전도를 놀러 가는 것 정도로 가볍게 생각하지는 않습니다. 그러나 전도하는 것을 두려워합니다. 마음 한구석에는 할 수만 있으면 피하고 싶다는 생각이 간절합니다. 부끄러움 때문에, 체면 때문에 입을 열기가 어렵다고 말하는 사람들도 있습니다. 구약 시대에 하나님이 직접 내리시는 명령을 듣고도 안 가겠다고 버티던 사람들이나 오늘날 하나님께서 전도하라고 말씀하시는데도 쉽게 발길이 떨어지지 않는 우리나 비슷한 것 같습니다.

이와 같이 에스겔이 두려워하고 주저하는 것을 잘 아시는 하나님께서는 사전에 그로 하여금 무엇을 가지고 누구에게 가서 어떻게 전해야 할 것인가에 대해 철저하게 준비시키셨습니다. 하나님께서 우리 모두를 이와 같이 준비시켜 주셔야만 우리도 전도할 수 있습니다. 그러므로 에스겔은 준비된 전도인으로서 좋은 모델을 제시하고 있는 것입니다. 그렇다면 하나님께서 구체적으로 무엇을 준비시키셨는지 살펴봅시다.

내가 먼저 먹어야 할 말씀

첫째로는 에스겔에게 말씀을 먹도록 하셨습니다. 환상 중에 하나님이 그에게 나타나시어 두루마리를 내어주시면서 먹으라고 명령하셨습니다. 유대 나라나 바벨론에서는 두루마리를 짐승 가죽으로 만들었습니다. 그 당시엔 종이로 된 책이 없었기 때문에 짐승 가죽에다 글을 써서 들고 다녔습니다. 네모 반듯하게 가죽을 잘라서 바늘로 기워 만든, 크게는 길이가 9미터나 되는 것을 둘둘 말아서 들고 다녔던 것입니다. 참 불편했을 것입니다. 대부분 그 두루마리는 한쪽 면에만 글을 쓰게 되어 있지만, 경우에 따라서는 양면에 다 쓰기도 했다고 합니다. 경제적인 이유 때문일 수도 있었겠으나 사실은 글을 읽는 사람이 마음대로 가필을 하지 못하도록 하기 위해서 양쪽에 다 빽빽하게 써놓았던 것 같습니다. 2장 10절을 보면, 하나님이 에스겔에게 먹으라고 주신 두루마리는 앞뒤 가득하게 글이 씌어 있는 것임을 알 수 있습니다.

3장 1절에 이런 말씀이 있습니다.

"그가 또 내게 이르시되 인자야 너는 받는 것을 먹으라 너는 이 두루마리를 먹고 가서 이스라엘 족속에게 고하라."

'인자'는 하나님이 에스겔을 부르시는 호칭입니다. 에스겔은 이 명령에 따라 입을 벌려 그 두루마리를 먹었습니다. 이것은 환상입니다. 실제로는 아무도 그 두루마리를 먹을 수 없습니다. 환상 중에 하나님이 주신 두루마리를 먹었더니 그것이 다 뱃속으로 들어갔습니다. 3절에 "내게 이르시되 인자야 내가 네게 주는 이 두루마리로 네 배에 넣으며 네 창자에 채우라 하시기에 내가 먹으니 그것이 내 입에서 달기가 꿀 같더라."는 말씀이 나옵니다. 두루마리를 먹었더니 배가 든든해졌고 입에는 꿀송이처럼 달았습니다.

하나님은 에스겔에게 두루마리를 먹으라고 하신 이유는 남에게 전하기 위해서는 자신이 먼저 그 말씀을 소화해야 하기 때문입니다. 이 사실을 깨닫는 것이 중요합니다. 식탁 위에 있는 음식을 먹어야 내 살과 피가 되듯이 하나님의 말씀을 먹어야 내 것이 되어 나의 생각과 감정과 의지가 그 말씀에 사로잡히게 되는 것입니다. 이것은 '자기 내면화 작업'이라고 할 수 있습니다. 쉽게 말하면 내가 먼저 말씀을 통해서 은혜 받는 것을 의미합니다. 한번 생각해 보십시오. 내가 먼저 하나님의 말씀을 먹어 내 안에 가득히 채우지 않고서, 내가 먼저 그 말씀을 내 입에 꿀송이처럼 단 것으로 받아들이지 않고서, 어떻게 남에게 확신을 가지고 전할 수 있겠습니까? 어떻게 남의 마음을 움직일 수 있겠습니까? 어떻게 감동을 줄 수 있겠습니까? 그럴 수 없는 것입니다. 그렇기 때문에 에스겔에게 "먼저 먹으라"고 말씀하신 것입니다.

꿀송이 같은 심판의 말씀

사실 하나님이 에스겔에게 전하라고 주신 말씀은 듣기에 좋은 이야기는 아니었습니다. 2장 10절에 보면 그 두루마리 앞뒤에 애가와 애곡과 재앙의 말이 기록되어 있었다고 나옵니다. 온통 슬픈 이야기만 가득합니다. 하나님의 심판에 관한 이야기만 잔뜩 기록되어 있습니다. 그러므로 그 말씀은 입에 꿀송이처럼 달기는 고사하고 오히려 쑥과 같이 쓴 말씀이어야 했습니다. 그럼에도 불구하고 에스겔이 먹어 보니 달았습니다. 그 이유가 무엇이겠습니까?

하나님은 공의로 심판하시는 분이지만, 그 앞에 무릎을 꿇고 심판을 달게 받으면서 하나님의 인자와 긍휼을 간절히 사모하면 심판의 말씀, 저주의 말씀도 꿀송이처럼 단 은혜의 말씀이 될 수 있습니다. 하나님은 자비하신 분입니다. 그러므로 회개하고 하나님 앞에 나아와 엎드리는 자에게는 심판을 선언했다가도 나중에는 무궁무진한 긍휼과 자비로 위로

하시고 은총을 베풀어 주십니다. 그러므로 겉으로 보기에는 쓴 말씀 같지만 그 말씀을 먹고 은혜를 받으면 단 말씀이 되는 것입니다. 이 세상에 나가서 복음을 전하기 위해서는 우리도 먼저 에스겔처럼 복음의 말씀을 먹어야 합니다.

우리 손에는 성경이 들려져 있습니다. 이 성경의 대주제는 예수 그리스도입니다. 창세기부터 요한계시록까지 모든 내용을 꿰뚫는 하나의 주제가 있다면, 그것은 예수 그리스도입니다. 예수님이 이 세상에 오셔서 나를 구원하시려고 십자가를 지신 이야기가 씌어 있습니다. 죄와 사망의 권세를 이기시고 부활하신, 영광스러운 그 아침의 이야기가 성경에 기록되어 있습니다. 누구든지 예수를 믿으면 죄 사함을 받고, 죄 사함을 받은 자는 한 사람도 빠짐없이 하나님 나라의 영생을 축복으로 얻게 된다는 이 엄청난 약속이 우리 손에 들려 있는 성경에 기록되어 있는 것입니다. 그러므로 이 말씀을 먼저 내 것으로 먹기만 하면 그 말씀이 내 입에 꿀송이처럼 달 수밖에 없습니다.

에스겔에게 주신 하나님의 말씀이 심판과 저주를 가득히 담고 있어도 에스겔의 입에 꿀송이처럼 달았다면, 나 같은 죄인을 구원하시기 위하여 하나님의 아들이 오셔서 십자가에 죽으시고, 내 모든 죄를 다 씻어주시고, 나를 무조건 하나님의 자녀로 삼아주시겠다는 화려한 약속이 담겨 있는 그 말씀은 우리 입에 얼마나 더 단 말씀이 되겠습니까? 그러나 먹어 보지 않았기 때문에 단지도 모르는 것입니다.

우리는 하나님의 이 영광스러운 복음의 말씀을 먹어야 합니다. 그래서 그 말씀이 우리 안에 풍성히 거하게 해야 합니다. 왜 밤낮없이 하나님의 말씀을 읽어야 합니까? 그 말씀을 먹기 위해서입니다. 왜 설교를 자주 들어야 합니까? 왜 차를 타고 가면서까지도 카세트 테이프로 설교를 계속 들어야 합니까? 왜 성경 말씀을 공부해야 합니까? 하나님의 말씀을 먹기 위해서입니다. 먹어야 내 것이 됩니다. 먹어야 그것이 정말로 기쁜 소식이라는 것을 알게 됩니다.

갈증을 품은 사람

우리 자신을 한번 돌아봅시다. 하나님의 사랑을 묵상할 때마다 나는 행복합니까? 나를 사랑하사 나를 위하여 자기 몸을 버리신 예수님의 십자가만 생각하면 가슴이 뜨거워집니까? 내가 죄 용서 받았다는 사실을 확인할 때마다 알 수 없는 어떤 힘이 안에서 솟아오르는 것을 느낍니까? 이 복음이 너무 좋아서 다른 사람에게 말하지 않으면 견딜 수 없을 정도로 흥분됩니까? 만약 그렇다면 나는 하나님의 말씀을 먹은 사람입니다. 그 말씀의 단맛을 아는 사람입니다.

미국에 부흥의 불길이 한창 번지고 있던 1860년대 A. C. 행키라는 젊은 여성이 사람들이 많이 모인 집회에서 눈물을 흘리며 낭송한 유명한 시가 있습니다. 바로 찬송가 236장의 가사입니다.

주 예수 크신 사랑 늘 말해 주시오
평생에 듣던 말씀 또 들려주시오
저 뵈지 않는 천국 주 예수 계신 곳
나 밝히 알아듣게 또 들려주시오.

아침의 이슬 방울 쉬 사라짐같이

내 기억 부족하여 늘 잊기 쉬우니
잘 알아듣기 쉽게 늘 말해 주시오
날 구속하신 사랑 또 들려주시오.

주 예수 나를 위해 이 세상 오셔서
날 구속하신 은혜 말하여 주시오
나 같은 사람 위해 주 보혈 흘렸네
이 복스러운 말씀 또 들려주시오.

평생에 듣던 말씀 평생에 듣던 말씀
주 예수 크신 사랑 또 들려주시오.

   핸키의 가슴처럼 주님의 사랑, 주님의 복음을 더 듣기를 사모하는 갈증이 있습니까? 그렇다면 말씀을 먹은 사람입니다. 그 단맛을 아는 사람입니다. 이렇게 되어야 비로소 다른 사람에게 "예수 믿으시오."라고 말할 수 있습니다.
   날마다 말씀을 읽으며 십자가 앞으로 나가시기를 바랍니다. 거기에서 하나님의 사랑을 맛보시기 바랍니다. 날마다 기도하는 무릎으로 부활의 영광을 바라보시기 바랍니다. 날마다 값없이 받은 죄 사함의 은혜를 찬송하시기 바랍니다.
   이와 같이 복음의 말씀을 내가 먼저 먹을 때, 나를 통해서 보이지 않는 놀라운 힘이 다른 사람을 향해서 뻗어 나갑니다. 그리고 하나님을 거부하던 완악한 사람이 내가 전하는 예수 그리스도의 복음을 듣고 변화됩니다. 이를 위해서 내가 먼저 먹어야 합니다.

말이 통하는 동족에게로

두 번째로, 하나님께서는 에스겔을 자기 동족에게 보내셨습니다.

"너를 방언이 다르거나 말이 어려운 백성에게 보내는 것이 아니요 이스라엘 족속에게 보내는 것이라"(5절).

이 사람들은 수년 전에 바벨론에 인질로 잡혀 와서 상당히 어두운 나날을 보내고 있었습니다. 그들은 당시 세계통용어인 아람어에도 능통했지만, 한편 이스라엘 말인 히브리어를 사용하고 있었습니다. 무슨 말을 해도 다 알아듣는 사람들입니다. 그러므로 그들에게 하나님의 말씀을 전하라고 해서 에스겔이 어렵게 생각할 필요가 전혀 없는 것입니다.

우리는 모든 족속에게 예수 그리스도의 복음을 전하라는 명령을 받고 있지만, 일차적으로는 우리의 예루살렘인 이웃과 동족에게 복음을 전하도록 명령을 받았습니다. 그들은 다 말이 통하는 사람들입니다. 그들을 위해 선교사들처럼 따로 말을 배울 필요가 없습니다. 우리가 전하는 말을 못 알아들을 사람이 하나도 없습니다.

우리나라에 처음 복음을 전하던 선교사들은 대부분 미국이나 영국에서 온 영어권 선교사들이었습니다. 영어권에서 온 사람들이 한국말을 배우는 것은 우리가 영어를 배우는 것보다 몇 배나 더 어렵다고 합니다. 그러니 초창기에 우리나라에 온 선교사들이 얼마나 고생을 많이 했겠습니까? 그래서 웃지 못할 재미있는 에피소드도 여러 가지 전해지고 있습니다. 그 가운데서 알렌 선교사 이야기 한 토막을 소개해 드립니다.

알렌은 고종 황제의 주치의였고, 한국 현대 의학의 문을 열어 놓은 위대한 의사이자 선교사였습니다. 그 사람이 처음 와서 열심히 한국말을 배웠습니다. 시간이 지남에 따라 어느 정도 말이 통하고 예수 그리스도의 십자가나 부활에 대해서 가르칠 만하다는 자신감이 생겼습니다. 드디어 성경 공부 모임을 열었습니다. 어느 날 좀 큼직한 방에 사람들이 가득하게 모여들고 그는 문 앞에 서서 들어오는 사람들을 안내하고 있었습니다. 당시에는 남자와 여자가 따로따로 앉았는데, 알렌 선교사가 앞에 서서 사람들을 이렇게 안내했다고 합니다.

"숫컷들은 이쪽에 앉고 암컷들은 저쪽에 앉으십시오."

영어로 male(숫컷, 남성)이나 female(암컷, 여성)이라는 단어는 짐승뿐만 아니라 사람에게도 쓰이는 말입니다. 그러나 한국말은 그 성격상 '숫컷', '암컷'이라는 단어를 사람에게 사용하면 큰 모욕입니다. 선교사가 그것을 알 턱이 있겠습니까? 그저 암컷이면 여자고, 수컷이면 남자라고 생각하고 자연스럽게 말을 한 것인데, 나중에 그 자세한 내용을 알고 나서 얼마나 민망했겠습니까? 말을 배운다는 것이 이렇게 어려운 것입니다.

목사 뺨치는 사람, 뺨을 친 사람

일본의 동경에서 600명 정도 되는 목사님들과 평신도 지도자들을 대상으로 제자훈련에 대한 강의를 하고 있을 때의 일입니다. 그 자리에는 한국의 유력 기업 부책임자로 일본에 주재하고 있는 저희 교회 장로님 한 분이 동석하셨습니다. 그분이 얼마나 일본 사람들에게 전도를 열심히 하시는지, 전도 스케줄이 빽빽하게 짜여 있을 정도입니다. 참 놀라운 열정입니다. 그래서 제가 강의를 하다가 그분을 좀 자랑할 요량으로 이런 이야기를 꺼냈습니다.

"제자훈련을 하면 아름다운 평신도 지도자들이 많이 생깁니다. 제가 시무하는 교회에는 목사의 기를 죽이는 평신도들도 참 많습니다." 그리고는 그 장로님을 가리키면서 "그분들 중에 한 분이 여기에 와 계시는데, 이 장로님이야말로 목사 뺨치는 사람입니다."라고 말했습니다.

통역을 맡은 분은 한국어를 유창하게 하는 일본인 시미즈 목사님이신데, 통역을 아주 잘하시기 때문에 알아서 잘해 주실 것이라고 안심하고 한 말이었습니다. 저는 일본어를 잘 모르기 때문에 일본어가 갖고 있는 뉘앙스나 어감이나 속어 등을 알지 못합니다. 그래서 그런 것들은 전혀 고려하지 않고 마음대로 말한 것인데, '목사 뺨친다'는 말의 뉘앙스를 그대로 전달할 만한 마땅한 일본말이 없었나 봅니다. 어쩔 수 없이 문자 그대로 "이 장로는 옥 목사 뺨을 친 사람입니다."라고 통역을 한 것입니다. 그러자 갑자기 일본 목사님들의 눈이 휘둥그레지는 것이었습니다. 저는 그분들의 눈이 왜 갑자기 그렇게 둥그렇게 되었는지 전혀 몰랐습니다.

나중에 강의를 다 마치고 나서 여러 일본 목사님들이 통역하신 목사님에게 찾아와서 "그 장로님이 왜 옥 목사님 뺨을 때렸어요?"라고 물었다고 합니다. 그 장로님도 저에게 와서 "목사님 때문에 제가 일본 목사님들 앞에 얼굴을 못 들게 되었어요."라면서 원망 섞인 말을 하는 것입니다. 이 사건은 남의 나라말을 배우고 그 말을 가지고 복음을 전한다는 것이 얼마나 어려운 일인지를 실감케 한 에피소드라 할 수 있습니다.

하나님은 우리에게 그렇게 바다를 건너 말이 안 통하는 사람에게 가서 전도하라고 하지 않으셨습니다. 언제든지 말을 걸면 통하는 사람에게 전도하라고 말씀하셨습니다. 그럼에도 불구하고 우리가 왜 주저해야 합니까? 왜 두려워해야 합니까? 스스로 다시 한 번 자문해 보아야 합니다.

얼굴에 깔아 주시는 철판

세 번째로, 하나님께서는 에스겔에게 담대한 마음을 갖도록 해주셨습니다.

"그러나 이스라엘 족속은 이마가 굳고 마음이 강퍅하여 네 말을 듣고자 아니하리니 이는 내 말을 듣고자 아니함이니라"(겔 3:7).

이스라엘 백성들은 아주 독한 백성들입니다. 구약 성경을 보면 원래 본성이 독한 민족이기 때문에 말을 잘 안 듣는다는 것을 알 수 있습니다. 그럼에도 불구하고 11절에서는 하나님께서 이렇게 명령하십니다. "사로잡힌 네 민족에게로 가서 그들이 듣든지 아니 듣든지 그들에게 고하여 이르기를 주 여호와의 말씀이 이러하시다 하라 하시더라." 바벨론의 포로가 되어 있는 이스라엘 백성에게 가서 듣든지 아니 듣든지 가서 전하라는 것입니다.

안 들을 줄 뻔히 알면서도 전하라는 이야기인데, 그것이 얼마나 어려운 일입니까? 듣기 싫어하는 사람들에게 자꾸 전하면 어떤 일이 발생합니까? 입을 열지 못하도록 협박할 것이고, 다수의 힘으로 눌러서 더 이상

에스겔이 견디지 못하도록 따돌릴 것입니다. 그럼에도 불구하고 하나님은 전하라고 하십니다. 그러나 하나님은 아무런 준비도 시키시지 않고 막무가내로 보내시는 분이 아닙니다. 이 일을 위해 마음씨 좋고, 성격이 부드럽고 소심하기까지 한 에스겔을 비상한 방법으로 준비시켜 주십니다.

"내가 그들의 얼굴을 대하도록 네 얼굴을 굳게 하였고 그들의 이마를 대하도록 네 이마를 굳게 하였으되 네 이마로 화석보다 굳은 금강석같이 하였으니 그들이 비록 패역한 족속이라도 두려워 말며 그 얼굴을 무서워 말라 하시고"(8, 9절).

하나님이 에스겔의 얼굴을 금강석처럼 굳게 만드셨다고 했습니다. 조금 재미있게 표현하자면 얼굴에 철판을 깔아 주셨다는 이야기입니다. 강심장을 갖도록 해주셨습니다. 얼굴에 철판을 깔고 강심장을 가진 전도인, 좀더 점잖게 말하면 '담대한 전도인'으로 만들어 놓으셨다는 말씀입니다.

귀에 안 들어오는 말씀

이스라엘 백성들에게는 에스겔이 전하는 말씀을 잘 안 들을 만한 충분한 이유들이 있었습니다. 원래 강퍅하기도 했지만, 그 메시지 내용이 도무지 그들의 비위에 맞지도 않고 흥미를 끌 수도 없는 것이었습니다. 예를 들면, 포로로 잡혀온 이스라엘 백성들은 자기들이 1, 2년 안에 다시 예루살렘으로 돌아간다고 믿고 있었습니다. 그때까지만 해도 아직 예루살렘이 함락되지 않았고, 유대 나라가 건재하고 있었기 때문에, 그들은 얼마 후에 돌아간다고 생각했습니다. 거짓 선지자들은 그들의 비위를 맞추려고 1년 후에는 반드시 돌아갈 것이라며 거짓 예언까지 하고 다녔습니다.

그런데 하나님께서 에스겔에게 전하라고 하신 말씀은 "예루살렘은 내가 심판해서 곧 함락된다. 예루살렘은 반드시 함락된다. 너희들은 1년 안에 절대 못 돌아간다."는 메시지였습니다. 상황이 이와 같은데 그들이 에스겔의 말을 잘 들으려고 하겠습니까?

그 정도에서 끝나는 것이 아닙니다. 포로로 잡혀 온 이스라엘 백성들은 우상 숭배에 찌든 사람들이었습니다. 그들은 회개해야 될 사람들이었습니다. 그런데 포로로 잡혀 와서도 여전히 회개를 하지 않고 있었습니다. 마음이 아주 굳어 있었던 것입니다. 하나님이 보실 때, 그들은 징계를 받아서 마음을 정결케 해야 될 시간적인 여유가 필요했기 때문에 에스겔에게 이렇게 전하라고 했습니다. "너희들은 앞으로 70년 동안 바벨론에서 살아야 한다. 그러므로 예루살렘에 돌아간다는 헛된 꿈을 꾸지 말고 여기서 결혼하여 자녀를 낳고 삶의 터전을 잘 닦아 정착해라. 70년 후가 되면 그때는 내가 너희를 고국으로 돌려보내겠다. 그때가 되면 너희들의 마음이 깨끗해질 것이다. 그때가 되면 내가 유대 나라도 다시 재건시켜 주겠다."

이런 말씀이 그 사람들의 귀에 들어오겠습니까? "하나님, 지금 무엇이라고 말씀하셨습니까? 70년이 지나야 된다고 하셨습니까? 그때가 되면 내 나이는 140세입니다. 도대체 그때까지 내가 살아 있을 수나 있습니까?" 아마 이런 식이었을 것입니다. 그러므로 그 말이 그들에게는 전혀 기쁜 소식이 될 수 없는 것이었습니다.

오직 성령이 임하시면

그럼에도 불구하고 하나님께서는 에스겔에게 전하라고 하셨습니다. 그러니 에스겔이 얼마나 어려운 사명을 받았는지 이해가 되지 않습니까? 에스겔의 평소 성격으로는 도저히 백성들을 상대할 수가 없었습니다. 그러므로 하나님께서 그의 얼굴에 철판을 깔게 하고 담대한 마음을 갖게 하심으로써 천 명이든 만 명이든 눈 하나 깜짝하지 않을 정도로 사람을 두려워하지 않게 만드신 후에 하나님의 말씀을 전하도록 하셨던 것입니다. 천대를 받아도 상관하지 않고, 사람들에게 핍박을 받아도 개의치 않고, 생명의 위협을 받아도 마음에 동요가 되지 않는 철인 같은 사람으로 무장시켜 주셨습니다.

우리는 복음을 전해야 합니다. 그러나 "세상 사람들이 복음을 듣기 좋아하는가?"라는 질문에는 모두가 "아니요"라고 대답합니다. 예수 믿으라는 말을 듣기 좋아하는 사람은 아무도 없습니다. 죄인이라는 단어 자체가 벌써 비위에 거슬립니다. 죄 사함을 받고 구원을 얻는다는 말도 자기와 아무 관계없는 말로 생각합니다. 천당과 지옥이 있다는 사실 그 자체를 기분 나쁘게 여기는 것입니다. "있기는 뭐가 있어? 네가 가봤어?"라며 화를 냅니다. 그리고 오직 예수님만 구원의 유일한 길이라는 말을 들으면 독선이라고 욕을 퍼붓습니다.

아무도 우리의 말을 즐겨 들을 사람이 없습니다. 예수 믿는 우리에게는 예수님의 십자가와 부활이 기쁜 소식이지만, 세상 사람에게는 기쁜 소식이 아니고 기분 나쁜 소식입니다. 잘 들으려고 하지 않습니다. 그러므로 우리에게 필요한 것은 에스겔과 같이 담대한 사람으로 무장하여 복음을 전할 때는 얼굴에 철판을 깐 사람처럼 되는 것입니다.

우리 힘으로 못하는 일이기에 이 일을 위하여 하나님께서 성령을 보내 주셨습니다. 사람을 대할 때 조금만 창피하다는 생각이 들어도 얼굴이 벌겋게 변하는 아주 소심한 우리로 하여금 세상을 향하여 예수의 복음을 전하게 하시려고 하나님께서는 우리에게 성령을 주셨습니다. 사도행전 1장 8절을 보십시오.

"오직 성령이 너희에게 임하시면 너희가 권능을 받고."

성령의 권능은 담대함과 직결되는 아주 중요한 것입니다. 그러므로 권능을 받으면 에스겔처럼 담대해집니다. 용기가 생깁니다. 생명을 내놓고 복음을 전할 수 있습니다. 그러나 권능을 받지 못하면 소심해집니다. 비겁한 자가 됩니다. 생명의 위협을 당하는 곳에서는 감히 입도 벙긋하지 못합니다.

사도행전 4장에는 예루살렘에 핍박이 일어나는 장면이 나옵니다. 어떤 신자들은 감옥에 끌려 들어가기도 하고, 재산을 몰수 당하기도 하고, 가족들이 뿔뿔이 흩어지기도 하는 등 아수라장이 되었습니다. 이런 극심한 핍박 속에서 몇십 명의 성도들이 다락방에 모여 밤중에 하나님 앞에 이렇게 기도합니다.

"주여 이제도 저희의 위협함을 하감하옵시고 또 종들로 하여금 담대히 하나님의 말씀을 전하게 하여 주옵시며"(행 4:29).

참으로 기가 막힌 기도입니다. "하나님이여, 이 핍박이 빨리 물러가게 하옵소서. 우리 집을 다시 원상복구 시켜 주옵소서. 내 생명을 보호해 주옵소서."라고 기도하지 않고 "하나님이여, 지금 핍박이 폭풍처럼 몰려옵니다. 그러나 이런 와중에서도 담대하게 복음을 전할 수 있게 해주시옵소서."라고 기도한 것입니다.

얼마나 놀라운 사람들입니까? 4장 31절에 보면, 그들이 기도를 다 끝내자마자 모인 곳이 진동하고 무리가 다시 한 번 성령 충만해졌다고 나와 있습니다. 성령이 충만해지자 어떤 일이 일어났습니까? 담대히 하나님의 말씀을 전하게 됐습니다. 이것이 성령의 능력입니다. 성령은 우리를 담대하게 만듭니다.

산헤드린 법정에 당당하게 서 있는 베드로를 보십시오. 당장 돌멩이가 날아올 것 같은 살벌한 분위기 속에서도 천사와 같이 환한 얼굴로 복음을 전하는 스데반을 보십시오. 총독과 왕 앞에서 초라한 죄수의 모습으로 재판을 받고 있었지만, "당신들도 나와 같이 되기를 원한다."라며 큰소리를 치는 사도 바울을 보십시오. 모두가 성령 충만한 사람들이었기에 담대했습니다. 사람을 두려워하지 않았고 사람의 눈치를 보지 않았습니다. 우리에게 이 성령의 능력으로 무장하는 담대함이 필요합니다.

예수 전사들의 수칙

얼마 전 저는 감동적인 소식 한 가지를 들었습니다. 잘 알다시피 최근에 북한에서 굶주림에 지쳐 중국으로 넘어온 사람들이 급증하고 있습니다. 그런데 그들은 국경을 넘기만 하면 복음을 듣게 됩니다. 이것을 위해 준비하고 있는 사람들이 있기 때문입니다. 반세기가 넘도록 거짓말에 속아 온 데다가, 이제는 배까지 고프니 얼마나 그 영혼이 갈급해 있겠습니까? 그들은 "하나님이 당신을 사랑하십니다. 당신을 위하여 예수님이 십자가에 돌아가셨습니다."라는 말을 듣는 순간 뜨거운 눈물을 쏟으며 회심한다고 합니다. 이렇게 해서 값없이 죄 사함을 받고 영생을 얻는 축복을 가슴 가득히 담고는 그 흥분과 행복을 도무지 억누를 길이 없습니다. 그래서 자기들끼리 조직을 결성했는데, 그 단체의 목적이 북한으로 다시 돌아가서 복음을 전하자는 것입니다.

그들은 '예수 전사들의 수칙'이라는 것을 만들었는데, 첫 번째가 이런 것입니다. "예수 믿는 사람은 천대받게 되어 있다. 천대받는 그것이 긍지요, 기쁨이다. 우리는 고난을 당하게 되어 있다. 그러므로 우리는 각오한다." 북한으로 다시 들어간다는 것은 죽는 것을 의미합니다. 어디에서 그런 용기가 나오겠습니까? 어디에 그런 담대함이 있겠습니까? 예수님을 알기 전에는 평범한 사람들이요, 비겁한 사람들이요, 배가 고파 못 견뎌서 사선을 넘어온 사람들이요, 빵만 주면 다 해결될 것 같은 사람들이었는데, 어떻게 예수 모르는 자기 동족 때문에 생명을 걸고 다시 사지로 들어가겠다고 하는 이상한 사람으로 바뀐단 말입니까? 성령이 그들을 사로잡은 것입니다.

세속화된 사회는 개인의 자율성과 자유를 당연한 기본권으로 인정합니다. 이 자율성과 자유는 하나님도 간섭할 수 없다고 믿고 있습니다. 사람들이 부를 축적하고 인생을 마음껏 즐기는 것을 최고의 덕으로 생각하면 할수록 더욱 하나님의 간섭을 싫어합니다. 자기의 악함을 인정하려 들지 않습니다. 회개도 필요 없습니다. 이 세상이 살기 좋아지면 좋아질수록 복음의 원수들은 점점 더 많아지게 됩니다. 그러므로 하나님이 성령을 우리에게 주시어 이런 사람들을 상대해서 복음을 전하도록 무장시키는 것입니다.

그러나 많은 성도들은 사람들과 대결하는 것을 피하려고 합니다. 논쟁을 싫어합니다. 독선이라는 말 듣기를 싫어합니다. 양심을 가진 신사로서 대접받기를 원합니다. 그러므로 불행하게도 복음을 담대하게 전하지 못합니다.

'바나 리서치 그룹' 이라고 하는 미국의 유명한 교계 여론조사 기관이 지난 10년 동안 미국에서 진지한 그리스도인이 얼마나 증가했는지를 조사한 적이 있습니다. 10년 전에는 12퍼센트의 진지한 그리스도인이 있었는데, 10년이 지난 지금에는 그 숫자가 6퍼센트 밖에 되지 않았습니다. 반으로 줄어든 것입니다.

여기서 말하는 진지한 그리스도인이란 오직 예수만이 구원을 주시는 유일한 길이요, 진리요, 생명이라는 것을 철저하게 믿고 그것을 담대하게 전하는 사람입니다. 미국 교회가 갈수록 세속화되어 가면서 호황을 누리고 잘살게 되자 많은 그리스도인들이 다시 세상으로 돌아간 것입니다. 이제는 진지한 그리스도인의 숫자가 점점 줄어들어서 6퍼센트 밖에 되지 않아도, 1년에 3,500개의 교회가 문을 닫아도 그것은 이상한 일이 아닙니다.

물론 전도는 논쟁이나 대결을 해서 이기는 것을 목적으로 삼지 않습니다. 논쟁은 좋은 방법이 아닙니다. 그러나 우리는 경우에 따라서는 험한 싸움에 말려들 것도 각오해야 합니다. 워낙 사람들이 악하기 때문에 그렇습니다. 그렇게 하기 위해서는 성령의 능력으로 담대해져야 합니다. 사람들을 사로잡고 있는 악한 영을 굴복시키기 위해서 우리는 성령의 능력으로 무장해야 합니다. 그래야만 우리가 전하는 복음 앞에 영혼들이 무릎을 꿇게 되는 것입니다. 하나님께서 이 능력을 우리에게 주시기 바랍니다. 이 능력으로 우리를 무장시켜 주시기를 바랍니다.

잠잠한 교회는 망한다

소돔 성이 하나님의 심판을 받아 멸망을 앞두고 있을 때까지, 심지어 유황불이 떨어져 성이 망하는 그날 아침까지, 성문에 서서 날마다 하나님의 말씀을 외친 어떤 노인이 있었다는 이야기가 있습니다. 우화인지 야사인지는 모르지만 그 이야기 속에는 우리가 귀담아 들어야 할 중요한 의미가 담겨 있습니다.

어느 날 하나님의 말씀을 외치고 있는 그 노인에게 찾아가서 누군가 물었습니다.

"할아버지, 아무리 할아버지가 외쳐도 사람들은 변화되지 않는데 왜 쓸데없이 날마다 외치고 있습니까?"

그 말을 들은 노인이 이렇게 대답했다고 합니다.

"나는 그들이 나를 변화시키지 못하도록 계속 외치고 있소."

소돔과 고모라는 굉장히 악한 도성입니다. 아무리 의로운 롯과 같은 사람이라도 자기도 모르는 사이에 점점 소돔 사람을 닮아 가고 있었습니다. 이 노인은 자기도 가만히 있다가는 나중에 소돔 사람처럼 되어 버릴 것이고, 하나님의 심판을 면할 수 없다는 위기감을 느낀 것입니다. 그래서 그는 하나님의 말씀을 외치는 자가 되었습니다.

"내가 외치고 있는 이상, 나는 소돔 사람이 되지 않는다. 내가 외치고 있는 이상, 소돔 사람은 변화를 받지 않을지 모르지만 적어도 나는 절대로 소돔 사람을 닮아 가지는 않을 것이다. 외치고 있는 이상 나는 건재하다."

오늘날 우리도 이런 상황에 놓여 있지 않습니까? 전도하라고 해도 입을 열지 않고 있지는 않습니까? 예수님을 믿지 않고 세상을 즐기다가 내

일 당장 죽어야 될, 생사의 기로에 놓인 사람을 보아도 그 영혼을 불쌍히 여기는 마음이 없이 태연하게 입을 다물고 있지는 않습니까? 그렇다면 분명한 사실이 하나 있습니다. 나는 자신도 모르게 세상 사람을 닮아 가고 있다는 것입니다. 내가 입을 다물고 있기 때문에 세상 사람 쪽으로 끌려가는 것입니다.

그러나 성령의 담대함을 가지고 하나님의 복음을 듣든지 아니 듣든지 상관하지 않고 외치면, 세상도 구원하고 나도 구원합니다. 내가 만약 담대하게 외치기를 거부하면 세상도 구원하지 못하고 나도 구원하지 못합니다. 다시 말하면 세상도 망하고 나도 망합니다. 잠잠한 교회는 결국 세상을 닮아 가게 되어 있고, 세상을 닮아 가는 교회는 반드시 망하게 되어 있습니다. 서구 교회가 그것을 가장 잘 보여 주고 있지 않습니까?

성령의 담대함을 가지고 전도해야 하는 것이 사람들을 구원하기 위함이긴 하지만, 그 사람들이 결국 듣지 않고 한 사람도 돌아오는 자가 없다 할지라도 나는 손해를 보지 않습니다. 전함으로써 내가 살기 때문입니다. 전함으로써 교회가 건강해질 수 있기 때문입니다. 그러나 하나님께서는 그런 극단적인 상황에 우리를 몰아넣고 있지는 않습니다. 지금이라도 전하면 많은 사람들이 구원을 받습니다. 전도의 문이 열려 있습니다. 은혜의 문이 열려 있습니다.

그러므로 우리는 하나님의 말씀을 먼저 먹어야 합니다. 복음의 말씀을 내가 먹고 흥분해야 합니다. 그 말씀 속에서 행복을 찾아야 합니다. 그런 다음에는 내 동족이 옆에 있다는 것을 항상 인식해야 합니다. 나는 그들에게 보냄 받았다는 것을 늘 기억하고 살아야 합니다. 성령의 담대함을 하나님께 구해야 합니다. 그 담대함을 가지고 나가서 전도하면 엄청난 복음의 열매들이 오늘도 내일도 줄줄이 달린다는 것을 확신해야 합니다.

하나님께서 아직 복음의 문을 닫지 않으셨습니다. 한국 교회를 버리시지 않았습니다. 하나님께서는 아직도 은혜의 문을 활짝 열어 놓고 계십니다. 아무리 예수 믿는 사람이 좋지 않은 냄새를 피워도 아직도 하나님께서는 이 땅에 긍휼과 자비를 베풀고 계십니다. 그러므로 우리가 담대하게 전하기만 하면 하나님의 놀라운 역사가 일어납니다. 이런 담대한 성령의 은혜가 당신에게 있기를 바랍니다.

11. 희생 없이 전도 없다

한 사람이 전도를 받아 예수님을 믿고 거듭나기까지는 반드시 누군가의 희생이 있어야 합니다. 즉, 희생 없는 전도는 없습니다. 전도는 죽은 자를 살리는 일이기 때문입니다. 희생 없이 생명을 구하는 일은 상상하기 힘듭니다. 가족을 구하려다 목숨을 잃은 사람에 대한 기사가 언론에 보도될 때가 종종 있습니다. 예를 들면, 가족이 함께 차를 타고 가다가 차가 강물에 빠지자 아버지가 자기 아이들을 건지려고 필사의 노력을 한 끝에 애들은 살리고 자기는 그만 힘이 다 빠져 물에서 나오지 못하고 죽었다는 것입니다. 이처럼 생명을 살린다는 것은 그만한 대가를 지불할 때에야 가능한 일입니다.

성경은 예수를 믿지 않는 이 세상 모든 사람을 산 자가 아니라 죽은 자로 규정합니다.

"한 사람의 범죄를 인하여 많은 사람이 죽었은즉"(롬 5:15).

아담 한 사람이 범죄함으로 인해 전 인류가 죽음의 노예가 되었다는 것입니다. 하나님께서는 이 세상에서 7, 80년 사는 것을 두고 '생명'이라고 하지 않습니다. 시공간의 한계 속에 있는 우리에게는 그것이 대단한 것이지만, 영원히 사시는 하나님께는 너무나도 짧은 경각과 같습니다. 하나님이 말씀하시는 생명은 영원한 것입니다. 그 영원한 생명을 갖고 있지 못하면 하나님 보시기에 죽은 자입니다. 이런 죽은 자를 살리는 것이 바로 전도입니다. 그러므로 복음을 전하면 사람이 살아납니다. 로마서 1장 16절에서 바울은 말합니다.

"내가 복음을 부끄러워하지 아니하노니 이 복음은 모든 믿는 자에게 구원을 주시는 하나님의 능력이 됨이라."

복음은 죽은 자를 살리는 능력이 된다는 말씀입니다. 그렇기 때문에 그는 복음 전하는 것을 부끄러워하지 않는다고 한 것입니다. 한편 고린도전서 1장 21절에는 이런 말씀이 나옵니다.

"하나님의 지혜에 있어서는 이 세상이 자기 지혜로 하나님을 알지 못하는고로."

아무리 머리가 좋고 학식이 뛰어나서 다른 이들보다 출중하다 하는 사람일지라도 자기가 영적으로 죽었다는 것을 알 수 있습니까? 하나님이 살아 계신다는 것을 제대로 알고 있습니까? '어떻게 하면 구원받을 수 있을까?' 하는 문제로 고민하는 일이 있습니까? 세상 지혜를 가지고는 도저히 불가능한 일입니다. 그러므로 고린도전서 1장 21절은 이렇게 이어지고 있습니다.

"하나님께서 전도의 미련한 것으로 믿는 자들을 구원하시기를 기뻐하셨도다."

전도는 사람들 눈에 굉장히 미련하게 보입니다. 길거리를 지나가다가 "예수 믿으십니까? 예수 믿으시죠."라는 말을 들으면 '뭐, 이런 별난 놈이 다 있어? 재수 없게…' 하는 식으로 생각합니다. 세상 사람들 보기에는 너무나 미련한 짓입니다. 그럼에도 불구하고 하나님께서는 미련하게 보이는 이 전도를 통하여 사람들이 예수 믿고 구원받게 하시고 죽었던 그들을 살리십니다. 하나님이 이 일을 기뻐하셨다고 합니다.

성삼위 하나님의 희생

이 세상에서 전도만큼 귀한 일이 없습니다. 선교만큼 보람 있는 일도 없습니다. 어떤 희생이라도 치를 만한 가치가 있는 일이 있다면 그것은 바로 전도입니다. 이런 이유로 성삼위 하나님께서 제일 먼저 희생을 치르셨습니다. 성부 하나님은 어떤 희생을 치르셨습니까? 자기의 사랑하는 외아들을 포기하셨습니다. 그리고 세상에 보내셨습니다. 성자 하나님은 어떻게 희생하셨습니까? 자기 생명을 십자가에 내어 놓으셨습니다.

전 인류를 구원하기 위해서 자기 생명을 대신 바친 것입니다. 이것만큼 큰 희생은 없습니다. 성령 하나님은 어떤 희생을 치르셨습니까? 그분은 이 세상에 오셔서 세상 끝 날까지 교회를 떠나지 않고 교회 안에 함께 계십니다. 이렇게 성부, 성자, 성령 하나님이 우리를 구원하기 위해서 먼저 희생하셨습니다. 요한복음 12장 24절에서 예수님은 참 좋은 예를 드셨습니다.

"한 알의 밀이 땅에 떨어져 죽지 아니하면 한 알 그대로 있고 죽으면 많은 열매를 맺느니라."

이 말은 누구를 두고 하는 이야기 같습니까? 바로 성부 하나님, 성자 하나님이신 자기 자신, 성령 하나님을 두고 하신 말씀입니다. 성부, 성자, 성령 하나님이 우리를 죽음에서 건지기 위하여 친히 썩는 밀알이 되신 것입니다. 하나님이 죽으심으로, 하나님이 희생하심으로 우리가 살아나는 것입니다. 희생 없이 생명을 건지는 일은 없습니다.

희생에 대해서는 우리가 한 가지 더 생각해야 할 것이 있습니다. '내가 어떻게 해서 예수를 믿고 영생을 얻게 되었을까?' 하는 것입니다. 가만히 생각해 보십시오. 누군가 희생을 해주었기 때문에 내가 예수님을 알게 된 것이 아닙니까? 누군가가 나도 모르는 사이에 눈물로 기도해 주었기에 내 심령이 열려서 예수님을 주와 구주로 영접한 것이 아닙니까? 누군가 나를 위해 희생해 준 사람이 분명히 있습니다. 시간을 바치고 심지어 돈을 써 가면서 나를 위해 수고한 사람이 있었기에 내가 오늘 예수를 믿은 것입니다.

저의 경우를 봐도 그렇습니다. 예수의 '예' 자도 모르는 시골 마을에

벽안의 선교사님이 찾아오셨습니다. 산 넘고 물 건너 저 벽촌까지 찾아와 보리밥을 먹어 가면서, 모기를 쫓아 가면서 주민들과 함께 며칠을 보내며 익힌 서툰 한국말을 가지고 전도를 했습니다. 그때 저의 증조 할아버지가 먼저 예수를 믿었습니다. 그러자마자 무지막지한 핍박을 받았습니다. 그러나 그때의 선교사님과 증조 할아버지의 희생의 대가로 제가 예수 그리스도의 복음을 전하는 사람이 될 수 있었습니다. 이와 같이 누군가 나를 위해 베푼 희생 없이 내가 이 자리에 서 있을 수는 없는 것입니다.

빚진 자 의식을 안고

한국 교회를 한번 생각해 보십시오. 전 인구의 4분의 1이 그리스도인이라는 통계를 내놓을 정도로 부흥하여 세계적으로 소문이 난 교회입니다. 그러나 이와 같은 축복을 누리게 된 배후에는 상상할 수 없는 피와 눈물과 땀이 있었다는 사실을 아십니까? 27세에 선교의 비전을 품고 영국에서 중국으로 건너온 토마스 선교사는 중국에 오자마자 꽃다운 나이에 아내를 잃었습니다.

아내를 잃은 상처가 채 아물기도 전에 그는 한 가지 소식을 접했습니다. 저 중국 한 모퉁이에 붙어 있는 한반도에 조선이라는 나라가 있는데, 그 백성들이 아직도 예수를 믿지 않고 있으며 복음을 들은 일이 없다는 것이었습니다. 아내를 잃은 슬픔이 아직 남아 있음에도 불구하고 그는 중국말로 된 성경책을 배에다 싣고는 대동강 쪽으로 달려왔습니다. 그때는 대원군이 한창 쇄국정책을 펴고 있던 때로, 가톨릭 신자들을 잡아 죽이던 살벌한 상황이었기 때문에 누구든지 '예수'(야소) 소리만 내어도 세상 구경을 다시는 하지 못하던 때였습니다. 그러나 그러한 상황에는 아랑곳하지 않고 그는 대동강을 거슬러 올라가서 성경을 전해 주려고 노력했습니다. 그러자 우리 관군들이 그 배에 불을 질렀고 드디어 그는 강변으로 끌려 내려와서 칼에 맞아 순교했습니다. 순교를 당하는 그 순간에도 자기 목을 치는 사람에게 성경을 주면서 그것을 읽어보라고 말했습니다. 그 성경을 받아든 그 사람이 나중에 예수를 믿게 되었습니다.

토마스라는 젊은이의 피가 그 강변에 뿌려졌기에 그 피 값으로 인해 오늘 우리가 존재하는 것입니다. 오늘 한국 교회가 존재하는 것입니다. 우리가 이것을 어떻게 잊어버릴 수 있습니까?

양화진에 가면 비석이 많이 서 있습니다. 이 땅에 복음을 전하기 위해서 1세기 전에 발을 들여 놓았다가 풍토병에 걸려서 죽었거나 잘 적응하지 못해서 죽은 어린아이들의 무덤, 선교사 부인의 무덤, 제명대로 살지 못하고 일찍 세상을 떠난 젊은 선교사들의 무덤들입니다. 그 사람들은 무명의 선교사들입니다. 그러나 그들의 희생이 있었기에 오늘 한국 교회가 있고 우리가 있는 것입니다.

이 빚진 자 의식을 잊어버리면 안 됩니다. 희생 없이 생명이 살아날 수 있습니까? 희생 없이 지옥으로 가던 영혼이 천국을 향해 돌이킬 수 있습니까? 하나님도 희생하셨는데, 어떻게 우리의 희생 없이 전도가 되겠습니까?

전도는 생명을 구하는 일이기 때문에 엄청난 값을 요구할 때가 많습니다. 본문(행 11:19~21)을 보면, 안디옥에 가서 복음을 전한 사람들이 나옵니다. 19절에 나오는 "때에 스데반의 일로 일어난 환난을 인하여 흩어진 자들"이라는 말에 주목하시기 바랍니다. 예루살렘 다락방에 성령이 임하셨습니다. 120여 명의 사람들이 성령의 충만함을 받고 나자 드디어 입이 열렸습니다. "예수가 부활하셨다. 너희들이 죽인 예수가 살아나셨다. 너희들이 못 박아 죽인 예수가 살아나셨다."

그들은 겁도 없이 외치기 시작했습니다. 그 말을 들은 예루살렘 사람들이 가슴을 치면서 하루에 3천 명, 5천 명씩 회개하고 돌아왔습니다. 갑자기 하루아침에 예루살렘이 교회로 바뀐 것 같은 착각을 일으킬 정도로 온 도성에 있는 사람들이 부활하신 예수님을 찬양하는 백성들이 되었습니다. 구원을 얻은 것입니다.

이와 같은 전무후무한 사건이 일어나는 것을 보고 악한 사탄과 그 영들이 드디어 교회를 공격하기 시작했습니다. "예수 그리스도는 우리의 구원자요, 우리를 위해 십자가에 죽으시고 사흘 만에 부활하셨습니다. 그분을 믿으십시오. 그분을 믿으면 당신의 모든 죄가 용서받습니다. 영원한 하나님 나라를 하나님이 선물로 주십니다."라며 외치던 평신도 전도자 스데반을 끌어다가 돌로 쳐죽였습니다.

피에 맛을 들인 무리들은 사나운 야수가 먹이를 덮치듯이 믿는 자들을 남녀노소 가리지 않고 감옥에 집어넣었습니다. 그들의 재산을 몰수했습니다. 그리고 공중 앞에 그들을 끌어내어 "예수를 욕하라. 예수를 모욕하라. 그러면 석방시켜 주겠다."고 회유했습니다. 그것을 거부한 사람들은 고문을 당하기도 하고 죽임을 당하기도 했습니다.

이러한 무서운 핍박이 예루살렘을 하루아침에 뒤집어 놓았습니다. 그 핍박을 피하여 많은 성도들이 먹을 것도 제대로 챙겨 나오지 못하고 빈 몸으로 예루살렘 성을 빠져나왔습니다. 가까이는 사마리아 지방으로 간 사람들도 있고, 유대 나라 멀리 북쪽까지 피난을 간 사람들도 있었으며, 어떤 이들은 예루살렘에서 450킬로미터도 더 떨어진 안디옥이라는 도시까지 흘러 들어가기도 했습니다. 이런 와중에 뿔뿔이 흩어진 가족도 부지기수였을 것입니다.

안디옥에서 일어난 기적

안디옥은 당시 로마 제국에서 세 번째로 큰 도시였습니다. 그 당시 인구가 50만 명이 넘었다는 기록은 안디옥이 얼마나 큰 도시였는지를 대변해 주고 있습니다. 중앙 대로의 길이가 무려 6킬로미터나 되었다는데, 이것은 서울에 있는 어떤 대로보다 훨씬 더 큰 규모입니다. 길바닥은 대리석으로 아름답게 깔아 놓았고 양쪽에는 대리석 기둥이 가로수처럼 죽 늘어서 있었으며 세계에서 유일하게 그 기둥에는 밤에 가로등을 켜 놓고 있었습니다. 대단히 화려하고 요란한 도시였습니다.

사방 각처에서 많은 부족, 다양한 민족들이 모여들어 함께 살았기 때문에 온갖 종교가 뒤섞여서 혼탁할 수밖에 없었습니다. 또한 성적으로도 타락한 도시였습니다. 경제적으로 번영한 항구 도시였기 때문에 많은 사람들이 쾌락에 젖어 하루하루 살아가는 곳이었습니다. 마치 오늘날 뉴욕 시가 지니고 있는 것과 비슷한 이미지를 갖고 있었습니다.

로마에서 귀족으로 살던 사람이 은퇴하면 안디옥에 와서 별장을 짓고, 온천욕을 하면서 잡담을 나누거나 경마장에 가서 돈을 걸고 노름하는 것을 유일한 낙으로 알고 여생을 보내는 곳으로 소문난 형편없는 도시였습니다. 하나님이 보실 때 죽은 시체들만 가득한 공동묘지였던 것입니다.

이곳에 핍박을 피해 도망 온 사람들이 복음을 들고 들어온 것입니다. 대부분은 유대 사람을 상대로 전도를 했지만, 그 가운데 구레네와 구브로, 그 두 지방 출신의 성도들은 헬라 사람들을 상대로 복음을 전하기 시작했습니다. 그러자 20, 21절에 기록된 것과 같은 일이 일어났습니다.

"주 예수를 전파하니 주의 손이 그들과 함께하시매 수다한 사람이 믿고 주께 돌아오더라"(행 11:20,21).

참으로 놀라운 말씀입니다. 그들이 복음을 전하자 주님의 손이 그들과 함께하셨다는 것입니다. 성령이 그들과 함께하시며 하나님의 능력과 영광이 그들 위에 임하셔서 전혀 안 믿을 것 같은 사람들이 회개하고 돌아오는 것입니다. 도무지 들을 것 같지 않던 사람들이 귀를 기울여 예수 그리스도의 복음을 듣고는 돌아오는 것입니다.
"하나님의 아들이 우리 죄를 위해 죽으시고 부활하셨으니 그 예수를 믿으라. 그리하면 당신은 영생을 얻는다."
이 말 한마디에 그들의 마음이 열리고 감동을 받아 예수를 믿겠다면서 두 손을 들고 돌아오는 것입니다. 놀라운 일이 일어난 것입니다.

능력 있는 전도

이렇게 해서 그 도시에 교회가 생겼습니다. 이 교회가 바로 성경에서 가장 유명한 안디옥교회입니다. 안디옥교회는 세계 선교의 발상지입니다. 바울이 거기에서 탄생했고 바나바가 파송을 받았습니다. 안디옥 전도를 통해서 바울의 일생 동안의 충성된 주치의였던 의사 누가가 구원을 받았다는 전설이 있습니다.

어떻게 이런 경이로운 부흥이 그토록 짧은 시간 동안 안디옥에서 일어날 수 있었겠습니까? 그 대답은 간단하지만 중요합니다. 그 이유는 그곳에서 복음을 전한 자들이 큰 희생을 치뤘기 때문입니다. 가장 값비싼 희생의 대가를 지불한 사람들이 복음을 전했기 때문에 역사가 일어난 것입니다.

핍박을 피해서 예루살렘 성을 빠져나오는 사람들은 돈을 다 털리고 나온 것이나 다름없는 처지입니다. 어떤 사람들은 가족도 제대로 데리고 나오지 못했을 것입니다. 구사일생으로 빠져나오기는 했지만 갈 곳 없고 기댈 곳도 없는 사람들이었습니다. 얼마나 외로웠으며 얼마나 그 마음이 허전했겠습니까? 게다가 계속해서 생명의 위협을 느껴야 하는 사람들입니다. 쉽게 말해 예수 때문에 신세 망친 사람들입니다.

우리 생각 같아서는 그 정도로 신세 망쳤으면 절대 예수 믿으라는 말은 하지 않을 것 같은데, 그럼에도 불구하고 그들은 가는 곳마다, 길에서나 성에서나 사람을 만나면 "예수님이 부활하셨습니다. 예수님이 우리의 메시아, 그리스도입니다. 믿으십시오."라며 복음을 전했습니다. 그 사람들만큼 큰 값을 치른 사람들이 없습니다. 그들에게 이제 남은 것이 있다면 생명 밖에 없습니다. 그런데 그들은 마지막 남은 그 생명 하나 바쳐서라도 예수님을 위해서 살겠다는 사람들입니다. 그러므로 그들의 생명을 주님의 제단에 올려놓은 것입니다. 이런 사람들이 예수를 전하기에 그 전도가 능력이 있는 것입니다. 듣는 사람들의 가슴을 움직이는 것입니다.

'예수가 무엇이길래 저 사람들은 예수 때문에 가진 것 다 빼앗기고 남은 것이 하나도 없으면서도 저렇게 얼굴에 기쁨이 충만하여 나에게 예수 믿으라고 하는가? 예수라는 것이 그렇게 중요한 것인가? 영생을 얻는 것이 그렇게 소중한 것인가?'

사람들 마음속에 이런 생각이 자연스레 들 수밖에 없었습니다. 상대방이 그만큼 진지하게 나오기 때문에 감동을 받는 것입니다. 희생하기를 꺼리는 사람은 능력 있는 전도를 못합니다. 성령이 강하게 역사하는 전도의 현장에 가 보십시오. 그곳에는 반드시 생명을 거는 희생자들이 있습니다.

가슴 뭉클한 헌신의 사례들

우리는 스스로 진지하게 자문자답을 해보아야 하겠습니다. '나는 한 영혼을 구원하기 위해 얼마나 값진 대가를 치를 각오를 하고 있는가?' 우리 한 사람이 구원받았다고 해서 주님은 절대 만족하지 않습니다. 하나님은 여전히 문밖에서 기다리고 계십니다. 우리를 먼저 구원하신 것은 우리가 빨리 가서 하나님이 기다리시는 잃은 양들을 찾아오라는 의미가 있습니다. 그런데 우리는 혹시 손가락 하나 까딱하지 않으면서 이웃 사람이 구원받기를 원하지는 않습니까? 내 가족이 구원받기를 원합니까? 이 부패한 한국 사회가 치료받기를 원합니까? 희생 없이 말입니다.

친하지도 않은 사람을 위해서 각별한 관심과 애정을 가지고 그들이 구원받기를 기도하는 것은 보통 큰 희생이 아닙니다. 제가 몇 사람을 놓고 시간을 내어 기도를 해보니 보통 일이 아니라는 것을 알 수 있었습니다. 바쁜 일과를 끝내고 피곤에 지쳐 쉬고 싶은 생각이 간절한 시간인데, 몇 사람을 생각하면서 계속 엎드려 기도한다는 것은 틀림없이 어려운 일입니다.

그러나 한번 생각해 보십시오. 그만한 대가도 치르지 않고 어떻게 죽은 영혼이 살아나겠습니까? 어떤 경우에는 인격적으로 멸시를 받을 수도 있습니다. 돈을 써야 될 때도 있습니다. 그렇다고 그 사람도 미안한 마음이 들어 돈을 쓸 것이라고 기대하기는 힘듭니다. 바쁜 세상에 중요한 약속이나 스케줄을 뒤로 미루고 일부러 시간을 내어 만나주는 것도 쉬운 일이 아닙니다. 그러나 그렇다고 해서 상대방이 나의 형편을 이해해 주기를 기대하기는 어렵습니다. 이런 조그마한 수고 하나하나가 희생의 제물이 되어 활활 타오르며 향기를 내뿜을 때, 죽은 생명이 살아나는 기적이 일어나는 것입니다. 과거에 우리가 그런 희생을 통하여 예수를 믿었습니다. 그러므로 다른 사람도 우리 자신의 그와 같은 희생을 통해서 예수를 믿어야 합니다.

사랑의교회 신문인 〈우리〉지에 한 감동적인 기사를 보았습니다. 신동아아파트 순장님들은 지난 5월부터 그 지역에 있는 사람들을 전도하기 위해서 여리고 성 기도를 시작했다고 합니다. 그 아파트 단지 안에 있는 모든 죽은 영혼들이 구원받게 하기 위해서 여호수아와 그의 군대가 여리고 성을 매일 한 바퀴씩 돌듯이 아파트 주위를 빙빙 돌면서 기도하는 것입니다. 얼마나 감동적인 이야기입니까?

보통 희생을 각오하고는 할 수 없는 일입니다. 잠실우성다락방 어느 순장님은 3월부터 매주 월요일마다 순원들과 함께 두 시간씩 그 지역에 있는 영혼들을 구원하기 위해 기도하고 있다고 합니다. 가슴이 뭉클해지는 이야기입니다. 남이 싫어하는 반장 일도 전도의 접촉점으로 사용하려고 자진해서 맡았다고 합니다. 서초동 지역을 맡고 있는 11개 다락방 순장님들은 6월부터 매주 화요일마다 모여서 200명 가까운 태신자를 놓고 기도하고 있다고 합니다. 값으로 따질 수 없는 귀한 희생을 치르고 있는 것입니다.

사랑의전도단에 소속되어 있는 어느 집사님은 김포에 개척된 사랑의 교회로 한 사람이라도 더 인도해 주고 싶어 일부러 거기까지 가서 주변에 있는 아파트들을 누비며 전도를 했다고 합니다. 하루 종일 100가정의 초인종을 눌렀지만 문을 열어 준 가정은 딱 한 가정이었습니다. 그런데 그 가정은 예수를 믿는 가정이었습니다. 그래서 그 주일부터 김포 사랑의교회로 출석을 했다고 합니다. 그 정도의 수고를 해야, 그 정도의 땀을 흘려야 저주받은 영혼이 하나님의 아들로 다시 태어나는 기적이 생깁니다.

카터 대통령이 쓴 글을 본 적이 있습니다. 제목은 'Why not the best?'로, '왜 최선을 다하지 않았는가?'라는 뜻입니다. 그 제목을 보고서 제가 도전을 받았습니다. 그는 수십 년 전, 자신이 출석하는 교회에서 해마다 갖는 전도집회에 10년 동안 참가했다고 합니다. 매년 전도집회마다 14가정씩 책임지고 찾아가서 복음을 전했습니다. 이렇게 10년 동안 그 전도집회에 참석했으니 모두 합해 140가정을 전도한 것입니다. 대단한 일입니다.

그는 "나는 10년 동안 140가정을 찾아가서 복음을 전한 일이 있다. 그리고 그 가운데는 예수를 믿은 사람도 있다."라는 말로 은근한 자부심을 나타냈습니다. 그런 그가 1966년에 주지사 선거에 출마하여 선거운동을 했습니다. 3개월 동안 30만 명이 넘는 사람들과 악수를 했고 그렇게 당선됐습니다. 그러나 그때 마음의 가책이 생겼다고 했습니다. '나를 위해서는 3개월에 30만 명을 만나고 다니면서 하나님을 위하여는 10년 동안 겨우 140가정에 복음을 전하였다니, 이것 참 보통 부끄러운 일이 아니다.' 라는 생각이 들더라는 것입니다.

우리도 이 정도의 가책은 받을 필요가 있지 않겠습니까? 자신의 세상적인 목표를 달성하기 위해서는 모든 정성을 다 쏟아 시간도 내고 돈도 쓰고 관심도 기울이면서, 하나님이 찾고 계시는 잃은 양을 위해서는 시간도 안 드리고 돈도 안 쓰려 하고 관심도 별로 기울이지 않는다면 어떻게 사랑을 전할 수 있겠습니까?

지난여름에 사랑의교회 장애인 선교를 담당하고 있는 김해용 목사님이 로스앤젤레스에 다녀왔습니다. 그곳에 있는 몇 개의 큰 교회가 연합하여 장애인 사역을 위한 세미나를 열고 김해용 목사님을 주강사로 초청했습니다. 그곳에서 그는 한국을 떠난 지 30여 년이 되어 그곳에서 기반을 잘 닦아 정착한 한 남자 집사님을 만났다고 합니다. 그분이 사랑의교회가 10월에 대각성 전도집회를 연다는 이야기를 듣고서 이렇게 말씀하셨다고 합니다.

"한국에 아직도 예수 안 믿는 제 친구들이 있는데, 아무래도 제가 그들을 전도해야 되겠습니다. 그분들을 저의 태신자로 정하고 기도를 시작하겠습니다. 그리고 대각성 전도집회 기간 동안에 그들을 그 집회로 인도하기 위해 한국으로 가겠습니다. 한국으로 나갈 때, 미국에도 아직 믿지 않는 친구가 하나 있는데 그 친구를 데리고 가겠습니다."

이런 일은 아무나 할 수 있는 일이 아닙니다. 아무리 돈 많은 사람이라도 그렇게 할 수 없습니다. 그만한 정성, 그만한 마음, 그만한 노력, 수고와 지출이 따를 때 죽었던 영혼이 살아나는 것입니다.

희생이 아닌 특권으로

지금까지 전도를 하기 위해서는 희생을 해야 한다는 말씀을 드렸습니다. 여기서 잊지 말아야 할 또 하나의 중요한 사실은 아무리 많은 수고를 하고 값을 치른다고 해도 그것을 무슨 대단한 희생이나 한 것처럼 생각하면 안 된다는 것입니다. 그 이유가 무엇입니까? 하나님이시면서 나를 위하여 십자가에 죽으신 예수님이 치르신 그 희생을 생각하면, 아무리 많은 값이라도 그것을 희생이라고 말하기는 어렵기 때문입니다. 그뿐 아닙니다. 나 하나 구원받을 때 많은 사람들에게 빚졌던 것을 생각한다면, 현재 내가 조금 수고하는 것은 희생이라 하기 어렵습니다. 또 하나 있습니다. 영원히 망할 수밖에 없는 한 영혼을 전도해서 하나님의 자녀로 삼을 수만 있다면, 그 생명 하나 살리는 일은 너무나도 가치가 있는 일이기에 그것을 위해서 수고한 것을 가지고 희생했다고 말하면 안 됩니다. 마지막으로 하나 더 있습니다. 우리 주님께서는 복음 전하는 데 충성한 사람들에게 엄청난 상급을 약속하고 계십니다. 앞으로 그 나라에 가서 주님 앞에 섰을 때 "착하고 충성된 종아 잘했다, 잘했다." 하시면서 나에게 주실 상급을 생각하면, 이 세상에서 전도하기 위해 투자한 것, 수고한 것은 새 발의 피라는 말입니다. 그러므로 그것을 가지고 희생했다고 떠벌리면 안 됩니다.

   WEC국제선교회를 창설한 위대한 선교사인 C. T. 스터드는 항상 이런 말을 했다고 합니다. "예수 그리스도가 나의 하나님이시며 나를 위해 죽으셨다면 그분을 위한 나의 어떤 희생도 결코 크다고 할 수 없다." 우리 모두 이 말을 깊이 인식해야 합니다.

   아프리카에서 평생을 선교사로 일하다가 생을 마친 아프리카 선교의 선구자이자 대영제국이 자랑하는 위대한 '아프리카의 개척자'인 리빙스턴은 16년간 밀림에서 선교하다가 잠시 영국에 귀국했습니다. 27번째 말라리아에 걸려 사경을 헤매다가 아직 회복이 제대로 되지 않은 연약한 몸이었습니다. 사자에게 물린 한쪽 어깨와 팔은 제대로 힘을 쓰지도 못하고 마치 몸통에 힘없이 매달려 있는 것같이 보일 정도로 나약한 모습을 한 채 캠브리지대학에서 설교를 한 적이 있었습니다. 그의 설교 중에 이런 내용이 있었습니다.

"나는 하나님께서 아프리카에 들어가 그곳에 있는 영혼들에게 복음을 전하게 하신 일, 그 일을 위해서 나를 불러주셨다는 것 때문에 즐겁지 않은 날이 하루도 없었습니다. 사람들은 내가 그곳에서 많은 희생을 한 것으로 생각하고 말들을 하지만, 도무지 갚을 수 없는 큰 빚에서 지극히 작은 부분을 갚았을 뿐인데 이것을 희생이라고 할 수 있습니까? 장차 영광스러운 소망과 복된 상급을 약속 받고 있는 일을 하고 있는데, 그것이 어찌 희생이 되겠습니까? 그런 말과 생각을 버리십시오. 그것은 절대로 희생이 아닙니다. 오히려 특권이라고 말하십시오. 모든 것은 우리 안에, 그리고 우리를 위해 나타날 영광과 비교할 때 아무것도 아닙니다. 나는 결코 희생하지 않았습니다."

놀라운 말입니다. 이런 심정을 가지고 전도하고, 선교해야 합니다.

감동 받으면 장기도 내놓는데

한번은 사랑의교회 성도들이 장기기증을 하겠다고 약속을 한 일이 있었습니다. 한꺼번에 5,268명이 장기기증을 하겠다고 하자 매스컴이 크게 보도를 했습니다. 이것은 모두 자발적으로 한 일이었습니다. 뇌사시 장기기증을 하겠다는 사람이 2,668명이나 나왔습니다. 근래에 사랑의교회 어느 집사님의 남편 되시는 분이 3년 동안 식물인간으로 고생하시다가 세상을 떠났습니다. 그 시신은 장기기증을 위해 병원에 보내졌습니다. 교회 안에 이런 분들이 많다는 것은 놀라운 일입니다. 골수기증을 약속한 사람이 160명이었고, 신장기증을 약속한 사람이 140명, 그리고 1,580명은 죽으면 시신을 병원에 기증하겠다고 서약했습니다.

이 기록을 보고 받고 가만히 생각해 보았습니다. '어디서 이런 힘이 폭발하는 것일까? 아무 대가도 없이 자기의 장기를, 자기의 시신을, 자기 몸의 한 부분을 내놓겠다고 결심하는 이 힘은 어디에서 나오는 것일까?' 저의 생각은 두 가지 결론으로 귀착되었습니다.

하나는 '내가 조금만 희생해서 누군가가 평생 고통으로부터 벗어나 자유롭게 살 수 있다면 그것은 가치 있는 일이다. 그리고 사람의 생명을 살릴 수 있는 일이라면 중요한 일이다.' 라고 판단했기 때문입니다. 또 하나는 그때 설교하신 목사님의 말씀에 감동했기 때문이라는 것입니다. 그날 제가 없었기 때문에 다른 분이 설교를 하셨는데, 그는 평생 동안 정기적으로 일 년에 몇 차례씩 헌혈하는 분인데, 헌혈운동에 너무 집착한 나머지 자녀의 이름을 '박뽑기'라고 지을 정도였습니다. 자기 신장 하나는 벌써 몇 년 전에 떼어서 다른 사람에게 주어 꺼져 가는 생명 하나를 살렸다고 합니다. 그분의 삶의 모습에 너무나도 큰 감동을 받아서 생명을 살리는 것이 귀한 일임을 알고 서약을 한 것입니다.

육신의 생명을 살리는 일에 비하여 영혼을 살리는 일은 얼마나 더 중요합니까? 전도는 영원히 사는 생명을 누군가에게 선물하는 것입니다. 그렇다면 이 일을 위하여 내가 희생하지 않고서 되겠습니까? 어떤 목사의 헌신적인 삶에 감동을 받는다면 나를 위하여 십자가에 죽으신 예수님, 그분 때문에 받은 그 감동은 얼마나 큰 것이겠습니까? 그분에게 감동을 받은 사람이라면 어떻게 전도를 하지 않을 수 있겠습니까?

사람에게 감동을 받고 장기도 내놓는데, 예수 그리스도의 십자가 사랑에 감동된 사람이 한 영혼을 구원하기 위해서 어떻게 희생을 하지 않겠습니까? 희생할 수밖에 없습니다. 십자가에서 자기 생명을 희생하신 주님의 사랑에 감동 받은 우리가 무슨 일인들 못하겠습니까?

전도는 희생 없이 할 수 없습니다. 생명을 살리는 일이기 때문입니다. 그러나 어떤 희생을 해도 주님의 은혜에 감동된 사람은 그것을 희생이라고 생각하지 않습니다. 이런 자세를 가지고 전도를 하면 성령의 역사가 우리와 함께하실 것입니다. 놀라운 일이 일어날 것입니다. 우리 동네가 변화되고 한국이 변화될 것입니다. 온 세계, 지구 끝까지 우리가 가는 곳마다 하나님의 나라가 임할 것입니다.

쓰임 받은 소수의 제자들

슈테른베르크가 그린 유명한 예수님의 그림이 있습니다. 그 그림 속에서 예수님은 머리에 가시관을 쓰고 빌라도와 유대인들 앞에서 조롱을 받으며 서 계십니다. 그림의 제목은 '이 사람을 보라' 입니다. 그리고 그 밑에는 이런 글이 적혀 있습니다.

"나는 너를 위해 이렇게 하였다. 너는 나를 위해 무엇을 하였느냐?"
이 그림 앞에서 감동을 받은 하버겔이 쓴 찬송가가 185장입니다.

내 너를 위하여 몸 버려 피 흘려
네 죄를 속하여 살길을 주었다
너 위해 몸을 주건만 날 무엇 주느냐?
너 위해 몸을 주건만 날 무엇 주느냐?

주님의 은혜에 감동된 사람은 다른 사람들도 나처럼 구원받도록 하기 위해 조그마한 수고로부터 큰 희생에 이르기까지 무엇이든지 값을 치르려고 합니다. 바울도 그와 같은 사람이었습니다.

"오직 성령이 각 성에서 내게 증거하여 결박과 환난이 나를 기다린다 하시나 나의 달려갈 길과 주 예수께 받은 사명 곧 하나님의 은혜의 복음 증거하는 일을 마치려 함에는 나의 생명을 조금도 귀한 것으로 여기지 아니하노라"(행 20:23, 24).

이처럼 자기 자신 전부를 불태울 수 있는 열정을 가지고 사람들을 만날 때 그들이 예수 그리스도의 영광을 보게 됩니다. 어두움에서 깨어날 수 있습니다. 그들의 영혼에 하나님의 음성이 들릴 수 있습니다. 그들의 눈이 예수 그리스도를 볼 수 있습니다. 부활의 영광 앞에 환희하는 새 생명으로 태어날 수 있습니다. 그러므로 우리 모두가 복음을 전하기 위해 즐겁게 희생할 수 있는 사람이 되어야 합니다.

이런 자세를 가지고 복음을 전한다면 하나님의 나라는 멀리 있지 않고 금방 우리 앞에 다가올 것입니다. 사람들에게 손가락질 받는 이 한국 교회가 새롭게 거듭나는 놀라운 부흥이 다시 일어날 수 있을 것입니다. 안디옥의 복음화를 위해 기꺼이 희생을 감수했던 소수의 사람들을 사용하신 하나님께서 오늘 우리 이웃을 위하여, 우리 한국을 위하여, 세계 복음화를 위하여 우리를 사용해 주시기를 바랍니다.

12. 성경이 되고, 성경을 전하라

　약 20년 전만 해도 중국에 사는 조선족 동포들은 성경을 소유하지 못한 채 신앙생활을 해야만 했습니다. 가지고 있던 성경은 이미 모두 다 빼앗겼고, 혹시라도 가지고 있다가 발각되는 날에는 가족 전체가 엄청난 재난을 당하기 때문에 아예 성경을 소유할 꿈도 꾸지 못했습니다. 따라서 갓 예수를 믿은 사람이 성경을 구경하지 못하는 것은 당연한 일이었습니다. 그들에게 유일한 희망은 한밤중에 이불을 뒤집어쓰고 우리나라에서 송출하는 아세아방송을 듣는 것이었습니다. 그 방송을 들으면서 종이에 성경 구절 하나하나를 받아썼습니다. 그리고 그 몇 구절 받아쓴 것을 가지고 외우기도 하고 묵상하기도 하면서 은혜를 받으며 하루하루 살았습니다. 그것이 오늘날 중국에 대단한 영적 부흥이 일어나게 한 요인 중에 하나였던 것입니다. 지금도 북한에서는 성경을 가지고 다닐 수도 없고 보관할 수도 없습니다. 최근에도 어떤 동네에서는 성경을 숨기고 있다가 수백 명이 처형되는 끔찍한 일이 일어났습니다. 성경을 가지고 있으려면 생명과 바꾸는 모험을 해야 됩니다.

중국에 있는 교민들이나 북한에 있는 동포들, 세계 도처에 있는 많은 성도들이 왜 그렇게 성경을 사랑하고 아끼는 것입니까? 어거스틴은 "성경은 하늘로부터 온 한 통의 편지"라고 말했습니다. 누가 보낸 편지입니까? 하나님께서 보내신 것입니다. 성경은 책으로 된 하나의 인쇄물 같아 보이지만 그 말씀은 바로 하나님의 음성이요, 하나님 자신을 보여 주시는 생명의 계시입니다. 손으로 만질 수 있고 눈으로 볼 수 있는 하나님의 선물 가운데 최고의 것을 꼽으라고 한다면 저는 주저하지 않고 성경을 꼽을 것입니다. 예수를 믿고 영생을 선물로 받았지만, 영생이란 손에 잡히지 않고 눈에 보이지 않는 것이기 때문에 사실 우리 입장에서 볼 때는 추상적이라고 할 수 있습니다. 그러나 하나님의 말씀은 언제든지 눈앞에 두고 경험적으로 확인할 수 있습니다. 그러므로 성경이 얼마나 놀라운 하나님의 선물입니까?

예수를 믿고 하나님의 은혜를 경험한 사람들이 성경 말씀을 이렇게 소중하게 여기는 이유는 두 가지입니다. 본문에서 그 이유를 찾아볼 수 있는데, 하나는 15절에 나옵니다.

"또 네가 어려서부터 성경을 알았나니 성경은 능히 너로 하여금 그리스도 예수 안에 있는 믿음으로 말미암아 구원에 이르는 지혜가 있게 하느니라."

쉽게 이야기하자면 성경은 우리에게 구원을 주시는 하나님의 진리라는 것입니다. 만약 우리에게 성경이 없다고 가정해 보십시오. 우리가 하나님을 어떻게 알 수 있습니까? 하나님이 우리를 사랑하신 것을 누구에게 들어서 알 수 있습니까? 만약에 성경이 없다면 나를 사랑하사 나를 위해 십자가에 죽으신 예수 그리스도를 어떻게 발견할 수 있습니까? 그분을 어떻게 만납니까? 그분을 어떻게 영접합니까? 그분의 은혜를 어떻게 소유할 수 있습니까? 절대로 할 수 없습니다.

성경이 있기에 하나님이 나 같은 죄인을 사랑하신 것을 알게 된 것입니다. 성경이 있기에 예수 그리스도가 이 세상에 오셔서 나 같은 죄인을 위하여 십자가에 죽으신 것을 알게 된 것입니다. 성경이 있기에 그런 진리의 말씀들을 깨닫고 감격하여 눈물을 흘리는 것입니다.

하늘에서 온 사랑의 편지

이전에는 내가 누군지 몰랐습니다. 아무도 나의 정체성을 가르쳐주지 않았습니다. 학교에서 기껏 가르쳐준다는 것이 내가 원숭이의 후손이라는 것입니다. 나 자신이 누군지에 대해서 세상의 지혜나 지식이 말해 준 것은 하나도 없습니다. 하나님의 말씀을 접하고 나서야 내가 누구인지 알게 되었습니다. 내가 하나님의 아들이라는 것을 발견했습니다. 죄인이기 때문에 용서받아야 하고 구원이 필요한 존재라는 것을 알았습니다. 그 말씀이 내 마음에 와 부딪혀서 회개하고 예수님을 나의 구주로 영접한 것입니다. 성경이 없었다면 우리가 어떻게 그와 같은 놀라운 진리를 알고 반응할 수 있었겠습니까? 성경이 있었기에 가능한 일이었습니다. 이와 같이 하나님의 말씀은 우리에게 구원을 주시는 길이요, 진리요, 생명입니다. 성경을 소중하게 여기는 또 하나의 이유는 17절에 나옵니다.

"이는 하나님의 사람으로 온전케 하며 또한 모든 선한 일을 행하기에 온전케 하려 함이니라."

예수 믿고 나서 하나님의 자녀가 되었다면 그 다음에는 '어떻게 사는 것이 하나님을 기쁘시게 하고 하나님이 원하시는 삶일까?' 하는 것을 배워야 합니다. 자녀가 태어나면 커가면서 어떻게 사는 것이 인간다운 것인지 그 부모로부터 교육받습니다. 마찬가지로 오늘 우리가 예수를 믿고 거듭난 다음에는 어떻게 하면 하나님의 마음에 합한 그분의 거룩한 자녀가 될 것인가를 배워야 합니다. 그렇다면 그것을 어디서 배워야 합니까? 성경 말씀 외에는 없습니다. 이 말씀을 읽고 묵상하다 보면 점점 하나님의 뜻을 헤아리게 되고 나도 모르는 사이에 하나님을 닮아 가는 것입니다.

떡만으로 살 수 없네

예수 안 믿는 사람에게는 예수님을 믿고 구원받을 수 있는 길을 제시하는 것이 성경입니다. 예수 믿고 난 사람에게는 하나님께서 원하시는 삶을 살도록 인도해 주는 것이 성경입니다. 이 두 가지 이유 때문에 성경은 우리의 생명과 직결되어 있습니다. 주님께서 말씀하셨습니다.

"사람이 떡으로만 살 것이 아니라 하나님의 입에서 나오는 모든 말씀으로 살 것이니라"(마 4:4).

하나님의 입에서 나오는 모든 말씀이 성경에 다 기록되어 있습니다. 그러므로 이것은 우리 영혼을 위한 일용할 양식입니다. 육신의 건강을 유지하기 위해서는 매일 하루 세 끼를 꼬박꼬박 먹어야 합니다. 이렇게 육신의 일용할 양식이 있듯이 영혼의 일용할 양식도 있습니다. 그것은 하나님의 말씀입니다. 영혼이 살기 위해서는 이 말씀을 하루라도 그냥 놓치고 넘어갈 수 없습니다.

사람이 떡으로만 살 수 없다는 말씀이 얼마나 분명한 진리인가를 우리 주변에서 자주 볼 수 있습니다. 먹을 것에 대해 걱정하지 않고 경제적으로 풍요롭기만 하면 인간다운 것입니까? 그런 사람들이 사는 곳에 진정한 삶의 의미가 있습니까? 먹고 즐기는 것만 탐하는 인간들이 사는 세상에서 마음 놓고 살 수 있습니까? 그런 자들만 사는 세상에 자녀들을 내보내고 안심할 수 있습니까? 그렇지 않다는 것을 우리는 이미 잘 알고 있지 않습니까? 사람이 떡으로만 살 수 없습니다. 하나님의 말씀을 통해서 그 영혼이 하나님을 닮아 가는 거룩한 백성이 되어야 이 세상도 안심하고 살 수 있는 곳으로 바뀌고, 사람들도 삶의 의미를 발견할 수 있는 것입니다. 진정한 의미는 영혼에 있는 것이지 육신에 있지 않습니다. 그러므로 하나님의 말씀을 통해서 우리는 엄청난 은혜를 받고 있는 것입니다.

성경으로 깨어난 한민족의 역사

참 이상하게도 다른 나라와 달리 우리나라는 선교사가 들어오기도 전에 성경이 먼저 번역되었습니다. 대개의 경우 선교사가 먼저 들어가서 성경을 번역한 후에 그것으로 가르치는 데 비해 우리나라는 선교사가 들어오기 전에 벌써 나라 바깥에서 성경이 번역되고 있었던 것입니다. 1882년 만주에서는 스코틀랜드 출신의 로스와 맥켄타이어라는 두 선교사가 그곳에 사는 조선족 사람들의 도움을 받아서 누가복음과 요한복음을 처음으로 번역하여 출판했습니다. 그로부터 24년이 지난 후에 신약성경이 완역되었고, 다시 30년이 지난 후 구약이 번역되었습니다.

그리하여 명실공히 하나님의 말씀 신·구약 성경이 합본되어 우리 손에 들려진 해가 1938년입니다. 첫 우리말 번역 성경이 나온 이래로 50여 년의 세월이 지난 뒤였습니다. 그 후로 하나님의 말씀이 우리에게 얼마나 놀라운 은혜를 주었는지 모릅니다. 한국이 복을 받은 것이 있다면 성경 말씀을 통해 하나님께서 주신 은혜입니다.

솔직히 이야기해서 한국에 지금까지 기독교가 안 들어왔다면 오늘날 한국의 문화나 정치, 경제 수준이 어느 정도였겠습니까? 기껏해야 태국이나 미얀마 정도였을 것입니다. 하나님의 말씀이 이 땅에 들어와 백성들에게 한글의 중요성을 깨우치고, 캄캄한 영혼들을 깨우쳤기에 이 민족이 숱한 고난의 길을 걸어오면서도 오늘날 그래도 이만큼 우뚝 설 수 있었던 것입니다. 우리는 이 사실을 명심해야 합니다. 우상 숭배나 하고, 하는 일 없이 날마다 담뱃대나 두들기던 사람들이 하나님의 말씀에 눈을 뜨면서 하나님을 알고 그 인생이 얼마나 달라졌습니까?

순종할 책임, 증인될 책임

성경을 번역해 준 선교사들도 세상을 떠났고 성경을 전해 준 많은 주의 종들도 세상을 떠났습니다. 하나님의 말씀만이 우리 손에 남아 있습니다. 너무나 소중한 하나님의 선물인 성경 말씀을 우리 손에 들고 있기 때문에 두 가지 책임이 따릅니다. 하나는 이 말씀을 읽고 묵상하고 순종해야 하는 책임입니다. 성경은 멋지게 보이려고 들고 다니는 액세서리가 아닙니다. 서재에 꽂아두는 장식용 서적이 아닙니다. 이것은 하나님께로부터 우리 각 개인에게 온 편지입니다. 아주 중요한 사람에게서 온 정성스런 편지를 받고서도 읽어 보지 않는 사람이 있습니까? 요사이 저에게는 너무나 많은 편지와 인쇄물이 날아들기 때문에 어떤 것은 아예 뜯어 보지도 않고 버릴 때도 있지만 정성껏 써서 보낸 편지라면 역시 안 뜯어 보고는 견딜 수 없습니다. 성경은 하나님께서 나에게 친필로 써 보내신 편지입니다. 그러므로 매일 펼쳐서 읽고, 묵상하고, 그 말씀대로 순종할 책임이 있습니다.

전도자 무디가 말했습니다.

"백 사람이 있는데 그 가운데 한 사람이 성경을 읽고 있으면 나머지 아흔아홉 사람은 그리스도인을 읽는다."

백 명 가운데 예수 믿는 사람이 한 사람 있어서 매일 성경 말씀을 읽는다면 나머지 아흔아홉 명은 성경을 읽는 그를 통해서 작은 예수를 본다는 의미입니다. 성경을 읽는 것 자체가 간접적인 전도가 되는 것입니다. 가정에서도 아침에 일어나 다들 신문 보기에 바쁘지만 그 중에 한 사람이 조용히 말씀을 펴놓고 읽으면서 기도하는 모습을 보여 주면 다른 안 믿는 식구들은 벌써 그 사람에게서 예수님을 보고 있는 것입니다. 자녀가 하나님의 말씀을 읽고 묵상하는 모습을 보면서 그 부모가 감동을 받는 것입니다. 그러므로 이것이 얼마나 중요합니까?

두 번째 책임은 이 말씀을 다른 사람들에게 전하는 것입니다. 이렇게 소중한 하나님의 진리요, 사람을 구원하는 하나님의 지혜라고 한다면 그 말씀을 전해야 하지 않겠습니까? 성경 말씀은 나 혼자 잘 가지고 있으라고 주신 것이 아닙니다. 내가 먼저 영혼의 양식으로 먹은 후에 다른 사람에게 전하라고 주신 것입니다.

어디를 가든지 외출할 때는 시계를 꼭 차고 다니는 버릇이 있지 않습니까? 마찬가지로 하나님의 자녀는 다니는 곳마다 하나님의 말씀을 꼭 몸에 지니고 있어야 합니다. 왜냐하면 예상치 못한 곳에서 하나님의 말씀을 전해야만 할 상황이 생길 수 있기 때문입니다. 차를 타고 가다가, 비행기를 타고 가다가, 혹은 어쩌다가 만난 자리에서 영혼이 갈급하여 무엇인가 간절히 구하고 있는 사람을 볼 때 예수님 외에 누구를 소개할 수 있겠습니까? 그럴 때 성경이 필요합니다.

성경을 가지고 다니는 방법에는 여러 가지가 있을 수 있습니다. 큰 성경을 그대로 들고 다닐 수도 있지만 크기나 무게 때문에 약간은 부담스럽습니다. 4영리 전도책자를 항상 주머니에 넣고 다니는 방법도 있습니다. 그렇지 않으면 주머니에 들어갈 만한 작은 성경을 다른 사람들 눈에 잘 띄지 않게 가지고 다닐 수도 있습니다. 특히 비상시에 펼치면 필요한 구절들을 바로 찾을 수 있도록 읽으면서 표시를 많이 해두는 것이 좋습니다. 이런 식으로 성경을 항상 가지고 다니면서 말씀을 모르는 사람에게 전해야 됩니다. 이 책임이 우리에게 있습니다.

성경 번역에 평생을 바치는 이들

지구상에는 아직도 자기 나라말로 된 성경을 가지지 못해서 예수님의 이야기를 알고 싶어도 알 수 없는 사람들만도 2억 명이 넘는다고 합니다. 그들이 하나님의 말씀을 읽고 묵상할 수 있도록 그들 손에 성경을 쥐어 주기 위해 봉사하는 선교사들이 있습니다. 그들은 모두 언어학자로서 대단히 뛰어난 고급 인력들입니다.

이런 사람들은 소수 부족으로 들어가 그들과 함께 살면서 그들의 말을 배운 후에 문자를 만들어 성경 번역하는 일을 하고 있습니다. 이 사역을 하는 선교사들이 지구상에 약 2천 명 정도 흩어져 있다고 합니다. 이름도 없이 빛도 없이 그들을 뒤에서 돕고 지원하는 사람들이 약 4천 명 가량 된다고 합니다.

사랑의교회에서 자랐고, 사랑의교회에서 교역자로 섬겼으며, 사랑의교회에서 선교사로 파송을 받아 간 정제순 선교사는, 한국에서 파송된 선교사로서는 최초로 소수 부족어로 성경을 번역했습니다. 그는 이 사역을 통해 파푸아뉴기니의 메께오 부족에게 메께오 부족어 성경을 안겨 준 귀한 형제입니다. 그가 얼마나 아름다운 사역을 했는지 모릅니다. 하나님의 말씀을 전혀 읽을 수 없는 사람들에게 성경을 번역해 주는 것은 단기간에 끝나는 사역이 아닙니다. 정 선교사는 11년 만에 겨우 신약 성경을 번역했습니다. 하지만 그것도 대단히 빠르게 된 것이라고 합니다. 구약 성경을 번역하려면 앞으로도 15년 가까이 더 희생을 해야 한다고 합니다. 이렇게 적게는 오백 명, 많게는 만 명 정도 밖에 되지 않는 부족들을 위해서 한 가정, 또는 한 사람이 그 삶을 바치는 이유는 무엇입니까? 하나님 말씀 외에는 인간에게 진정한 진리가 없고 생명이 없기 때문에 그렇습니다.

우리는 그들로부터 도전을 받아야 합니다. 하나님께서는 우리에게 성경 번역 사역과 같은 어마어마한 일은 시키지 않으셨습니다. 바다를 건너가서 복음을 전하라고 말씀하지도 않으셨습니다. 성경을 손에 들고 있는 우리가 하나님의 말씀을 전하지 않는다면, 그것은 마치 먹기만 하면 당장 나을 수 있는 약이 있다는 것을 알면서도 병에 걸려 죽어가는 환자를 보면서 그에게 이야기해 주지 않고 그 약을 혼자만 가지고 있는 것과 같습니다. 한 영혼이 영원한 멸망으로부터 구원함을 받아 하나님이 주시는 영생을 소유할 수 있는 유일한 길을 제시해 주는 하나님의 말씀을 내 손에 쥐고 있으면서도, 언제 이 세상을 떠나게 될지 모를 영혼들에게 전하지 않고 있다면 큰 문제가 있는 것입니다. 그러므로 이 일에 생명을 걸고 젊음을 바치는 형제와 자매들에게 부끄럽지 않도록, 생명의 말씀을 전하는 데 우리 모두 헌신하는 은혜가 있기를 바랍니다.

황홀한 기쁨을 가진

4 전도자

13. 이해할 수 없는 하나님의 기쁨(누가복음 15:11~32)
14. 복음과 성령의 능력으로 하는 전도(고린도전서 2:1~5)
15. 세상이 알지 못하는 행복 체험(요한일서 2:15~17)
16. 신랑을 위한 신부 수업(에베소서 5:25~30)

13. 이해할 수 없는 하나님의 기쁨

본문(눅 15:11~32)은 '탕자의 비유'라는 제목으로 우리에게 잘 알려진 말씀입니다. 이 말씀을 가지고 여러 번 설교를 해보았지만, 이제 겨우 서론의 뚜껑을 열고 있다는 느낌입니다. 그만큼 이 비유는 무한한 진리와 하나님의 광대한 사랑을 담고 있는 심오한 말씀입니다.

이 비유를 제대로 이해하기 위해서는 먼저 이 말씀이 어떤 상황과 배경에서 나온 것인지를 이해하는 것이 매우 중요합니다. 15장 1, 2절을 보면, 많은 세리와 죄인들이 예수님 앞에 나아오는 것을 볼 수 있습니다. 이것을 본 바리새인들과 서기관들은 예수님을 원망하였습니다. 예수님이 왜 죄인들을 영접하고 함께 음식을 먹는지 그들로서는 도저히 이해가 되지 않았던 것입니다. 이 원망은 당시로서는 타당한 이유가 있었습니다. 당시 유대의 모든 사람들이 멸시하고 천대하는 세 부류의 사람들이 있었는데 바로 세리, 창녀, 죄인이었습니다. 이들은 구원받지 못할 사람으로 낙인이 찍힌 존재들이었기 때문에 아무도 이들과 상종조차 하지 않으려 했습니다.

그런데 예수님은 그들에게도 천국복음을 전하시고, 말씀을 들으러 가까이 나아오는 그들을 기쁘게 영접하셨으며, 심지어 함께 식사를 하기도 하셨습니다. 도무지 용납될 수 없는 일들이 일어났던 것입니다. 이러한 이유로 바리새인들과 서기관들은 예수님을 못마땅하게 생각하고 원망했습니다.

예수님은 이들의 원망을 들으시고 세 가지 비유를 말씀해 주셨습니다. 이 세 가지 비유는 초점과 표현은 달라도 주제는 동일한 말씀들입니다. 그 중에서 이 '탕자의 비유'가 가장 잘 알려져 있고, 많은 사람에게 큰 감동을 주고 있습니다.

주님께서 이 비유를 말씀하신 이유가 무엇입니까? 하나님께서는 세상에서 멸시 받고 냉대 받는 사람들, 즉 창기나 세리와 같은 죄인들을 향하여 매우 특별한 마음을 가지고 계시다는 것을 주님은 보여 주기 원하셨습니다. 하나님은 그들이 회개하고 돌아오는 것을 바리새인들이 회개하고 돌아오는 것보다 훨씬 더 기뻐하신다는 사실을 가르쳐주고자 이 비유를 드신 것입니다.

이러한 하나님의 기쁨은 당시 바리새인들이나 일반인들이 이해할 수 없는 신비한 기쁨입니다. 24절과 32절에 하나님의 신비한 기쁨이 반복해서 표현되고 있습니다.

"이 내 아들은 죽었다가 다시 살았으며 내가 잃었다가 다시 얻었노라 하니 저희가 즐거워하더라"(눅 15:24).

"이 네 동생은 죽었다가 살았으며 내가 잃었다가 다시 얻었기로 우리가 즐거워하고 기뻐하는 것이 마땅하니라"(눅 15:32).

이렇게 기뻐하시는 하나님의 심정은 참으로 신비스럽고 이해하기 어려운 기쁨입니다. 어떻게 창녀와 같은 사람을 품에 안고 그렇게 좋아할 수 있습니까? 어떻게 인간답지도 못한 자들이 회개하고 돌아온다고 해서 그들을 위해 잔치를 벌이고 춤을 추며 기뻐할 수 있습니까? 우리는 하나님이 기뻐하시는 이 심정을 이해하기 어렵습니다. 오직 신비하다는 말밖에 할 수 없습니다.

이 세상 모두가 멸시하는 자들을 하나님은 전혀 다르게 보십니다. 그들을 무한한 사랑으로 대하십니다. 그들이 회개하고 돌아오면 의인이 회개하고 돌아오는 것보다 훨씬 더 기뻐하십니다. 주님은 하나님의 이 신비로운 기쁨을 가르치기 위하여 이 비유를 말씀하신 것입니다.

돌아온 불효자

어떤 부자에게 두 아들이 있었습니다. 그들은 잘 성장하여 아버지의 눈에 대견해 보이는 성인이 되었습니다. 어느 날 둘째 아들이 찾아와서 이상한 소리를 했습니다. 자기 몫의 유산을 미리 달라는 것입니다(12절). 막무가내로 떼를 쓰는 아들을 보면서 아버지의 마음은 많이 아팠습니다. 그러나 거절할 수 없었습니다. 결국 불안한 마음을 감추지 못하면서 그 아들에게 재산을 떼어 주었습니다. 유대 나라의 법에 따르면, 아마 아버지의 전 재산 중 3분의 1 이상을 상속받았을 것으로 추정됩니다. 며칠 동안 둘째 아들은 분주하게 움직이더니 드디어 모든 재산을 현금으로 바꾸어 먼 나라로 떠났습니다. 즉, 이민을 간 것입니다.

쉽게 번 돈은 쉽게 쓰기 마련입니다. 자기가 땀 흘리고 고생하면서 번 돈이 아니었기 때문에 그의 씀씀이는 너무나도 헤펐습니다. 큰 집과 분에 넘치는 물건들을 구입하고, 밤마다 여자들과 즐기면서 한참 신나게 살았습니다. 그의 이러한 생활을 성경은 한마디로 "허랑방탕했다"라는 말로 묘사하고 있습니다(13절). 그러나 아무리 돈을 많이 쌓아 놓았어도 이렇게 밑도 끝도 없이 쓰다 보면 빈털터리가 되는 것은 시간 문제입니다. 얼마 안 가서 돈이 다 떨어졌습니다. 설상가상으로 그 땅에 기근까지 들었습니다. 우리나라에 IMF 경제난이 몰아닥쳐서 경제 사정이 최악으로 치달은 것과 비슷한 상황이 벌어진 것입니다.

거지로 전락한 그에게 온정을 베푸는 사람은 아무도 없었습니다. 그가 알거지가 된 것을 알자 영원한 우정을 맹세했던 사람들도 하나둘씩 다 그를 등졌습니다. 세상의 비정함을 그는 처절하게 맛보았습니다. 배가 너무 고팠기 때문에 견디다 못해 중동 사람들이 가장 천하게 여기는 돼지치기를 시작했습니다. 하지만 허기진 배를 채울 수가 없었습니다. 심지어 돼지가 먹는 것으로 허기를 달래 보고자 했지만 극심한 기근으로 인하여 그것마저 주는 사람이 없었습니다.

어느 날 별이 쏟아질 것같이 반짝이는 밤하늘을 보고 있는데, 문득 아버지 생각이 났습니다. 아버지와 함께 지냈던 행복한 시절이 주마등처럼 눈앞을 스쳐 지나갔습니다. '내가 왜 이런 신세가 되었을까?' 불현듯 집에 돌아가고 싶은 마음이 생겼습니다. 그래서 날이 새자마자 모든 것을 버리고 길을 떠났습니다. 냄새나는 누더기를 걸친 보잘것없는 모습이지만 그래도 아버지는 자기를 받아 주실 것이라는 실낱 같은 기대를 가지고 고향으로 향했습니다. '어떻게 하면 나를 받아 주실까? 아버지에게 어떻게 말씀을 드리는 것이 좋을까?' 고민하면서 생각해 낸 말들을 되뇌며 길을 갔습니다.

이윽고 눈에 익은 마을이 시야에 들어왔습니다. 길을 따라 집을 향해 올라가는데, 앞에서 누군가 달려오는 소리가 들렸습니다. 고개를 들어 보니 아버지가 눈물을 흘리면서 두 팔을 벌리고 뛰어오시는 것이었습니다. 아버지는 아들을 덥석 끌어안고 울먹이며 말하였습니다.

"애야, 네가 맞지. 왜 이제야 왔니? 얼마나 고생이 많았니?"

아들의 등을 두드리고 볼을 비비며 기뻐서 어쩔 줄 몰라 하십니다. 이때 아들이 속으로 외우고 또 외웠던 말을 합니다.

"아버지, 저는 하늘과 아버지에게 죄를 범한 불효자입니다. 이제 아들이라 하지 마시고…."

여기까지 듣던 아버지는 아들의 입을 막습니다.

"애야, 그런 말은 안해도 된다. 어서 집으로 가자."

집에 도착하자마자 종들을 불러서 이것저것을 시킵니다.

"목욕 시키고 새 옷으로 갈아입혀라. 신발도 신기고 가락지도 끼워라. 그리고 살찐 송아지를 잡고 이웃에 사는 사람들을 초청해서 잔치를 벌이자."

집안이 갑자기 분주해지고 잔치 분위기가 가득합니다. 아버지는 너무너무 기뻐서 가만히 있지를 못하고 "내 아들 죽은 줄 알았더니 살았구나. 잃어버린 줄 알았더니 이제 얻었구나." 하면서 덩실덩실 춤을 춥니다.

큰아들의 분노

큰아들이 들녘에서 돌아왔습니다. 명절도 아닌데 집안 분위기가 심상치 않았습니다. 알고 보니 동생이 돌아왔다고 온 집안이 떠들썩하게 성대한 잔치가 벌어진 것이었습니다. 아버지는 너무 기쁜 나머지 정신이 없어서 큰 실수를 했던 것입니다. 동네 사람은 다 초청하면서 큰아들한테는 연락을 안한 것입니다. 큰아들은 화가 나서 집에 들어가지도 않았습니다. 이 소식을 듣고 아버지가 달려나왔습니다.

"얘, 큰애야, 왜 안 들어오니? 내가 너에게 큰 실수를 한 것 같구나. 그러나 죽은 줄로만 알았던 네 동생이 이렇게 건강하게 살아서 돌아왔잖니? 우리가 같이 기뻐해야지."

큰아들을 달래 보았지만, 큰아들의 분은 쉽사리 풀리지 않았습니다. 도리어 아버지의 이러한 처사에 대하여 불만과 불평을 험악하게 늘어놓았습니다.

며칠 전 집에서 아내와 함께 이 본문을 읽고 나서 아내에게 이렇게 물어보았습니다. "당신 같으면 이런 아들이 돌아올 때 받아주겠소? 잔치를 벌이고 좋아하겠소?"

어느 날 밤늦게 초인종이 울려서 나갔더니 "엄마, 나예요." 하며 오랫동안 듣지 못했던 낯익은 목소리가 건너편에서 들립니다. 화들짝 놀라서 문을 열어 보니 거기에는 3년 전에 꽤 많은 돈을 뜯어가지고 가출했던 아들이 서 있는 것이 아닙니까? 머리는 노랗게 물을 들여 꽁지 모양을 하고 있고, 마약 기운에서 아직 덜 깨었는지 눈동자는 풀려 있으며, 옷에서는 고약한 냄새가 코를 찔렀습니다. 아들이 "엄마, 미안해요." 하면서 고개를 푹 숙이는 것입니다. 그럴 때 그 아들이 왔다고 너무 좋아서 애를 껴안고, 목욕을 시키고, 부엌에 들어가서 냉장고에 있는 것을 다 끄집어 내다가 밤새도록 음식을 만들 만큼 좋아할 수 있을 것 같은지 아내에게 물었습니다. 아내는 한참 생각하다가 집안에 들여놓는 것까지는 할 수 있어도 그렇게 잔치할 정도로 좋아하지는 못할 것 같다고 대답했습니다. 저도 아내와 마찬가지일 것입니다.

세리나 창녀들, 흔히 말하는 죄인들이 회개하고 돌아왔다고 하늘에서 천군 천사들과 함께 잔치하면서 춤을 추시는 하나님의 모습을 한 번 상상해 보십시오. 쉽게 이해하기 힘든 광경입니다. 우리에게는 차라리 밖에서 화를 내며 집에 안 들어오고 버티고 서 있는 큰아들이 훨씬 더 자연스러워 보입니다. 아무리 동생이지만 얼마나 못됐습니까? 아직도 시퍼렇게 살아 계시는 아버지에게 유산을 내놓으라고 어떻게 감히 말할 수 있습니까?

지금도 레바논의 시골에 가면 예수님 당시와 비슷한 문화 환경을 가지고 사는 사람들이 있다고 합니다. 레바논에서 사역하시는 한 선교사님이 이 비유를 한 번도 들어본 적이 없는 그들에게 이 이야기를 해주고, 어떤 반응을 보이는지 살펴보았다고 합니다. 그들은 한결같이 어떻게 감히 아직도 살아 계시는 아버지한테 유산을 내놓으라고 할 수 있느냐며 굉장히 화를 내었다고 합니다. 도저히 용서할 수 없는 짓이라는 반응을 보였습니다. 그 사람들에게는 아직 살아 계신 아버지에게 유산을 달라고 하는 것은 아버지더러 빨리 죽으라는 말과 같은 소리로 들리기 때문입니다. 그와 같은 일은 전혀 상상할 수 없는 일이고, 이와 같은 모욕적인 아들의 행동을 보고도 재산을 떼어 준 아버지의 행동도 도무지 이해할 수 없다는 반응이었습니다.

그러므로 형이 생각할 때 동생은 인간으로서는 차마 할 수 없는 몹쓸 짓을 하고 나간 자인 것입니다. 그렇다고 해서 성공하여 금의환향을 한 것도 아니었습니다. 만약 성공했다면 돌아올 인간도 아니었을 것입니다. 방탕하게 재산을 다 탕진하고 나서 오갈 데 없어지니까 어쩔 수 없이 돌아온 것입니다. 얼마나 뻔뻔합니까? 그런 동생을 어떻게 사랑할 수 있겠으며, 용납할 수 있겠습니까?

게다가 큰아들을 더욱더 화나게 하는 것이 있었습니다. 그것은 그런 동생이 돌아왔다고 기뻐서 어쩔 줄 몰라하고 잔치까지 벌이는 아버지의 모습이었습니다. 도저히 이해할 수 없었습니다. 우리는 이런 형의 심정을 충분히 이해할 수 있습니다.

흉악범이 예수 믿는 경우

우리는 큰아들의 모습을 통하여 중요한 교훈을 놓치지 말아야 합니다. 큰아들이 바로 우리 자신의 모습이기 때문입니다. 우리들 대부분은 자신보다 더 악하다고 생각되는 사람들을 향해 숨겨진 분노를 가슴에 품고 있습니다. 바리새인들처럼 차가운 눈으로 서슬 퍼런 율법의 잣대를 그들에게 들이대고 있습니다. 교제나 전도를 해도 골라서 하지, 창녀나 세리 같은 사람들은 찾아가려고 하지 않습니다. 그리고 그런 자들이 예수님을 믿고 구원받았다는 이야기를 들으면 어쩐지 마음이 편치 않습니다. 내 마음은 편치 않은데, 하나님은 그들을 보시고 도리어 기뻐서 어쩔 줄 몰라하시니 마음이 더 불편한 것입니다. 이런 하나님의 모습을 가슴으로 이해하기가 너무 힘든 것입니다. 이것이 바로 우리의 모습입니다.

약 5년 전에 제프리 다머라는 사람의 이야기가 미국의 텔레비전에서 방송되어 수많은 사람들의 관심을 끌었던 적이 있습니다. 그는 열일곱 명의 여자를 욕보이고 살해한 뒤 시체를 토막내어 냉장고에 넣어두고 먹었던 아주 흉악한 인간이었습니다. 그가 사형언도를 받고 사형수로 복역을 하고 있었습니다. 하루는 복역 중인 동료들과 싸움이 붙었다가 동료 죄수가 휘두른 빗자루에 맞아 죽었습니다. 워낙 흉악한 사람이 그렇게 어이없이 죽었기 때문에 뉴스 거리가 되기에 충분했습니다. 그가 죽었다는 보도를 접하고 다양한 반응들이 나왔는데, 대다수의 사람들이 "너무 빨리 죽었다. 너무 편안하게 죽었다. 좀더 고생했어야 되는데…."라고 말했다고 합니다.

그런데 기가 막힌 사실이 밝혀졌습니다. 이 다머라는 흉악범이 감옥에서 예수를 믿고 세례를 받았다는 것입니다. 그 후로 그는 날마다 성경과 신앙서적을 읽었다는 것입니다. 그를 개종시킨 목사는 텔레비전 인터뷰에서 다머가 진심으로 회개하고 하나님의 자녀가 되었다고 증거해 주었습니다. 이 뉴스가 나가자 세상 사람들은 말할 것도 없고, 예수 믿는 사람들의 반응도 크게 갈렸습니다. 회개하고 돌아오면 하나님이 받아주실 수 있을지도 모른다는 동정적인 입장을 취하는 사람도 있었지만 그 수는 아주 적었고, 대부분의 사람들은 "어떻게 저런 흉악한 자가 구원받을 수 있단 말인가? 죽을 때가 되니까 위선을 떠는 것이다." 하는 반응을 보였습니다.

논쟁이 끝난 뒤 뉴스를 진행하던 아나운서가 마지막으로 한 코멘트는 대다수 사람들의 마음을 정확하게 대변하는 것이었습니다. "오늘 저녁 편안한 마음으로 텔레비전 앞을 떠나는 사람은 아무도 없을 것입니다." 이 말이 무슨 뜻입니까? 흉악한 범죄자가 회개하였는데 왜 사람들의 마음이 불편합니까? 죽어 마땅한 그가 예수를 믿고 구원받았다는 사실이 오히려 불쾌하다는 것입니다. 절대로 구원받아서는 안되는 자인데, 구원받았다는 사실이 기분을 나쁘게 만드는 것입니다. 기분 나쁜 정도가 아니라 화가 나는 것입니다.

이것이 바로 큰아들이 보인 반응이며, 우리 모두의 반응입니다. 우리가 이러한 마음가짐을 갖고 있기 때문에 무한한 자비를 가지고 세상을 보시는 하나님을 이해할 수 없는 것입니다. 탕자와 같은 죄인들이 회개하고 돌아오는 것을 보시고 기뻐하시는 하나님을 이해할 수 없는 것입니다.

세상에 비친 교회의 이미지

오늘날 한국 교회가 세상에 주는 이미지는 과연 어떤 것입니까? 창녀를 구원하기 위해서 수만 리 길을 걸어가시는 예수님의 이미지입니까? 아닐 것입니다. 돌아온 탕자를 끌어안고 기뻐하며 춤을 추는 아버지의 이미지입니까? 그렇지 않을 것입니다. 도리어 우리의 모습은 큰아들의 이미지, 바리새인들의 이미지 쪽에 가깝습니다.

필립 얀시의 『놀라운 하나님의 은혜』라는 책을 읽으면서 가슴 깊이 아려 오는 아픔을 느낀 적이 있습니다. 하루는 시카고에 사는 어느 창녀가 필립 얀시를 찾아왔습니다. 그녀는 집도 없었고, 몸은 병들어 제대로 돈을 벌 수도 없었습니다. 찢어지게 가난했기 때문에 두 살 먹은 딸아이 하나 먹여 살리지 못하는 처지였습니다. 그녀가 울먹이면서 하는 이야기는 정말 기가 막힐 정도로 비참한 것이었습니다. 두 살 먹은 자기 딸을 변태 성욕자들에게 돈을 받고 판다는 것입니다. 한 시간 동안만 팔아도 자기가 하룻밤 버는 것보다 수입이 좋다고 합니다. 그렇게 해서 번 돈으로 마약을 사서 먹는다는 것입니다. 필립 얀시가 이 기막힌 이야기를 듣고 그녀에게 물었답니다.

"교회 가서 도움을 받아볼 생각은 없습니까?"

그러자 그 여자의 표정이 갑자기 바뀌더니 이렇게 소리쳤습니다.

"교회요? 거기에 뭣하러 가요? 그렇지 않아도 비참해 죽겠는데. 거기 가면 그 사람들 때문에 나는 더 비참해져요. 그런데 거길 왜 가요?"

이 한마디가 비수가 되어 저의 가슴을 찔렀습니다. 왜 이런 이야기가 나옵니까? 오늘날 교회가 사회에 주는 이미지가 바로 그렇다는 것입니다. 나보다 선하게 보이는 사람들은 다 받아들이지만, 나보다 조금 악하다고 생각되는 사람은 좀처럼 받아들이지 않는 것이 오늘날 교회의 모습인 것입니다.

사랑의교회도 예외일 수 없다고 생각합니다. 사랑의교회 주변에는 좋은 주거지들이 많지만 나쁜 환경도 있습니다. 유흥가 복음화를 위하여 애쓴 '우물가선교회'를 통해 지난 십여 년 동안 유흥가에서 일하던 여러 사람들이 예수님을 믿고 사랑의교회로 들어왔습니다. 심지어 카페나 술집 같은 좋지 못한 영업을 하던 사람들이 예수님을 믿은 후 회개하고 자진하여 가게문을 닫기도 했습니다. 어떤 사람은 다락방에 들어가서 함께 성경 공부를 하기도 하고 또 어떤 사람은 제자훈련반에도 들어갔습니다. 그러나 한 사람도 정착하지 못했습니다. 대부분이 왕따를 당하다가 교회를 떠난 것입니다. 교인들이 마음을 열고 받아 주지 않았기 때문입니다. 같이 있을 때는 웃지만, 없으면 금방 수군대고 손가락질하는 것을 견딜 수 없었던 것입니다. 그래서 한두 명씩 눈물을 흘리고 다 떠났습니다. 저에게 비참한 내용의 편지를 써보내고 떠난 사람도 있습니다.

이러한 사랑의교회의 모습은 탕자가 돌아왔다고 춤을 추는 아버지의 모습이 결코 아닙니다. 분노하는 큰아들의 모습입니다. 우리는 탕자와 같은 사람들이 교회에 오면 속으로 분노를 품습니다. 그들이 은혜 받고 좋아서 두 손을 들고 찬송하면 오히려 비웃습니다. 이런 우리의 모습은 죄인을 기뻐하는 아버지의 모습이 아니며, 하나님이 원하시는 교회의 모습도 아닙니다.

기독교 복음의 본질

이러한 우리의 모습은 하나님을 너무나도 모르는 무지에서 비롯되었다고 생각합니다. 그것은 기독교 복음을 변질시키고 있는 모습입니다. 기독교 복음을 가장 잘 설명하는 것 중에 하나가 마태복음 1장에 나오는 예수님의 족보입니다. 거기에는 선뜻 이해가 되지 않는 세 명의 여자가 끼어 있습니다. 그들이 다른 많은 여자들을 제치고 예수님의 족보에 오를 수 있었던 이유를 살피다 보면 참으로 놀라운 사실을 발견하게 됩니다. 그들이 탁월한 업적을 남겼거나, 성녀로 추앙 받을 만한 인물이었기 때문에 족보에 이름이 오른 것이 아니었습니다. 그들의 인생은 예수님의 족보와는 전혀 어울리지 않는 삶이었습니다.

먼저 다말이라는 여자는 야곱의 아들인 유다의 며느리였습니다. 그녀는 아들을 낳고 싶었지만 남편들이 다 죽어 정상적인 방법으로는 아들을 낳을 수 없게 되자 창녀로 변장해서 시아버지를 유혹하여 아들을 낳았습니다. 이렇게 해서 낳은 아들이 예수님의 조상이 되었습니다. 라합이라는 여자는 여리고 성의 이름난 기생이었습니다. 그런데 그가 나중에 결혼해서 낳은 아들이 예수님의 조상이 되었습니다. 그러므로 예수님은 기생의 혈통을 타고 내려오는 가정에서 태어난 셈입니다. 마지막으로 밧세바는 다윗 왕이 절정의 권력을 휘두르던 때에 그의 성적 욕구를 채워 주는 노리개감으로 왕가에 발을 들여놓은 여자였습니다. 그녀에게서 태어난 솔로몬이 예수님의 조상이 되었습니다. 이처럼 예수님은 부끄러운 조상들을 가진 혈통에서 태어나셨습니다.

우리 생각에는 스캔들 때문에 비웃음을 살 정도로 부끄러운 족보라면 차라리 공개하지 않거나, 굳이 공개한다면 적당히 미화해서 내놓는 것이 어느 면으로 보나 유리할 것 같지 않습니까? 예수님을 핍박했던 헤롯 왕도 천민 출신이라는 것을 숨기기 위해 후에 자신의 형편없는 족보를 다 불태워 버렸습니다. 그런데 무엇 때문에 거룩하신 하나님의 아들 예수님이 이 세상에 오시는 혈통 속에 차마 입에 담기도 부끄러운 이야기가 고스란히 다 담겨 있는 것입니까?

그 해답에는 기독교의 놀라운 본질이 들어 있습니다. 예수님의 족보는 하나님께서 덜 악한 자와 더 악한 자를 차별하지 않으시고 구원하신다는 것을 웅변해 주고 있습니다. 이 세상에 다른 사람보다 더 악하다는 이유로 구원에서 제외되는 사람은 아무도 없다는 메시지를 선포하고 있습니다. 이것이 기독교 복음의 본질입니다. 하나님은 덜 악한 자와 더 악한 자를 차별하지 않고 구원하십니다. 오히려 더 악한 자일수록 회개하고 돌아오면 더 크게 기뻐하십니다. 우리는 이 본질을 변질시키고 있습니다. 그렇기 때문에 많은 사람들이 앞의 시카고 창녀처럼 말하는 것입니다. "교회는 왜 가요? 그렇지 않아도 비참한데. 내가 거기 가면 그들 때문에 나는 더 비참해져요."

히틀러는 그 이름을 입에 담는 것조차도 꺼리는 인물입니다. 악마의 화신이라고 말할 수밖에 없는 악한 존재였습니다. 6백만 명에 가까운 유대인들을 가스실에서 죽였고, 그가 일으킨 전쟁으로 아까운 젊은이들이 수없이 죽어갔습니다. 자식을 잃고 부모들이 흘린 피눈물은 그 양을 다 헤아릴 수 없을 정도입니다. 히틀러에게 핍박 당하여 망명을 다니던 많은 사람들 중에 칼 바르트라고 하는 유명한 신학자가 있었습니다. 그가 망명생활을 하고 있는 중에 어느 신학생이 찾아와서 지금이라도 히틀러를 만난다면 무슨 말씀을 하고 싶은지에 대해 물었습니다. 질문을 받은 칼 바르트는 엄숙하고 진지하게 말했습니다.

"히틀러 총통, 예수님은 당신을 위해 십자가에서 죽으셨습니다."

바르트가 말하고자 하는 핵심이 무엇입니까? 그것은 비록 히틀러일지라도 그의 죄가 너무 악해서 구원을 못 받는 일은 없다는 것입니다. 이것이 기독교의 본질입니다.

전도 대상, 차별하지 말자

그러므로 우리는 나보다 더 악한 사람을 향하여 숨겨진 분노를 회개해야 합니다. 차가운 도덕의 눈으로 사람을 차별하는 무자비함을 회개해야 합니다. 은혜로 치유된 눈을 가져야 합니다. 은혜로 치유된 마음을 가져야 합니다. 그런 다음 주변을 돌아보면 예수께서 찾는 사람이 얼마나 많은지 볼 수 있을 것입니다.

거기에는 바리새인들처럼 도덕적으로 상당히 수준 높은 사람들이 있는가 하면, 창녀나 세리와 같이 밑바닥 인생도 있습니다. 우리는 전도 대상자들을 차별하여 전도해서는 안 됩니다. '저런 것이 구원을 받아?' 할 정도로 미워하는 마음이 있어서 한 번도 전도하지 않고 제쳐 놓은 사람이 있습니까? 하나님이 슬퍼하고 계십니다. 우리 속에 있는 이 분노를 회개하고 대신 하나님의 사랑을 담아야 합니다.

전도가 무엇입니까? 하나님 아버지가 사랑하는 사람을 내가 사랑하는 것입니다. 하나님이 찾고 있는 자들을 찾아 그들을 하나님 앞으로 인도하는 것입니다. 그렇게 함으로써 아버지 되신 하나님을 한없이 기쁘시게 해드리는 것입니다. 그러므로 전도할 때 내 기분대로 하면 안 됩니다. 설혹 마음이 내키지 않고 상대하고 싶지 않더라도 하나님이 이 사람을 얼마나 좋아하실지, 예수를 믿고 돌아오기만 하면 하나님께서 얼마나 기뻐하실지 생각하고 찾아가서 복음을 전해야 합니다.

명절 선물로 굴비가 많이 나갔다는 뉴스를 본 적이 있습니다. 조그마한 굴비 한 상자에 50만 원이나 되었습니다. 과연 얼마나 팔릴까 걱정했는데, 나중에는 물건이 없어서 못 팔 정도로 불티나게 팔렸다고 합니다. 아무리 형편이 좋아도 굴비 몇 마리를 50만 원이나 주고 사먹을 수 있는 사람은 그리 많지 않을 것입니다.

그러나 1년에 한 번 찾아뵙는 연로하신 아버지를 생각하는 아들이 있다고 가정해 봅시다. 아버지가 제일 좋아하시는 음식이 굴비입니다. 너무나 좋아 보여 사려고 값을 물었더니 50만 원이라고 합니다. 들었다 놓기를 여러 번 하다가 결국에는 1년에 한 번 사드리는 것인데 비싸도 제일 좋은 것으로 사드리자는 마음으로 두 눈 딱 감고 샀습니다. 그리고 아버지께 구워 드렸더니 이제까지 먹어 본 음식 중에서 가장 맛있다며 잘 드시는 것입니다. 이런 아버지의 모습을 보면서 그 아들의 마음이 얼마나 흐뭇하겠습니까? 얼마나 기쁘겠습니까? 50만 원이 결코 아깝지 않을 것입니다. 전도는 이런 심정으로 하는 것입니다.

하나님은 우리를 좋아하십니다. 그러나 우리보다 더 좋아하는 사람들이 있습니다. 세상이 멸시하고 거들떠보지 않는 사람들이 예수님을 믿고 눈물을 흘리면서 회개하고 돌아오면 하나님은 너무나 기뻐하십니다. 이것을 안다면 하나님이 기뻐하시는 전도의 모습이 어떤 것인지 깨닫게 될 것입니다.

우리 자신을 점검해 봅시다. 우리는 우리보다 더 악한 자들을 향해 은근히 분노하고 있지는 않습니까? 창녀나 흉악범들이 구원받는 것을 불편해 하거나 달갑지 않게 여기지는 않습니까? 하나님처럼 불쌍히 여기는 마음보다 바리새인들처럼 싸늘한 도덕적 눈으로 판단하고 있지는 않습니까? 죄인과 세리와 창녀들이 회개하고 돌아오는 것을 보고 춤추듯 기뻐하시는 하나님을 불편한 심기로 쳐다보고 있지 않습니까? 만약 우리에게 이와 같은 문제가 있다면 성령께서 우리 마음을 여시고 하나님의 자비하심으로 우리의 심령을 치유해 주시기 바랍니다. 하나님의 눈을 갖는 새 사람으로 바꾸어 주시기를 바랍니다.

자신은 다른 사람에 비해서 덜 악하다고 생각할지 모르지만, 하나님이 보시기에는 그보다 더 악한 사람은 세상에 아무도 없습니다. 그러므로 우리 주변에 있는 모든 사람을 차별하거나 가리지 말고 복음을 전합시다. 그들을 하나님 앞으로 인도합시다. 그러면 하나님은 기쁨을 이기지 못하시고 춤을 추실 것입니다. 하나님의 마음을 품고 사람들에게 다가간다면 위대한 축복들이 우리의 삶에 넘치게 될 것입니다.

14. 복음과 성령의 능력으로 하는 전도

국내에는 동남아를 비롯하여 중국, 중동에서 돈을 벌기 위해 들어온 외국인 노동자들이 많이 있습니다. 그들의 숫자가 36만 명 정도 된다고 합니다. 이들 가운데는 소위 '3D 업종'에 종사하면서 인간적인 대우도 받지 못한 채 엄청난 고통을 겪고 있는 사람들이 많이 있습니다. 너무나 처절한 형편에서 돈도 제대로 벌지 못하고 산업 재해로 인해 불구가 되거나 사망하는 경우까지 있습니다.

돈을 벌기 위해 인도네시아에서 왔다가 고국으로 돌아가는 주원도(Juwondo)라는 젊은이가 있었습니다. 그는 공항으로 전송을 나온 어느 집사님과 작별을 하면서 이런 말을 했습니다.

"집사님, 저는 돈을 벌러 한국에 왔다가 예수 그리스도를 만났습니다. 이제 모슬렘인 부모, 형제, 동족들을 전도하기 위해 돌아갑니다. 복음을 전하다가 생명을 바쳐야 하는 자리에 서게 될지도 모릅니다. 그때 제가 주님을 배반하지 않도록 집사님께서 꼭 기도해 주십시오."

둘이서 포옹을 하고 그는 떠났습니다. 한두 달 후에 전화로 그의 안부를 물었더니 그동안 전도를 열심히 해서 주변에 있는 많은 사람들이 예수를 믿게 되었다고 합니다. 그 후 한번은 이슬람교를 믿던 자기 가족 6명이 한꺼번에 예수 믿고 돌아오는 큰 기쁨을 맛보았다며 전화를 통해 몹시 흥분에 들뜬 목소리로 소식을 전해 왔다고 합니다.

이렇게 몇 마디의 말로 전도를 받고서 예수를 믿는 일만큼 이 세상에 신기한 것이 또 있겠습니까? 정말 신기한 일입니다. 강의나 연설을 듣고 가슴이 뛸 정도로 흥분하거나 감동을 받을 수 있습니다. 그러나 그러한 감정은 대부분 잠깐 동안이고 그것으로 그냥 끝나기 때문에 매우 흔한 일이고 그리 대단한 것이 아닙니다.

이와는 달리 몇 마디 전하는 말로 전도를 받고서 예수 그리스도를 마음에 모시게 되면 사람의 삶이 완전히 변하게 됩니다. 돈을 벌러 왔던 사람이 다 정리하고 전도하겠다며 자기 고국으로 돌아가는 일이 생깁니다. 돌아가서 생명을 걸고 전도합니다. 이것이 얼마나 드문 일입니까? 주변에서 이런 경우를 자주 접하는 우리에게는 어쩌면 당연한 것으로 보일지 모르지만 사실 이것만큼 희한한 일이 없습니다.

말과 지혜의 아름다움은 무용지물

사도 바울은 본문(고전 2:1~5) 말씀을 통해서 전도는 참으로 희한한 일이고, 우리가 상상하기 힘든 초자연적 요소를 갖고 있다는 사실을 증명해 줍니다. 그는 먼저 전도하는 데 있어 무용지물이 두 가지 있다는 사실을 가르쳐주고 있습니다.

첫째로, 말과 지혜의 아름다움은 전도하는 데 있어서 무용지물이라고 합니다.

"형제들아 내가 너희에게 나아가서 하나님의 증거를 전할 때에 말과 지혜의 아름다운 것으로 아니하였나니"(1절).

바울이 고린도 사람들에게 복음을 전하기 위해 갔을 때 말과 지혜의 아름다움을 사용하려고 하지 않았다는 뜻입니다. 그것이 소용없는 일인 줄 알았기 때문입니다. 그가 말하려고 하는 취지는 말도 필요 없고 지혜도 소용없다는 것이 아닙니다. 중요한 것은 아름다움이라는 단어입니다. 이 아름다움이 필요가 없다는 것입니다. 말의 아름다움, 지혜의 아름다움이 아무 쓸모가 없다는 의미입니다.

'아름다움'에 해당하는 헬라어의 뜻은 '탁월하다, 우수하다, 뛰어나다'는 의미를 갖고 있습니다. 예로부터 뛰어난 정치가나 철학자들은 달변으로 사람들을 설득하여 휘어잡았습니다. 웅변으로 사람들의 마음을 녹였습니다. 그들은 높은 수준의 철학적인 지식을 습득하고 수사학과 웅변을 익힘으로써 말을 잘 하는 연습을 많이 했습니다. 이렇게 무장하여 사람들의 마음을 사로잡은 것입니다. 이것이 고대 사람들이 군중을 이끌어 가는 하나의 방법이었습니다.

그런데 바울은 그와 같은 짓이 전도에는 필요 없다는 것을 알았습니다. 달변이나 철학적인 지식으로는 한 사람도 구원하지 못한다는 것을 경험을 통해서 깨닫게 된 것입니다. 아마 아테네에서 전도에 별 성과를 보지 못한 것이 큰 교훈이 되지 않았나 생각합니다. 고린도에 오기 전에 그는 아테네에서 전도를 했는데, 아테네 사람들은 종교성이 대단히 강한 사람들이었습니다. 따라서 바울은 그들을 설득시켜 볼 요량으로 철학적인 논리를 사용하여 접근을 시도했던 것입니다.

그런데 그의 이야기를 듣고서 나중에 예수를 믿은 사람이 불과 다섯 손가락 안에도 꼽히지 않았다는 사실은 그의 그러한 시도가 실패했다는 것을 말해 주고 있습니다. 참담한 심정으로 고린도에 들어오면서 그는 마음속으로 다시는 철학적인 이야기나 사람들에게 유식하게 보이는 말은 하지 않겠노라고 결심한 것 같습니다. 4절에는 그의 이런 결심이 다시 한 번 나타나고 있습니다.

"내 말과 내 전도함이 지혜의 권하는 말로 하지 아니하고."

그러므로 우리도 말과 지혜의 탁월함을 가지고 전도해야겠다는 생각을 아예 하지 말아야 합니다. 그것은 무용지물입니다.

자신감도 방해물

바울이 무용지물이라고 말하는 것이 또 하나 있습니다. 자신감입니다. 전도에서는 자신감도 쓸데없다고 말합니다. 바울이 고린도에서 보여 준 모습은 어떤 것이었습니까?

"내가 너희 가운데 거할 때에 약하며 두려워하며 심히 떨었노라"(3절).

이 구절의 내용을 종합하면 바울의 모습이 어떠했는지 대충 짐작이 가지 않습니까? 한마디로 자신감이라는 것은 찾을래야 찾아볼 수가 없는 지경입니다. 그러나 이 말을 오해하면 안 됩니다. 이 말은 바울이 사람들이 무서워 문밖에도 못 나가고 떨고 있었다는 말도 아니고, 까딱 잘못하다가는 생명을 잃을지도 모른다는 공포심에 사로잡혀 있었다는 말도 아닙니다. 바울은 그렇게 비겁한 사람이 아닙니다. 그렇다면 심히 떨고 두려워했다는 말의 의미는 무엇입니까?

고린도는 로마 제국에서 아주 악명 높은 도시였습니다. 항구 도시였고, 배를 타는 사람들이 많이 드나들어 무역이 활발하게 이루어졌으며, 돈이 많은 곳이었습니다. 그런 도시들은 독특한 특징을 가지고 있습니다. 먼저, 도덕적으로 아주 질이 낮습니다. 사람들의 윤리의식이 희박합니다. 그러므로 온갖 범죄의 온상이 되는 곳입니다. 뿐만 아니라 종교가 많아서 수많은 종류의 잡신을 섬기는 사람들이 살고 있었습니다. 영적으로 캄캄한 암흑이었습니다.

바울은 혼자서 도덕적으로도 매우 질이 낮고 영적으로도 캄캄한 이 도성에 살면서 아직도 예수 그리스도의 이름을 한 번도 들어 보지 못한 사람들에게 예수를 증거하였습니다. 그러므로 무슨 힘으로 그들을 상대할 수 있겠습니까? 아무리 자신감이 넘쳐서 "나는 할 수 있다."고 외쳐 봐도 역시 현실의 벽은 높을 뿐입니다. 이 크고 악한 도성을 향하여 어떻게 복음을 전해야 할지를 생각할 때마다 자신은 부적합한 존재이며 무능한 존재라는 것을 철저하게 느꼈습니다. 하나님께 죄송한 생각이 들었습니다. '하나님, 이 도성에 사는 많은 사람들을 구원해야 되는데, 이 부족한 종은 너무나 이 일에 적합하지 못합니다.'

여기에까지 생각이 미치자 자신감이 하나도 남지 않고 다 없어졌습니다. 그래서 떨고 있었던 것입니다. 그러다가 결국 결심을 했습니다. 기를 쓴다고 되는 것도 아니고 자신감을 가지고서 덤빈다고 되는 것도 아닐 바에는 차라리 자신을 철저히 죽이자는 것이었습니다. 벌벌 떨다가 나중에 쓰러지는 한이 있더라도 먼저 자기 자신을 완전히 포기하자는 것이었습니다. 그러고 나면 하나님께서 무엇인가 시작하실 것이라 기대하는 심정이었습니다. 자신감은 복음을 전하는 데 아무 소용이 없습니다.

복음 자체가 능력

한편 사도 바울은 본문에서 전도를 할 때 꼭 필요한 것 두 가지를 이야기합니다. 무용지물 두 가지가 있는가 하면 꼭 필요한 것 두 가지가 있다는 것입니다. 첫째는 복음입니다. 2절을 다시 한 번 보십시오.

"내가 너희 중에서 예수 그리스도와 그의 십자가에 못 박히신 것 외에는 아무것도 알지 아니하기로 작정하였음이라."

이 말을 쉽게 바꾸면 다음과 같습니다.
"나는 고린도에 와서 오직 예수, 오직 예수의 십자가, 오직 예수의 부활, 오직 예수 그리스도를 통한 죄 사함의 은총만 전하리라. 그 외에는 전혀 관심을 두지 않으리라."

바울은 왜 이렇게 작정했습니까? 인간의 달변이나 논리적인 설득으로는 아무 소용이 없었는데, 단순히 예수의 이름을 전하자 사람이 바뀌는 놀라운 광경을 그가 목격한 것입니다.

"예수께서 십자가에 못 박혀 돌아가셨습니다! 믿습니까?"

설명도 별로 하지 않고 단순히 이렇게만 말했는데, 사람들이 "예, 믿겠습니다."라고 대답하는 것입니다. 그리고 나서 그 마음속에 엄청난 지각 변동이 일어나더니 죄를 회개하고 돌아오는 일들이 자꾸 일어나는 것입니다. 바울은 이를 통해 전도할 때는 복음 밖에 없다는 것을, 예수 그리스도의 이름과 그분의 십자가와 부활 밖에는 중요한 것이 없다는 것을 확신하게 된 것입니다.

베드로가 지식이 많은 사람입니까? 세상적으로 명망이 있는 사람입니까? 갈릴리 어부입니다. 고기 잡는 것 외에는 아는 것이 거의 없는 무식한 사람입니다. 그러나 그가 예루살렘에서 이렇게 외치지 않았습니까?

"그런즉 이스라엘 온 집이 정녕 알지니 너희가 십자가에 못 박은 이 예수를 하나님이 주와 그리스도가 되게 하셨느니라"(행 2:36).

그러자 그 폭도와도 같은 사람들이 가슴을 치며 회개하고 돌아와 하루에 3천 명의 남자들이 주님 앞에 무릎을 꿇는 놀라운 기적을 보지 않았습니까? 복음이 능력이 있는 것입니다. 사도 바울도 이것을 경험했습니다. 빌립보에서 매를 맞고 감옥에 갇혔는데 간수에게 전도할 기회가 생겼습니다. 그때 그가 무엇이라고 말했습니까?

"주 예수를 믿으라 그리하면 너와 네 집이 구원을 얻으리라"(행 16:31).

이 한마디에 그 간수의 온 집안이 다 예수 믿고 돌아왔는가 하면, 빌립보에 하나님의 교회가 세워지는 새로운 전환기를 맞이하게 되었습니다. 복음이 능력이 있습니다. 그러므로 바울이 이렇게 말한 것입니다. "내가 예수 그리스도와 그의 십자가에 못 박히신 것 외에는 다른 아무것에도 관심을 두지 아니하려고 한다. 나는 그 이상의 다른 말은 하고 싶지도 않다."

이런 면에서 요즘 한국 교회 강단을 바라보며 걱정스러워 하는 시각들이 많이 있습니다. 기독교의 알맹이라 할 수 있는 '복음'이 빠진 설교가 많다는 것입니다. 복음의 지식이 올바르게 전달되는 설교라기보다는 그저 설교자가 감정적인 호소를 함으로써 사람들의 마음을 움직이는 설교가 너무 많습니다.

물론 이것도 필요합니다. 슬픈 이야기를 들을 때는 청중이 울어야 하고, 우스운 이야기를 들을 때는 청중들이 배꼽을 쥐고 웃어야 합니다. 감정적인 호소에 따라서 청중이 반응하는 것은 중요한 것입니다. 그러나 거기에 복음이 빠져 있으면 그것은 다 쓸데없는 것입니다. 어떤 때는 설교 시간에 기분 좋게 실컷 웃다가 교회문을 나서기도 하고 어떤 때는 기분 좋게 울고 나가기도 합니다.

하지만, 예수 그리스도의 십자가가 없는 설교를 듣고서 이와 같은 반응을 보이는 것은 한증탕에 잠깐 들어갔다 나오는 것과 다르지 않다는 것을 알아야 합니다. 오히려 얼굴만 벌겋게 달아올라 사람들에게 이상한 모습으로 비칠 뿐입니다. 중요한 것은 예수의 복음을 듣는 것입니다. 오늘날 한국 교회 강단은 이 복음을 회복해야 합니다. 복음만이 사람을 바꾸기 때문입니다.

조나단 에드워즈는 미국 교회가 자랑하는 신학자요, 철학자였으며 프린스턴대학의 초대 총장이었습니다. 특별히 그는 1700년대의 위대한 설교자였습니다. 그런 그가 주일 강단에서 설교할 때마다 항상 설교를 종이에다 적어와 호롱불 옆에서 읽었습니다. 그가 설교문을 읽는 모습을 쳐다보는 청중들을 한번 상상해 보십시오. 그들이 얼마나 답답하게 느꼈겠습니까? 설교자가 원고를 펴놓고서 한 번도 청중과 눈을 맞추지 않고 계속 고개를 숙인 채로 읽는다면 답답함을 느끼지 않을 사람은 아무도 없을 것입니다. 이렇게 원고를 읽는 방식의 설교에 대해서 사람들이 이러쿵저러쿵 말을 많이 했지만, 그럼에도 불구하고 그는 평생 이 방식을 고집했습니다. 그 이유가 무엇인지 아십니까? 가장 설득력 있는 이유는 이렇습니다.

"내가 원고 없이 설교하다가 행여 성령이 전하라고 하시는 그 말씀은 옆으로 제쳐 놓고 나도 모르게 내 소리를 할지 모른다. 그러므로 철저하게 설교 원고에 적힌 말씀만 전하리라. 복음만 전하리라."

이런 신조가 그에게 있었다는 것입니다. 매우 일리가 있는 말이라고 생각합니다.

그가 한 설교 중에 '진노하는 하나님의 손에 붙들린 죄인들'이라는 유명한 설교가 있습니다. 제가 그 설교 원문을 읽어 보았는데, 꼭 신학교에서 강의를 듣는 것같이 딱딱하다는 느낌을 받았습니다. 그렇게 어렵고 딱딱한 설교를 읽기만 했는데도 그 자리에 있던 사람들 모두가 그동안 외식하던 모든 죄와 숨겨 놓았던 죄들을 내어 놓고, 가슴을 치고 데굴데굴 구르면서 회개하고 통회하는 놀라운 역사가 벌어진 것입니다. 이것이 미국의 저 유명한 대각성운동의 불씨가 되었습니다.

왜 그와 같은 능력이 나타났습니까? 에드워즈가 달변가이었기 때문입니까? 아닙니다. 그가 아주 고차원적인 지식을 전했기 때문입니까? 아닙니다. 설교자로서의 탁월한 테크닉을 동원했기 때문입니까? 아닙니다.

복음이 그 속에 있었기 때문입니다. 바울은 바로 이것을 이야기하는 것입니다. 복음이 중요한 것입니다.

성령의 나타남과 능력

두 번째로 전도에 있어서 꼭 필요한 것은 성령의 나타남과 능력이라고 말씀하고 있습니다.

"내 말과 내 전도함이 지혜의 권하는 말로 하지 아니하고 다만 성령의 나타남과 능력으로 하여"(4절).

오직 성령의 나타남과 능력으로만 전도했다는 말씀입니다. '성령의 나타남'이라는 것은 복음을 전하거나 설교를 할 때 볼 수 있는 현상입니다. 전혀 들을 것 같지 않던 사람이 귀를 쫑긋 세우고 듣는 모습을 보신 적이 있습니까? 이것은 성령께서 그 사람에게 역사하고 계심을 드러내는 일종의 증거라고 할 수 있습니다.

어떤 사람이 지금까지 여러 사람의 전도를 받아왔지만 그때마다 마음에 별 감동이 없었는데, 오늘따라 어느 집사님이 전하시는 복음을 듣고 이상하게 마음이 뜨거워지고 깨달음이 오고 고개가 끄덕여지더니 결국에는 자신도 믿어야겠다는 생각이 드는 체험을 했습니다. 이것이 성령의 나타나심입니다. 참으로 희한한 일입니다. 이런 일은 사람이 조작하는 것이 아닙니다. 누군가에게 보여 주기 위해서 일부러 그렇게 행동하는 것이 아닙니다. 진실로 예수를 영접한 사람은 누구나 경험하는 것입니다. 그것은 성령의 능력으로 가능한 일입니다. 복음을 전할 때 사람들이 믿는 것은 어떤 이유 때문입니까? '저분이 하시는 말씀이 사람의 말 같지 않다. 저기에 무엇인가 있는 것 같다. 하나님의 말씀인가 보다. 정말 사실인가 보다.' 이렇게 느껴지기 때문에 귀를 기울이는 것입니다.

누가 그 사람으로 하여금 그처럼 진지하게 귀 기울이도록 설득할 수 있습니까? 예수님이 하나님의 아들이라는 사실을 무슨 말로 설득시키겠습니까? 예수님이 십자가에 돌아가셨음은 바로 그를 위한 것이라는 사실을 납득시키기 위해 도대체 책을 몇 권이나 들고 가서 설명해야 하겠습니까? 게다가 그분이 사흘 만에 죄와 사망을 이기고 부활하셨다는, 수천 년 전에 일어난 그 사건을 무슨 수로 증명하겠습니까?

세속 역사에서처럼 예수님을 정치범으로 몰려서 십자가에 처형 당한 초라한 유대 청년으로 생각할 수도 있습니다. 그런데 도대체 어떻게 그를 하나님이 보내신 하나님의 아들이요, 전 인류의 구원자가 되신 분으로 믿게 하여 그 앞에 무릎 꿇고 경배하도록 만들 수 있겠습니까? 어떤 능력으로 그렇게 할 수 있습니까? 누가 그렇게 할 수 있습니까? 당신은 자신 있으십니까?

이것은 사람이 하는 일이 아닙니다. 사람이 하는 일이 아니었기에 우리도 예수 믿게 된 것 아닙니까? 누가 자신을 설득시켰기 때문에 예수 믿게 되었다고 생각하는 사람은 아무도 없을 것입니다. 그것은 불가능한 일입니다. 바로 성령의 역사입니다. 성령은 복음의 말씀을 듣는 자의 마음속에 믿음을 싹트게 하는 능력을 가지고 계십니다.

그러므로 진짜 믿음은 5절과 같은 믿음입니다.

"너희 믿음이 사람의 지혜에 있지 아니하고 다만 하나님의 능력에 있게 하려 하였노라."

지적, 철학적 설득이나 설명 때문에 생긴 믿음이 아니라 성령의 능력 때문에 갖게 된 믿음이 진짜 믿음이라는 것입니다. 그러므로 이것은 사람의 일이 아닌 것입니다.

위대한 설교자 스펄전은 이렇게 말했습니다.

"복음의 능력은 전도자의 웅변에 달려 있지 않다. 만일 웅변에 있다면 전도는 사람이 믿게 하는 일이 될 것이다. 복음의 능력은 설교자의 학식에 달려 있지 않다. 만일 그렇다면 전도는 인간의 지혜로 하는 것이 될 것이다. 우리의 혀가 녹이 슬 때까지 전하고 허파가 다 소모되어 죽을 때까지 증거한다 할지라도 성령의 능력이 하나님의 말씀을 통해서 역사하여 영혼을 변화시키지 않는다면 아무도 구원을 받을 수 없다."

미련함의 역설

그러므로 전도할 때 필수적인 두 가지는 복음과 성령의 능력입니다. 그런데 이상한 것은 이 두 가지를 세상 사람들은 제일 우습게 생각한다는 것입니다. 고린도전서 1장 18절 말씀을 보십시오. "십자가의 도가 멸망하는 자들에게는 미련한 것이"라고 합니다. 십자가에 대한 이야기를 들으면 피식 웃습니다. 제일 미련해 보이는 것이 전도하는 데 있어서 가장 중요한 것이라는 사실이 얼마나 아이러니컬합니까?

우리가 그렇게 중요하게 생각하는 성령의 역사에 대해서 세상 사람들은 모릅니다. 고린도전서 2장 14절에 "육에 속한 사람은 하나님의 성령의 일을 받지 아니하나니 저희에게는 미련하게 보임이요 또 깨닫지도 못하나니."라는 말씀이 나옵니다. 미련하기 때문에 성령의 능력에 대해서 이야기하면 그들은 무슨 소리인지 알아듣지도 못합니다. 전도라는 방법 자체도 얼마나 미련해 보입니까?

"하나님께서 전도의 미련한 것으로 믿는 자들을 구원하시기를 기뻐하셨도다"(고전 1:21).

전도라는 것이 하나님이 보시기에도 미련하기 짝이 없는 방법입니다. 세상 물정은 전혀 모를 것 같아 보이는 할머니가 전도지를 들고 예수 믿으라고 외치면서 하루 종일 돌아다녀 본들 몇 사람이나 전도하게 될지 의문이 생기지 않습니까? 한 사람도 예수 믿을 것 같지 않습니다. 얼마나 미련하게 보입니까? 지하철에서 전도지를 나누어 주는 것을 보면 우리 마음에 이런 생각이 들기도 합니다. '요즘은 저렇게 전도하는 시대가 아닌데 왜 저렇게 할까? 참 신사답지 못하다.' 그래서 언젠가 제가 한 번 물어보았습니다.

"도대체 하루에 몇 사람이나 복음을 듣고서 예수 믿겠다고 약속합니까?"

그랬더니 이렇게 대답하는 것입니다.

"목사님, 말씀 마십시오. 안 믿을 것 같아 보이죠? 어떤 때는 10명도 옵니다."

놀라운 일입니다. 세상 사람들이 우습게 보는 십자가, 우습게 보는 전도, 우습게 보는 성령, 이것이 전도하는 데 있어서 필수요건이라는 것입니다. 우리가 이것을 믿어야 됩니다.

커뮤니케이션과 컨프런테이션

복음을 전하기 위해서는 무엇보다 성령의 능력으로 무장해야 합니다. 그러기 위해서 먼저 성령을 바로 알고 믿어야 됩니다. 성령은 누구십니까? 그분은 예수님을 능력 있게 하신 하나님의 영이십니다. 하나님이 나사렛 예수에게 성령과 능력을 기름 붓듯 하셨다고 했습니다(행 10:38). 그러므로 예수님을 아무도 이기지 못했습니다. 마귀도 이기지 못했고 바리새인들도 이기지 못했습니다. 돌멩이를 들고 달려드는 사람들도 예수님을 이기지 못했습니다. 그 말을 감히 상대할 사람이 없었습니다.

왜 아무도 예수님을 이기지 못했습니까? 성령을 그분에게 기름 붓듯 부어주셨기 때문입니다. 성령이 누구십니까? 예수님을 죽은 자 가운데서 살리신 하나님의 영입니다. 하나님께서는 성령의 능력을 그리스도 안에 역사하셔서 죽은 자들 가운데서 그리스도를 다시 살렸다고 말씀합니다(엡 1:20).

성령은 누구십니까? 복음을 들고 나가는 증인된 우리들에게 권세를 주시는 하나님의 영이십니다. "오직 성령이 너희에게 임하시면 너희가 권능을 받고 예루살렘과 사마리아와 땅 끝까지 이르러 내 증인이 되리라"(행 1:8)고 말씀하신 것처럼, 성령은 우리를 능력 있게 하십니다. 성령이 누구십니까? 성령은 우리를 통해서 복음을 듣는 사람들로 하여금 예수님을 주님이라고 고백하게 만드는 하나님의 영이십니다. 성령이 말씀을 듣는 그들에게 역사하셔서 그들의 마음을 열고 예수님을 그리스도로 고백하게 만드는 것입니다. 이 성령의 은혜를 사모해야 되겠습니다.

성령의 은혜를 사모하는 방법 중에 하나는 기도하는 것입니다. 성경에 보면 성령의 능력을 사모하는 자 중에 기도하지 않은 사람이 없습니다.

바울은 로마 감옥의 차가운 바닥에 무릎을 꿇고 에베소에 있는 성도들이 성령의 능력으로 충만해지기를 기도했습니다.

"오, 하나님 아버지여, 계시의 영을 주시옵소서. 에베소 교인들의 마음의 눈을 밝혀 주시옵소서. 우리에게 베푸신 능력의 지극히 크심을 알게 하옵소서. 하나님께서 성령을 통하여 우리에게 주신 능력이 얼마나 큰가를 에베소 교인들이 알도록 하옵소서"(엡 1:17~19 참조).

성령이 임하시기를 기다리는 120명의 제자들은 성령이 오셔서 그들을 충만하게 채우시고 능력을 덧입혀 주실 때까지 다락방에 모여 마음을 같이하여 전혀 기도에 힘썼습니다. 기도하는 자만이 성령의 능력을 받습니다. 그러므로 우리도 기도해야 합니다. 다른 대안이 없습니다. 자신감도 소용이 없고, 달변도 소용없으며, 인간적인 지혜도 소용이 없다면 믿을 수 있는 것은 오직 복음의 말씀을 능력 있게 하시는 성령밖에 없습니다. 전도는 커뮤니케이션(communication : 의사소통)이 아닙니다. 전도는 컨프런테이션(confrontation : 대결)입니다.

전도는 영적 전쟁이다

전도는 영적 전쟁입니다. 어떤 이유에서 전도는 영적 전쟁이라고 할 수 있습니까?

"만일 우리 복음이 가리웠으면 망하는 자들에게 가리운 것이라 그 중에 이 세상 신이 믿지 아니하는 자들의 마음을 혼미케 하여 그리스도의 영광의 복음의 광채가 비취지 못하게 함이니 그리스도는 하나님의 형상이니라"(고후 4:3, 4).

'이 세상 신'이란 사탄, 마귀, 더러운 영, 귀신 등을 이야기합니다. '혼미케 한다'는 말은 도무지 보지 못하도록 눈을 가려 놓는다는 뜻입니다. 쉽게 말하면 복음을 들어도 무슨 소리인지 알아듣지 못하도록 아예 눈을 가려 놓는다는 말입니다. 이 세상의 악한 영들이 우리 주변에 있는 모든 사람들의 눈을 가려 놓고 십자가도 보지 못하게 만드는 것입니다. 예수 그리스도의 부활의 영광의 빛을 보지 못하게 만듭니다.

기도가 무엇입니까?

"오, 하나님이시여, 우리 주변에 있는 이웃들의 눈을 가려 놓고 마음을 혼미케 하는 악령의 역사를 쫓아 주시옵소서. 그들의 눈을 열어 주시옵소서."

이것이 기도입니다. 성령과 악령 중에 누가 강합니까? 성령이 강합니다. 우리가 기도하면 성령께서 예수님을 모르는 사람들의 마음에 임하셔서 그 마음을 얽어매고 있는 어두움의 권세를 쫓아 주시는 것입니다. 복음이 그들의 귀에 들어가는 것입니다. 기도가 얼마나 중요한지 모릅니다. 열심히 기도해야 합니다.

"우리의 씨름은 혈과 육에 대한 것이 아니요 정사와 권세와 이 어두움의 세상 주관자들과 하늘에 있는 악의 영들에게 대함이라"(엡 6:12).

우리는 눈에 보이는 적과 싸우는 것이 아닙니다. 눈에 보이지 않는 악령들과 싸우는 것입니다. 이것이 전도입니다. 그러므로 이 전도에서 우리는 우리 자신의 힘으로 이길 수 없습니다. 복음을 들고 나갈 때 성령의 능력이 함께해야 합니다. 그러기 위해서 기도해야 됩니다. 바울은 에베소서 6장 18절에서 이렇게 말씀합니다.

"모든 기도와 간구로 하되 무시로 성령 안에서 기도하고 이를 위하여 깨어 구하기를 항상 힘쓰며."

그가 기도를 얼마나 중요하게 생각했는지 모릅니다. 우리 모두 기도해야 합니다. 기도하면 하나님의 놀라운 역사가 일어납니다. 사탄의 힘을 무력화시킵니다. 기도는 어두움을 물리칩니다. 기도는 악령의 권세를 묶어 버립니다. 기도는 혼미한 심령에 진리의 빛을 비춥니다. 이것이 기도입니다. 기도할 때 성령이 역사하십니다.

이렇게 해서 복음이 증거되면 엄청난 일들이 일어납니다. 우리는 아무것도 아니지만 이 복음을 들고 나가서 기도하고 전하면 성령께서 듣는 자들의 마음속에 얼마나 놀라운 역사를 일으키시는지 모릅니다. 이에 대한 구체적인 사례를 이야기하려면 끝이 없습니다.

중범죄 교도소 안에 서 계시던 예수

제가 최근에 읽어 본 책에서 알게 된 실감나는 이야기를 하나 소개해 드리겠습니다. 평생 교도소 선교에 몸을 바쳐온 론 박사와 찰스 콜슨 박사가 전한 이야기입니다.

　세계에서 가장 악명 높은 교도소는 아프리카 잠비아에 있는 중범죄 교도소라고 합니다. 최고 악질들만 수감되어 있는 특수 감옥인데, 교도소 안에 또 하나의 교도소를 만든 것입니다. 사방이 온통 굵은 철망으로 뒤덮여 있어서 커다란 야생 동물을 가두어 놓은 우리처럼 생긴 고약한 곳입니다. 사방 5미터 정도 되는 작은 운동장 옆에 감방들이 쭈욱 늘어서 있습니다. 그 좁은 방에서 무려 23시간이나 꼼짝 못하고 앉아 있는 것입니다. 좁은 방에 너무나 많은 죄수들이 갇혀 있기 때문에 눕기에도 불편할 정도입니다. 그곳에 23시간 동안 갇혀 있다가 겨우 1시간 동안만 마당에 나와서 몸을 푸는 것입니다. 변기조차 없습니다. 식기에다 배설물을 받아내야 합니다. 아프리카의 그 작열하는 뜨거운 태양에 철판으로 된 감옥이 후끈후끈 달아오르면 역겹고 구역질 나는 냄새 때문에 숨을 제대로 쉴 수조차 없는 곳입니다. 한마디로 인간 지옥입니다. 참으로 상상하기 힘든 곳입니다.

　그런데 거기에 있는 죄수들에게 어느 무명의 전도자가 가서 복음을 전했다고 합니다. 그곳에 수용된 사람이 120명 정도 되는데, 80여 명이 예수를 믿었다는 것입니다. 그들 중 35명은 이미 사형 집행일을 기다리고 있는 사형수들입니다. 서로에게 화를 내고, 싸우고, 살인극이 벌어져도 속이 시원치 않을 지옥 같은 그 속에서 복음을 들은 것입니다. 얼마나 놀라운 일입니까!

　그 소문을 듣고 론 박사와 찰스 콜슨 박사가 특별면회를 요청하여 그곳에 갔습니다. 문이 열리고 손님들이 들어서자 갑자기 120명 가운데 80여 명이 우르르 일어서더랍니다. 그러더니 벽에 줄을 서서 정렬을 하는 것입니다. 신호가 떨어지자 찬양을 하기 시작했습니다. 그것도 4부 합창으로 말입니다. 그 지옥 같은 끔찍한 환경 속에서 찬양하는 그들의 표정이 그렇게 평화롭고 차분해 보일 수가 없었습니다.

그들의 모습을 본 론과 콜슨 박사는 그 광경이 꿈인지 현실인지 혼동할 정도였습니다. 평강이 넘치는 그들의 얼굴을 바라보고 있는데, 그들 뒤로 벽에 그려져 있는 한 그림이 눈에 들어왔습니다. 자세히 보니 숯검정으로 아주 정교하게 그린 십자가에 달리신 예수님의 모습이었습니다. 그 십자가의 예수님 앞에서 80여 명의 죄수들이 4부 합창으로 찬양하는 광경은 이들을 방문한 사람들로 하여금 그 죄수들과 함께 계시는 그리스도를 만나고 있는 듯한 느낌을 갖게 했습니다. 그들 가운데 예수님이 서 계시는 것을 그들이 본 것입니다. 온몸에 전율을 일으킬 정도의 흥분이 두 사람을 사로잡았습니다.

십자가에서 죽으시고 부활하신 주님이 그들과 함께 서서 찬양하시는 모습을 보면서 그들과 함께 거하시고, 그들의 고통과 슬픔과 절망을 함께 나누실 뿐만 아니라 그 지옥 같은 환경에서도 하나님을 찬송할 수 있는 기쁨과 능력을 제공하고 계시다는 것을 깨달았습니다. 이러한 체험을 하고 나서야 비로소 그들은 확실히 알았다고 합니다. 왜 바울이 예수 그리스도와 그분의 십자가에 못 박히신 것 외에는 아무것도 알지 아니하기로 작정했는지를 말입니다. 십자가의 주님 외에는 그들을 저렇게 변화시킬 수 있는 그 어떤 것도 상상할 수 없었기 때문입니다.

오직 성령께 의존하면서

성령이 역사하시는 복음의 능력을 아십니까? 이 능력을 안다면 나 혼자 움켜쥐고 있으면 안 됩니다. 마음에 떠오르는 이웃을 찾으십시오. 엄청난 일이 그들에게 일어날 수 있습니다. 한 사람의 영혼을 영원한 죽음에서 영원한 생명으로 옮겨 놓는 기적이 일어날 수 있습니다. 가정의 행복을 회복시켜 줄 수 있습니다. 병든 사회를 치유할 수 있습니다. 세상을 구원합니다. 하나님의 나라를 이 땅에 완성시킬 수 있습니다.

이 영광스러운 복음을 하나님께서 우리에게 맡겨 주셨습니다. 성령을 우리에게 부어 주셨습니다. 그리고 우리에게 전하라고 하십니다. 달변도 필요 없고 지식도 필요 없습니다. 자신감도 필요 없습니다. 오직 예수 그리스도의 복음을 들고 성령께 의존하면서 나가기만 하면 큰 이적이 일어납니다. 이 일에 우리 모두가 함께 동참하는 은혜가 있기를 바랍니다. 복음의 증인이 됩시다. 우리 이웃들 중에 예수가 없기 때문에 비참한 사람이 얼마나 많은가를 꼭 보시기를 바랍니다.

얼마 전에 사창가에 들어가서 전도를 한 형제가 저에게 팩스로 간증문을 보내왔습니다. 그것을 보면서 많이 놀랐습니다. 사람이 악해서 문제가 되는 것이 아닙니다. 사람이 악해서 세상이 비참해지는 것이 아닙니다. 사람은 처음부터 지금까지 항상 악했습니다. 앞으로도 계속 그럴 것입니다. 그것이 문제가 아니고 그것이 이유가 아닌 것입니다. 문제는 그들이 예수님을 모른다는 데 있는 것입니다.

복음의 능력이 살아 있는데, 성령의 역사가 오늘도 있는데, 순종하지 않으면 안 됩니다. 우리 모두 바울처럼 기도하면서 이 복음을 들고 우리 이웃에게 하늘의 영광, 하늘의 행복을 안겨 주는 주님의 자녀들이 될 수 있기를 바랍니다.

15. 세상이 알지 못하는 행복 체험

　예수를 잘 믿는 분들이 가끔 독백처럼 하는 이런 말을 들을 때가 있습니다. "예수 믿는 재미없이 무슨 맛으로 세상을 삽니까?" 이 말을 곰곰이 생각해 보면 그 말 속에서 예수 믿는 신앙생활이 정말 행복하다는 정서가 묻어 나옴을 알 수 있습니다. 그리스도인이라면 이런 고백을 하는 것이 정상이라고 생각합니다.

　예수 믿는 것이 행복이어야 됩니다. 신앙생활 하는 사람은 정말 행복해서 그것 하나만으로도 이 세상의 모든 것을 소유한 사람처럼 살 수 있어야 합니다. 왜 그래야만 하는지를 알고 싶다면 갈라디아서 2장 20절 말씀을 보면 됩니다. '예수를 믿는다, 신앙생활 한다'는 것은 갈라디아서 2장 20절 말씀을 그대로 우리 삶에서 실천하고 체험하는 것을 의미합니다.

"내가 그리스도와 함께 십자가에 못 박혔나니 그런즉 이제는 내가 산 것이 아니요 오직 내 안에 그리스도께서 사신 것이라 이제 내가 육체 가운데 사는 것은 나를 사랑하사 나를 위하여 자기 몸을 버리신 하나님의 아들을 믿는 믿음 안에서 사는 것이니라."

신앙생활이라는 것이 무엇입니까? 나를 사랑하사 나를 위하여 자기 몸을 버리신, 즉 죽도록 나를 사랑하신 예수님을 의지하고 그분과 함께 사는 것입니다.

이 세상에서 사랑하는 사람과 함께 사는 것만큼 행복한 것이 또 있습니까? 사랑에 눈이 먼 연인들에게는 둘이 함께 지낼 수만 있다면 살 집이 좀 작아도 문제가 되지 않습니다. 가난해도 괜찮습니다. 고생을 해도, 욕을 먹어도 견딜 수 있습니다. 그저 두 사람이 함께 있는 것만으로도 행복한 것입니다. 신앙생활도 같은 원리입니다. 자신의 생명을 아낌없이 내어주시기까지 나를 사랑하신 예수님과 함께 사는 것이 신앙생활이기 때문에 세상에 이것만큼 행복한 것이 없습니다. 예수를 믿는 사람이라면 누구에게나 그 행복이 마음속에 담겨 있어야 합니다. 그래야 정상입니다.

행복의 바위

제가 살던 시골 마을 바닷가에는 조그마한 바위가 하나 있습니다. 만조가 되어서 물이 가득하게 해변을 채우면 그 바위는 보이지 않습니다. 멀리서 보면 바위가 없는 것처럼 보입니다. 그러나 가까이 가서 보면 유리알처럼 맑은 물속에 그 바위는 여전히 앉아 있습니다. 아름다운 물고기들이 넘나들고 청초한 미역들이 춤을 추는 모습을 간직한 채 말입니다. 때로는 파도가 치고 바람이 붑니다. 그럴 때 물 밖에서 보면 바위가 없어진 것처럼 보입니다. 하지만 바위는 여전히 그 자리에서 파도와 싸워 이기고 50년 전이나 지금이나 변함없이 있습니다.

예수 믿는 사람들의 마음속에 있는 행복도 이 바위와 같다고 생각합니다. 평소에 늘 기뻐하며 사는 형제나 자매의 모습을 보면서 세상 사는 재미로 그렇게 행복해 하는 것인지, 예수 믿는 재미로 행복해 하는 것인지 분별하기 어려울 때가 있습니다. 그러나 가까이 가서 자세히 들여다보면 예수 믿는 재미 때문에 행복해 하는 것임을 발견하게 됩니다. 마음에 행복이 있기 때문에 그렇습니다.

가끔은 눈물과 한숨과 잠 못 이루는 고통을 안고 씨름할 때도 있습니다. 그러면 '저 사람의 마음에 그 행복이 있을까?' 하는 의심이 들 수도 있습니다. 그러나 가까이 가서 들여다보면, 파도가 넘실거리는 물속에 바위가 여전히 앉아 있듯이 그 사람의 마음속에 행복의 바위가 있는 것을 발견하게 됩니다.

실종된 행복

그러나 안타깝게도 교회를 다니는 사람들 가운데 이 행복을 모르는 분들이 많습니다. 그 중에는 예수 믿는 것이 따분하고, 지루하고, 너무나 힘겨워서 '어떻게 하면 이 짐을 벗어 버릴 수 있을까?' 라고 생각하는 사람까지 있습니다. 어떤 사람은 '젊은 나이에 어쩌다가 교회로 끌려와서 휴일에도 어디 가지도 못하고 지루하게 한 시간씩 꼬박 앉아 있을까' 라고 생각합니다. 그것도 재미있는 이야기나 들으면 모르겠는데 어떤 때는 기분 나쁜 말도 듣고, 어떤 때는 심지어 욕을 먹을 때도 있습니다. 그러니 '내가 무슨 팔자가 사나워서 이 꼴이 됐나?' 라며 팔자타령을 하지 않겠습니까?

예수를 믿는다면 최소한 60은 넘어서 믿어야 할 일도 별로 없고 시간도 많기 때문에 비로소 재미있게 신앙생활을 할 수 있을 것이라고 생각할지도 모릅니다. 이런 분들에게서 볼 수 있는 공통된 현상이 있습니다. 예배 시간이 지루합니다. 기도할 때 눈을 감는 것조차 답답해서 빨리 눈을 뜨고 싶습니다. 성경 말씀을 읽는 것도 부담스럽습니다.

그런데 이것은 비정상입니다. 신앙생활은 그렇게 재미없는 것이 아닙니다. 얼마나 행복하고 재미있는지 모릅니다. 물론 믿음이 작거나 혹은 믿음에 병이 들었으면 이렇게 신앙생활에 행복을 못 느낄 때도 있습니다. 그러나 믿음에는 전혀 하자가 없는 것처럼 보이는데 신앙생활의 행복은 모르는 사람들이 많이 있습니다. 성경 말씀으로 믿음을 가지고 있는지 그 여부를 확인해 보면 틀림없이 구원받은 사람입니다.

그러므로 이런 사실에서 신앙생활의 행복이 꼭 믿음하고 연계되는 것만은 아니라는 것을 알 수 있습니다. 믿음은 좋습니다. 그러나 행복하지 않을 수 있습니다. 나는 어느 편에 속해 있습니까? 정말 행복합니까? "예수 믿는 재미없이 무슨 맛으로 세상을 삽니까?"라고 말하는 사람입니까? 아니면 예수 믿는 것 그 자체가 무거운 짐이 되어 버린 사람은 아닙니까?

자신을 한번 돌아보시기를 바랍니다. 예수 믿는 삶이 행복하지 않다면 그것은 비정상입니다. 본문 말씀(요일 2:15~17)이 그 이유에 대해 정확한 대답을 하고 있습니다.

"이 세상이나 세상에 있는 것들을 사랑치 말라"(15절).

이것이 답입니다. '왜 나는 예수 믿는 재미가 없을까? 왜 행복하지 못할까?' 라는 의문이 생깁니까? 그 이유는 하나님만을 사랑해야 될 사람이 세상도 동시에 사랑하고 있기 때문입니다. 마음이 갈라져 있기 때문입니다. "이 세상이나 세상에 있는 것들을 사랑치 말라."는 말씀은 하나님만 사랑하라는 뜻입니다. 달리 표현하자면 세상의 것에 마음을 빼앗기면 절대로 신앙생활은 행복하지 못하다는 이야기입니다. 그러므로 진정 신앙생활의 행복을 원하십니까? 진실로 신앙생활의 기쁨과 능력을 체험하고 싶습니까? 그렇다면 마음을 나누지 말고 전심을 오직 하나님께만 드려야 합니다.

두 여자를 한꺼번에 사랑하는 남자치고 행복한 사람은 없습니다. 인간의 마음이라는 것은 아무리 두 사람을 사랑하고 싶어도 한꺼번에 둘 다 사랑할 수 없게 되어 있습니다. 진실한 사랑은 한쪽에게만 줄 수 있기 때문입니다. 그럼에도 불구하고 두 쪽을 다 가슴에 품고 마음이 왔다 갔다 한다면 갈등 밖에 더 있겠습니까? 고통 밖에 더 있겠습니까? 거기에 무슨 행복이 있겠습니까? 하나님과 세상을 앞에 두고 있는 우리의 마음도 마찬가지입니다.

하나님을 향한 사랑으로 내 마음을 채울 때는 항상 행복합니다. 그러나 세상에 마음을 주기 시작하면 갈등과 고통 밖에 남는 것이 없습니다. 아무리 기도해도 하나님의 은혜가 임하지 않습니다. 아무리 성경 말씀을 보아도 그 마음에는 평안이 없습니다. 마음이 나뉘었기 때문입니다.

최고의 사랑, 최고의 요구

하나님은 우리에게 최고의 사랑을 주셨습니다. 이 세상 그 무엇과도 비교할 수 없는 완전하고 무궁한 사랑을 우리에게 주셨습니다. 우리를 위해 자기 아들을 희생하셨고 그 대가로 우리를 하나님의 자녀로 삼으셨습니다. 요한일서 3장 1절을 읽어 보십시오. 거기에는 하나님의 사랑이 진지하게 표현되어 있습니다. 하나님의 그 크신 은혜가 흘러넘치고 있습니다.

"보라 아버지께서 어떠한 사랑을 우리에게 주사 하나님의 자녀라 일컬음을 얻게 하셨는고 우리가 그러하도다."

우리 자신은 얼마나 크고 놀라운 사랑을 받은 존재들인지 모릅니다. 그러므로 하나님께서는 우리에게도 최고의 사랑을 요구하십니다. "내가 너를 사랑한 것처럼 너도 나를 사랑하라 한마음으로 나를 사랑하라."
마태복음 22장 37절을 보면 예수님은 구약을 인용하셔서 우리를 잔뜩 긴장시키는 말씀을 하십니다.

"예수께서 가라사대 네 마음을 다하고 목숨을 다하고 뜻을 다하여 주너의 하나님을 사랑하라"(마 22:37).

참으로 부담이 되는 말씀이 아닙니까? 우리가 무슨 재주로 마음을 다하고 목숨을 다하고 뜻을 다해서 보이지 않는 하나님, 예수님을 사랑한다는 말입니까? 그럼에도 불구하고 하나님은 우리에게 최고의 사랑을 요구하십니다. 마태복음 10장 37절에는 더 부담이 되는 말씀이 나옵니다.

"아비나 어미를 나보다 더 사랑하는 자는 내게 합당치 아니하고 아들이나 딸을 나보다 더 사랑하는 자도 내게 합당치 아니하고."

자기 아버지나 어머니를 예수님보다 더 사랑하면 그 사람은 예수님과 아무 관계가 없다는 말씀입니다. 그래도 그것은 가능할지도 모르겠습니다. 요사이 세상이 하도 사나워져서 부모에 대한 사랑이 이미 다 식어 버린 마당에 아버지, 어머니를 그렇게 사랑하는 사람은 그리 많지 않은 것 같기 때문입니다. 그러나 그 다음에 나오는 "아들이나 딸을 나보다 더 사랑하면 나를 사랑할 수 없다."는 말씀은 우리의 마음을 대단히 무겁게 만듭니다. 자녀라면 사족을 못 쓰는 우리가 과연 자녀를 사랑하는 그 사랑을 뛰어넘어 하나님을 사랑할 수 있겠습니까? 어떻게 하면 그렇게 할 수 있습니까?

마리아처럼 값진 향유를 예수님의 발에 붓고 머리털로 그 발을 씻기면서 주님 앞에 자신을 드려야만 하나님을 그렇게 사랑할 수 있는 것입니까? 베드로처럼 배도, 잡은 고기도, 집도 내버리고 예수님을 평생 따라다니면서 복음을 전해야 하나님을 사랑한다고 할 수 있는 것입니까? 바울처럼 결혼도 하지 않은 채 평생 동안 매 맞고, 옥에 갇혀 고생하고, 이리저리 쫓겨 다니면서 주님의 나라를 이 땅 위에 확장하기 위하여 생명을 바치는 수고를 해야 주님을 사랑한다고 할 수 있는 것입니까? 어떻게 해야만 주님을 사랑한다고 말할 수 있습니까? 어떻게 하면 아들딸보다 주님을 더 사랑할 수 있습니까? 어떻게 하면 마음을 다하고 뜻을 다하고 목숨을 다해 주님을 사랑한다고 할 수 있습니까?

아이작 와츠가 "늘 울어도 눈물로써 못 갚을 줄 알아 몸 밖에 드릴 것 없어 이 몸 바칩니다."라고 쓴 찬송가 가사대로 해야만 하나님을 사랑한다고 할 수 있는 것입니까? 어떻게 해야만 하나님이 요구하시는 사랑을 할 수 있는 것인지 잘 모르겠습니다. 하나님은 우리에게 너무나 순수한 사랑을 요구하시기 때문입니다.

그러므로 온 마음을 다해서 하나님을 사랑한다고 해도 하나님이 요구하시는 그 사랑을 하나님께 드릴 수 있을지 없을지 모를 일입니다. 그런데 그 마음을 세상으로 슬그머니 돌려서 거기에 마음도 주고, 사랑도 주고, 정도 준다면 어찌 하나님을 사랑하는 것이 가능하겠습니까? 어찌 그 마음이 행복할 수 있겠습니까? 우리의 마음이 하나님과 세상, 이 두 곳으로 나뉠 때, 어떤 일이 일어나는지 요한일서 2장 15절을 통해 살펴봅시다.

"이 세상이나 세상에 있는 것들을 사랑치 말라 누구든지 이 세상을 사랑하면 아버지의 사랑이 그 속에 있지 아니하니."

마음이 나뉘면 아버지의 사랑, 하나님의 사랑이 그 마음에서 떠난다고 이야기합니다. 여기서 아버지의 사랑은 헬라어 원문상 두 가지로 볼 수 있습니다. 하나는 하나님께로부터 오는 사랑이고, 또 하나는 나로부터 하나님께로 가는 사랑입니다. 그러므로 하나님이 우리를 사랑하시는 것, 또 내가 하나님을 사랑하는 것, 이 두 가지를 다 포함하는 것이 '아버지의 사랑'입니다.

세상에 마음을 주고 사랑을 주기 시작하면 우리 생각에 하나님에 대한 사랑이 그래도 여전히 우리 안에 남아 있을 것 같지만 실상은 그 사랑이 떠나 버린다는 것입니다. 하나님께서는 그렇게 불순한 마음에는 거하시지 않기 때문입니다. 두려운 말씀입니다. 이 사실을 가슴에 담고 꼭 기억해야 됩니다. 우리는 세상과 하나님 둘 다 사랑할 수 있다고 생각합니다. '하나님, 저는 하나님을 사랑합니다. 그렇기 때문에 세상에 마음을 좀 준다 해도 그리 큰 문제가 될 건 없지 않습니까?' 그렇게 대수롭지 않게 생각합니다. 그러나 하나님은 진지하십니다. "네가 세상에 마음을 주면 내 사랑이 네 마음에 거할 공간은 없어진다. 세상과 나 둘 중에 하나를 택하라. 둘 다 네 마음에 담을 수는 없다."

세 가지 미끼

잘 알다시피 세상은 대단히 매력적인 대상입니다. 눈으로 보면서 즐기고, 귀로 들으면서 즐기고, 몸으로 느끼면서 즐기는 그 모든 것들이 다 세상으로부터 옵니다. 부귀와 영화와 권세와 그 모든 쾌락은 세상이 주는 것들입니다. 그러므로 이 세상이 얼마나 매력적입니까? 우리 자신의 능력으로는 그 매력을 뿌리칠 수 없을 정도입니다. 하나님의 특별한 은혜가 아니고서는 그것에 너무 쉽게 마음을 빼앗길 수밖에 없습니다. 이것은 사실입니다. 16절은 세상에 있는 모든 것을 세 가지로 요약하고 있습니다.

첫 번째 미끼 - 육신의 정욕

육신의 정욕은 소유욕을 의미합니다. 소유욕이란 무엇이든지 갖고 싶어하는 욕망입니다. 그러나 이 소유욕은 원하는 것을 갖게 되었다고 해서 충분히 만족되지 않습니다. 소유욕은 가지면 가질수록 점점 더 갖고 싶어하는 무서운 욕망입니다. 이것이 육신의 정욕입니다. 이 매력이 얼마나 대단한지 모릅니다. 이 세상에서 솔로몬만큼 금은보화를 많이 가지고 살았던 사람이 없습니다. 그는 원하는 것은 무엇이든지 다 손에 넣은 사람입니다. 그것을 쌓아 놓고 살았던 사람입니다. 그러나 그가 원하는 대로 모든 것을 다 해보고 나서 무엇이라고 말했는지 아십니까?

"은을 사랑하는 자는 은으로 만족함이 없고 풍부를 사랑하는 자는 소득으로 만족함이 없나니 이것도 헛되도다"(전 5:10).

끝이 없는 것입니다. 그러므로 소유욕에 한번 빠져들었다 하면 끝까지 끌려가는 것입니다. 결국에는 아무것도 얻지 못하고 파산하도록 만드는 것이 이 소유욕입니다.

두 번째 미끼 - 안목의 정욕

안목의 정욕은 무엇입니까? 눈으로 보고 즐기는 것입니다. 일종의 쾌락욕입니다. 오감을 통해 즐기기를 원하고, 만족하기를 원하는 이 쾌락욕도 얼마나 무서운 것인지 모릅니다. 한번 즐겼다고 만족합니까? 물론 그렇지 않습니다. 즐기면 즐길수록 더 큰 것을 원합니다. 한 번 작은 쾌락을 맛보았으면 다음 번에는 좀더 큰 쾌락을 찾기 마련입니다. 마약 복용자처럼 끝없이 끌려 들어가는 것입니다. 이 점이 무서운 것입니다. 이것이 안목의 정욕입니다. 그래서 전도서 1장 8절은 "눈은 보아도 족함이 없고 귀는 들어도 차지 아니하는도다."라고 말하고 있습니다.

솔로몬이 자기 주변에 아름다운 미녀를 몇 명이나 두었는지 우리는 익히 알고 있습니다. 천 명입니다. 그것도 공식적으로만 그렇습니다. 그렇다면 비공식적으로는 도대체 얼마나 되는지 모릅니다. 보기에 아름답고 마음에 들면 언제든지 자기 옆에 데려다 놓을 수 있는 권한을 가지고 즐긴 사람입니다. 즐겨 보지 않은 것이 하나도 없습니다. 온갖 부귀영화를 다 누려 보았지만 끝이 없었습니다. 그래서 "눈은 아무리 보아도 만족이 없더라. 귀는 아무리 들어도 차지 않더라."고 말한 것입니다.

세 번째 미끼 - 이생의 자랑

이생의 자랑이 무엇입니까? 이생의 자랑은 과시욕입니다. 자기가 얻은 명성, 쌓은 부, 잘난 것, 똑똑한 것 등을 가지고 무대 기질을 발휘하여 사람들 앞에 자랑함으로써 다른 사람의 기를 꺾어 놓은 것이 과시욕입니다.

인간에게는 누구에게나 과시욕, 즉 무대 기질이 있습니다. 어린아이들이 대여섯 살만 되면 앞에 나서서 노래하는 것을 얼마나 좋아하는지 보십시오. 이것이 무대 기질이라는 것입니다. 자랑하고 싶어합니다. 사람들의 눈을 끌어 자기를 한번 과시해 보려는, 허파에 바람 든 여인들의 행태를 한번 보십시오. 호피 무늬 반코트가 뭐가 그리 대단한 것이라고 동이 납니까? 이것도 끝이 없습니다. 그래서 야고보서 4장 16절에 이런 말씀이 있습니다.

"이제 너희가 허탄한 자랑을 자랑하니 이러한 자랑은 다 악한 것이라."

모두가 악한 것임에도 불구하고 자랑하고 있는 것입니다.

세속화의 위험

이렇게 소유욕이나 과시욕, 쾌락욕과 같은 것들은 굉장히 아름다운 매력을 가지고 있기 때문에 정신을 차리지 않으면 금방 그쪽으로 마음이 쏠리게 됩니다. 세상에 마음을 빼앗기는 것은 하루아침에 우연히 발생하는 일이 아닙니다. 하루아침에 갑자기 일어나는 사고가 아니라는 것입니다. 나도 모르게 조금씩 조금씩 마음을 쓰다가 언젠가는 완전히 기울어지는 것입니다. 겉으로는 하나님만 사랑하는 것이 틀림없는 것 같은데 나도 모르게 마음이 조금씩 조금씩 세상 쪽으로 가는 것입니다. 세상을 사랑하는 것은 행동으로 먼저 나타나지 않습니다. 오히려 마음이 먼저 가고 그 다음에 행동이 따라옵니다. 그러므로 행동은 교회로 오지만 마음은 세상으로 가 있을 수 있습니다. 얼마나 무서운 사실입니까?

이민을 간 사람들이 처음에는 한국인으로서의 고유한 전통이나 언어, 여러 가지 습관 등을 지키려고 애를 씁니다. 그러나 5년, 10년, 20년이 지나다 보면 자기도 모르는 사이에 점점 본토 사람들의 언행을 닮아 가지 않습니까? 이것을 '세속화'라고 말합니다. 마찬가지입니다. 예수 믿는 사람들이 하나님만 사랑하며 살겠노라고 결심하고서 성경 말씀을 읽고, 기도하며 신앙생활에 열심을 내지만 조금만 마음을 놓고 긴장을 풀면 자신도 모르는 사이에 자꾸 세상을 닮아 가고, 세상에 동화되어 버리는 것입니다.

세상 살기가 너무 어려워서 만정이 다 떨어지면 차라리 괜찮습니다. 전쟁이 일어나 날마다 피를 보고 거리에 나뒹구는 시체들을 목격해야 하는 비참한 상황이라면 사람들은 이 세상에 대해 그만 정이 떨어져 아무리 세상을 사랑하라고 해도 사랑하지 않게 됩니다. 자기도 모르게 무릎을 꿇고 하나님을 향해 손을 들어 기도합니다. "주님, 주님 밖에 없습니다. 예수님만이 우리의 소망입니다."

기근이 심하게 들어 너무나 살기가 어려워져서 저녁에 잠자리에 들면서 다음날 아침이 돌아오지 않았으면 좋겠다는 생각이 들 정도가 되면 사람들은 마음을 세상에 주지 않습니다. 자연히 하나님 앞에 마음을 줍니다. 그러나 전쟁도 없이 평안하고, 먹을 것이 남아 돌고, 즐길 것이 널려 있는 시절이 오랫동안 계속되면 너나 할 것 없이 자기도 모르게 세상 쪽으로 마음이 끌리게 되어 있습니다.

하나님의 불안

하나님께서 이스라엘 백성을 애굽에서 끌어내어 저 가나안 땅으로 들여보내시면서 그곳은 젖과 꿀이 흐르는 정말 환상적인 곳이라고 일러주십니다. 먹을 것이 모자람이 없는 땅이요, 아무 부족함이 없는 땅입니다. 오히려 그렇기 때문에 하나님께서 긴장을 하시는 것입니다. 이스라엘 백성은 그 땅에 아직 도착하지도 않았고 지금 가고 있는 중입니다. 그럼에도 불구하고 하나님께서 몹시 불안해하시는 것을 볼 수 있습니다. 신명기 8장 12~14절에서 이렇게 말씀하십니다.

"네가 먹어서 배불리고 아름다운 집을 짓고 거하게 되며 또 네 우양이 번성하며 네 은금이 증식되며 네 소유가 다 풍부하게 될 때에 네 마음이 교만하여 네 하나님 여호와를 '잊어버릴까' 하노라."

'잊어버린다'는 말은 무신론자가 된다는 의미가 아닙니다. 이스라엘 백성이 무신론자가 된 적은 한 번도 없습니다. 그 마음이 세상에 빼앗긴다는 뜻입니다. 하나님께서는 마음이 세상으로 향해 있는 이스라엘을 음행한 여인에 비유하십니다. 하나님에게서 마음이 떠나는 것입니다. 성경을 보십시오. 너무나 평안하고, 너무나 잘살고, 모든 것이 만족스러울 때 세상으로 끌려 들어간 신자들이 얼마나 많습니까? 롯을 보십시오. 롯의 아내를 보십시오. 삼손을 보십시오. 솔로몬을 보십시오. 가룟 유다를 보십시오. 데마와 후메내오와 알렉산더와 니골라를 보십시오. 모두가 예수 믿는 사람들이었지만 마음을 세상에 주다가 파멸의 구렁텅이로 다 끌려 들어갔습니다. 스스로 불행한 종말을 자초하였습니다.

역사를 통해서도 동일한 교훈을 얻을 수 있습니다. 유럽을 한번 보십시오. 기독교의 메카라고 하는 네덜란드와 벨기에를 보십시오. 얼마나 믿음이 좋은 선조들을 가지고 있는 사람들입니까? 그러나 요즈음 벨기에 같은 곳은 열 명 중 한 명만 성경을 가지고 있다고 합니다. 모두가 다 세상으로 가버렸습니다. 프랑스는 천 명 가운데 겨우 한 사람이 예수 믿는 사람입니다. 다 세상으로 가버렸습니다. 세상에 마음을 주는 것이 우리를 얼마나 불행하게 만드는가를 다시 한 번 기억해야 됩니다.

교회 안에 세상에 마음을 주는 사람들이 증가하면 그 교회는 회색지대가 되어 버립니다. 세상인지 교회인지, 교회인지 세상인지 분간할 수 없는 이상한 장소가 되는 것입니다. 그런 곳에서는 영적 의미가 애매모호한 이중적인 언어가 난무합니다. 언뜻 들으면 옳은 말 같은데 자세히 살펴보면 잘못된 말들을 함부로 쏟아 놓고 있는 것입니다.

어느 목사님이 이렇게 설교합니다.

"이 세상의 재물은 하나님이 주신 선물입니다. 마음껏 쌓고 즐기는 것은 우리의 축복입니다. 할렐루야!"

그러자 설교를 듣고 있던 성도들이 "아멘!" 하고 힘차게 대답합니다. 과연 그 말이 옳습니까? 성경적으로 보면 그것은 잘못된 이야기입니다. 어떤 분은 또 이렇게 말합니다.

"세상적인 축복은 반드시 받아야 합니다. 그것이 돈이든, 장수이든, 자식이든, 그 무엇이든지 하나님이 주시는 세상적인 축복은 받아야 합니다. 왜냐하면 하나님이 허락하신 것이기 때문입니다. 만일 여러분이 이 축복을 받지 못하면 그것은 여러분의 믿음에 문제가 있기 때문입니다. 그러므로 믿음을 가지십시오. 반드시 하나님은 이 모든 축복을 주실 것입니다. 할렐루야!"

이것도 올바른 말씀이 아닙니다. 언뜻 들으면 옳은 말 같은데 그 안에 심각한 문제가 있는 것입니다. 이런 설교를 하는 분들은 벌써 마음이 세상으로 간 것입니다. 그 설교를 듣고 "아멘!" 하는 성도들도 그 마음이 세상으로 간 것입니다.

안 믿어도 잘산다?

한국 교회의 교단 중에서 6, 70년대와 80년대 중반까지 불꽃이 튀듯 성장했던 교단들이 있습니다. 많은 분들이 그 교단 소속 교회에 가서 은혜를 받고 너무나 행복한 신앙생활을 하고 있는 것이 사실입니다. 그런데 최근에는 그 교단 소속 교회의 부흥이 그렇게 신통치 않은가 봅니다. 어떤 교회는 자꾸 점점 줄어들기까지 합니다. 그래서 제가 그 교단의 지도자 되시는 목사님 한 분에게 여쭤 보았습니다. "목사님, 왜 그렇습니까? 왜 목사님 소속 교단이 부흥이 잘 안됩니까?" 그러자 이분이 농담 섞인 투로 다음과 같이 대답하셨는데, 언중유골(言中有骨)이라는 생각이 들었습니다.

"우리나라 사람들이 가난해서 못살 때에는 예수를 잘 믿으면 부자가 되고 건강하게 살 수 있다는 메시지가 굉장히 큰 호소력을 가졌기 때문에 구름떼와 같이 예수를 믿으려고 모였습니다. 그러나 목사님, 요즘엔 다 잘살지 않습니까? 잘사는데 굳이 그렇게 열심히 교회에 나갈 필요가 있겠습니까? 그래서 교회가 부흥이 안되는 것입니다." 상당히 의미 있는 진단이라고 생각합니다.

세상을 사랑하고 세상에 마음을 주면 우리의 행복을 잃어버립니다. 예수 믿는 자만이 알고 있는 행복을 빼앗기고 맙니다. 그러므로 우리는 시편 119편 36, 37절과 같이 기도해야 합니다.

"내 마음을 주의 증거로 향하게 하시고 탐욕으로 향치 말게 하소서"(시 119:36).

바꾸어 말하면, "내 마음을 하나님께만 향하게 하시고 탐욕으로 향하지 말게 하소서."라는 의미입니다.

"내 눈을 돌이켜 허탄한 것을 보지 말게 하시고 주의 도에 나를 소성케 하소서"(시 119:37).

우리는 이런 기도를 드려야 합니다. 또 우리는 잠언 기자가 드린 기도와 같은 기도를 드려야 합니다.

"나로 가난하게도 마옵시고 부하게도 마옵시고 오직 필요한 양식으로 내게 먹이시옵소서 혹 내가 배불러서 하나님을 모른다 여호와가 누구냐 할까 하오며 혹 내가 가난하여 도적질하고 내 하나님의 이름을 욕되게 할까 두려워함이니이다"(잠 30:8, 9).

변화되었는가?

우리가 바로 알아야 할 중요한 진리가 하나 있습니다. 기독교가 말하는 '변화'는 소유욕, 쾌락욕, 과시욕으로부터의 자유를 의미한다는 것입니다. 성경 말씀을 읽으면서 변화를 받았습니까? 제자훈련을 받으면서 변화를 경험했습니까? 구역 모임에서 은혜를 받았습니까? 설교를 듣다가 은혜를 받았습니까? 은혜를 받고 변화되었다는 것의 의미는 다름이 아니라 물질욕에서 자유하게 되는 것입니다.

예수께서 부자 청년에게 그 소유를 팔아 가난한 자들에게 주고 그분을 따르라고 권면하셨을 때 그 청년이 보였던 반응을 기억하십니까? 자신이 하나님의 말씀에 잘 순종해 왔다고 생각했지만 결정적으로 물질욕에서 자유하지 못했던 것입니다. 그는 아직 은혜를 모르고 변화되지도 않은 사람입니다. 재물을 많이 소유한 부자가 예수를 믿고 진실로 변화되었다고 한다면 삭개오처럼 하나님 나라와 영광을 위해, 선한 사람과 가난한 사람을 돕는 데 물질을 쓸 줄 알아야 하는 것입니다.

변화는 받았다고 말하고, 은혜는 받았다고 말하는데 돈에 관한 이야기만 나오면 얼굴색이 달라지는 사람들이 있습니다. 정말 불행한 사람들입니다. 돈을 향한 그 마음에서 자유하지 못하고 있는 것입니다. 그 사람을 두고 어느 누가 "그는 하나님을 진정으로 사랑한다."고 말할 수 있겠습니까? 기독교의 변화를 체험한 사람은 자기를 자랑하려고 하지 않습니다. 기독교의 변화를 체험한 사람은 본능만을 좇아 사는 동물 같은 인간이 되지 않습니다.

예수를 믿고 하나님께서 재물을 많이 주셨습니까? 예수를 믿었는데 사업이 복을 받고 경제적으로 풍성해졌습니까? 그렇다면 그 축복이 전적으로 하나님께로부터 은혜로 온 것인 줄로 알고 하나님이 기뻐하시는 일에 재물을 흩어줄 줄 알아야 진정으로 변화를 체험한 사람입니다. 그렇게 함으로써 물질에 마음을 주지 않는 것입니다.

아무리 좋은 집을 짓고 있어도 그 집에 마음을 주지 않는 것입니다. 아무리 지위가 올라가고 명예가 높아져도 거기에 마음을 주지 않는 것입니다. 오직 모든 것을 가지신 하나님, 나를 사랑하신 하나님께만 내 마음을 고스란히 바치는 것입니다. 흩어주는 자만이 그렇게 할 수 있습니다. 그러나 물질에 마음이 매이기 시작하면 하나님께 마음을 드릴 수가 없습니다.

서양 속담에 이런 말이 있습니다.

"돈은 분뇨와 퇴비와 같아서 그것을 쌓아 두면 악취가 나지만 흩어 버리면 땅을 비옥하게 만든다."

분뇨라는 것이 그렇습니다. 계속 쌓아 두기만 하면 냄새만 날 뿐입니다. 그러나 다 끌어 모아다가 썩힌 후 논에 뿌리면 땅이 비옥해져서 풍성한 추수를 할 수 있게 됩니다. 돈도 마찬가지입니다. 쌓아 놓으면 냄새가 납니다. 그러나 흩어 버리면 엄청난 축복을 받게 됩니다. 누가 그렇게 할 수 있습니까? 돈에 마음을 안 주는 사람이 할 수 있습니다. 그런 사람의 마음속에 하나님의 자녀로서의 행복이 깃들 수 있는 것입니다. 그런 사람의 마음속에 하나님만이 주시는 감미로운 교제가 끊임없이 이어질 수 있는 것입니다. 우리는 어떤 사람입니까? 정말 변화받은 사람입니까? 하나님만 사랑하는 사람입니까? 그래서 행복합니까? 성령께서 우리의 마음을 열어 주셔서 자기 자신을 냉정하게 진단해 볼 수 있기를 바랍니다. 추호라도 우리의 마음이 한쪽으로 기울었다면 하나님 앞에 회개할 수 있기를 바랍니다.

"이 세상도 그 정욕도 지나가되 오직 하나님의 뜻을 행하는 이는 영원히 거하느니라"(요일 2:17).

이 말씀을 마음에 담고 음미하십시오. 무엇이 잠깐 있다가 없어지는 것이며, 무엇이 영원한가를 똑바로 구별할 줄 알아야 합니다. 이 세상에 소유욕이든, 과시욕이든, 쾌락욕이든 그 모든 것들은 다 잠깐 있다가 지나가는 안개와 같다고 말씀합니다. 이렇게 잠깐 있다가 없어지는 것에 생명을 걸 까닭이 어디에 있습니까? 그런 것에 내 마음을 줄 이유가 무엇입니까? 금방 있다가 없어지는 것에 마음을 빼앗기고 한평생을 바치려고 한다면 그 사람만큼 바보 같은 사람이 없을 것입니다. 하나님께서 그 모든 것이 다 지나가는 것이며 없어지는 것이라고 말씀하셨습니다.

진정한 스타

20세기에 화려하게 등장했던 많은 스타들이 아직도 우리의 기억 속에 남아 있습니다. 그러나 돌이켜 보십시오. 케네디가 어디 있습니까? 마릴린 면로가 어디 있습니까? 20세기 초반에 세계적인 기업이 약 100여 개가 있었다고 합니다. 그런데 70년도 채 지나지 않은 지금 그 중에서 고작 10개 정도만 남았습니다. 그 많은 부자들이 다 어디로 갔습니까? 그들이 지은 고대광실 같은 집들이 다 어디에 있습니까? 모든 것이 다 지나갑니다. 지나가서 없어지는 것들에 마음을 팔면 자기도 불행해지고 하나님 앞에도 영광이 되지 못합니다.

하나님께서는 하나님의 뜻을 행하는 자만이 영원히 남는다고 말씀하십니다. 누가 하나님의 뜻을 행할 수 있습니까? 하나님만 사랑하는 자가 하나님의 뜻을 행할 수 있습니다. 하나님만 사랑하려고 하는 사람은 재물이 생길 때 하나님의 뜻을 위해서 쓰기를 원하고, 명예가 높아질 때 이를 통해 하나님의 영광을 드러내려는 마음을 갖습니다.

얼마 전에 지방에서 고위직 검사로 근무하고 계신 한 집사님을 만났습니다. 그런데 요즘 그 지방은 그분 때문에 떠들썩하다고 합니다. 왜냐면 이분이 교회마다 방문하여 목사님들과 대화를 나누고, 교인들이 찾아오면 친절하게 상담을 해주고, 제자훈련을 받고 그리스도의 제자가 되어야 한다며 그 지방 구석구석을 누비고 다니신 모양입니다. 그래서 이 소문으로 떠들썩하다고 합니다. 공식적 통계에 의하면 검사 사회에는 9명 중에 1명 조금 안되는 꼴로 크리스천이 있다고 합니다. 사실은 크리스천이 더 있는데 대부분 예수 믿는 것을 드러내려고 하지 않는 음성적인 크리스천이라고 합니다. 아홉 중에 하나라면 얼마나 외롭겠습니까? 그럼에도 불구하고 이분은 자신의 지위와 입지를 이용하여 하나님의 뜻을 행하고 있는 것입니다. 그렇기 때문에 영향력을 끼치는 것이 아닙니까? 그런 사람이 영원히 남는 것입니다. 하늘의 별처럼 영원히 남는다고 하나님께서 말씀하십니다.

이런 행복을 체험하십니까?

이제 우리는 세상을 사랑하지 맙시다. 돈을 열심히 버십시오. 힘껏 버십시오. 그러나 돈을 사랑하지는 마십시오. 경쟁사회에서 남에게 뒤떨어지지 않기 위하여 밤낮없이 씨름하고 노력하십시오. 게으르면 안 됩니다. 하나님의 자녀는 최선을 다해야 합니다. 경제계에 들어가든지 정치계에 들어가든지 연예계에 들어가든지 최선을 다하십시오. 그리고 지도자가 되십시오. 그러나 거기에 마음을 빼앗기지는 마십시오. 하나님이 주시는 모든 것은 하나님의 뜻을 행하기 위해서 써야 될 대상이지 거기에 마음을 주어야 될 대상은 아닙니다. 조금이라도 마음을 주면 우리 가슴속의 행복은 깨져 버립니다.

눈을 감으면 사랑하는 주님이 내 마음에 와서 조용히 내 마음을 만져 주시는 행복을 아십니까? 이 세상에는 누구 하나 믿을 사람이 없다는 생각이 들 때마다 말씀을 펴놓고 마음에 묵상하면서 "아버지 하나님, 하나님만이 제가 영원히 믿을 수 있는 분입니다."라고 고백하면, 우리 하나님은 조용히 다가오셔서 내 영혼을 쓰다듬어 주시고 우리 안에 새 힘을 주십니다.

이 감미로운 행복을 아십니까? 어찌해야 좋을지 도무지 몰라서 눈앞이 캄캄할 때 엎드려 기도하고 일어서는 순간 하나님께서 분명히 인도해 주시고 해결해 주실 것이라는 확신이 가슴속에서 일어나는 행복을 아십니까? 이런 행복을 가지고 사는 자가 신앙생활을 바로 하는 정상적인 크리스천입니다. 이 행복이 마음에 별로 없다면 다시 한 번 진단해 보아야 합니다. 마음이 한쪽으로 치우치지는 않았는지, 세상에 마음을 주고 있지는 않은지 스스로 점검해 보고 다시 제자리로 돌아와야 합니다.

"이 세상이나 세상에 있는 것들을 사랑치 말라 누구든지 세상을 사랑하면 아버지의 사랑이 그 속에 있지 아니하니 이는 세상에 있는 모든 것이 육신의 정욕과 안목의 정욕과 이생의 자랑이니 다 아버지께로 좇아온 것이 아니요 세상으로 좇아 온 것이라 이 세상도 그 정욕도 지나가되 오직 하나님의 뜻을 행하는 이는 영원히 거하느니라"(요일 2:15~17).

16. 신랑을 위한 신부 수업

얼마 전에 한 장로님을 만나 같이 식사를 하면서 이야기를 나누었습니다. 그분은 이미 은퇴하신 노령의 장로님이지만 항상 젊은이 못지 않은 발랄함과 건강을 유지하시는 분입니다. 그분이 몇 달 전에 꿈을 꾸셨는데, 그 꿈 내용에 너무 흥분한 나머지 어느 방송국 직원들을 대상으로 하는 강의에서 꿈 이야기를 하셨나 봅니다. 그런데 공교롭게도 그 강의가 전파를 타게 되었고, 방송을 통해 강의를 들은 사람들의 계속되는 항의와 협박 전화 때문에 두 달 동안이나 혼이 났다고 합니다.

도대체 무슨 꿈이었기에 그러는지 궁금해서 물었더니 그분이 대답하시기를, 꿈에 불국사에 갔더니 그곳에 십자가가 세워져 있었다는 것입니다. 놀라서 통도사도 가보았는데 거기도 십자가가 서 있는 것입니다. 우리나라가 기독교로 완전히 통일되는 줄 알고 너무나 신이 났다고 합니다. 이번에는 지리산에 가보았더니 화엄사라는 절에도 십자가가 세워져 있었습니다. 거기에 있는 한 노승이 성경을 읽고 있어 가만히 다가가 보았더니 전도서를 펴놓고 "헛되고 헛되며 헛되고 헛되니 모든 것이 헛되도다."라는 구절을 읽고 있더라는 것입니다.

그 꿈을 꾸고 나서 21세기 한국의 소망은 교회 밖에 없다는 것을 하나님께서 가르쳐주신 것 같다는 생각이 들자 신이 나서 이야기를 했는데, 그것이 전파를 타게 되어 안 들어도 될 사람들의 귀에 들어갔던 것입니다.

유명한 성경 주석가 윌리엄 바클레이가 40년 동안 교회에서 봉사를 한 후에 남긴 이 한마디에 저는 기꺼이 동의합니다.

"나는 교회를 믿는다."

이 세상에서 믿을 것은 교회 밖에 없습니다. 교회가 아무리 부패하고 또 사람들 눈에 허물투성이처럼 보이는 때가 있다 해도, 그래도 믿을 것은 교회 밖에 없다는 것을 저는 인정합니다. 한때 좌절에 빠졌던 미국인들에게 소망을 불어넣어줘 '백만 인의 애인'이라고 불렸던 노만 빈센트 필 목사가 한 말에도 전적으로 수긍합니다.

"교회는 우리의 모든 희망이 실현되는 곳이다."

우리의 가슴속에 있는 꿈, 우리 각자가 지니고 있지만 남에게는 숨기고 있는 소원들이 이루어질 수 있는 유일한 곳이 교회라는 말입니다. 교회에 하나님이 계시기 때문에 그렇습니다. 21세기에는 교회에 희망을 걸어야 된다고 생각하는 사람들이 더욱 많아져서 그들이 교회를 믿고, 교회에서 건강한 신앙생활을 할 때 우리나라의 미래가 밝아질 것이라고 확신합니다.

예수 그리스도의 유일한 사랑

본문(엡 5:25~30)에서 사도 바울은 예수 그리스도와 교회의 관계를 신랑과 신부, 남편과 아내의 관계에 재미있게 비유하고 있습니다. 원래 이 부분은 예수 믿는 하나님의 자녀가 어떻게 부부생활을 행복하게 할 수 있는가를 교훈하는 내용입니다. 이 내용을 가르치면서 바울은 부부의 관계를 예수님과 교회의 관계에 빗대어서 설명을 한 것입니다. 그러나 저는 여기서 부부관계보다는 교회와 예수님, 예수님과 교회의 관계에 초점을 맞추어 생각하려고 합니다.

예수님은 교회를 자기의 신부로 여기십니다. 결혼을 약속한 신랑에게 신부는 이 세상에서 가장 아름답고 완전한 존재입니다. 신부는 신랑의 모든 것이라고 해도 과언이 아닙니다. 예수님도 교회를 보실 때 그와 똑같은 눈으로 보신다는 것입니다. 이런 의미에서 교회는 예수 그리스도의 유일한 사랑입니다. 25절에 보면 이런 말씀이 있습니다.

"그리스도께서 교회를 사랑하시고 위하여 자신을 주심같이."

예수님은 교회를 위해서라면 자신의 모든 것을 내어줄 만큼 교회를 사랑하신다는 의미입니다. 신랑, 신부의 사이를 설명하는 결정적인 단어 하나를 선택하라고 한다면 그것은 '사랑' 입니다. 사랑의 끈이 없으면 둘 사이는 하나로 묶일 수가 없습니다. 마찬가지로 예수님과 교회 사이에도 사랑이라는 말 외에는 둘의 관계를 묶어 줄 수 있는 것이 아무것도 없습니다. 예수님은 교회만을 사랑합니다. 하나님은 세상을 사랑한다고 말씀하셨지만 성경을 통해 엄밀히 살펴보면 하나님은 교회만 사랑하십니다.

그러기에 우리 예수님은 낮은 데로 내려오는 사랑을 가지고 교회를 사랑하셨습니다. 그분은 하나님이십니다. 영광의 보좌에 앉아 계시는 영원하신 하나님이십니다. 그럼에도 불구하고 교회를 사랑하여 그 영광의 옷을 보좌에 훌훌 벗어 놓으시고 세상으로 내려오셨습니다. 우리와 같은 모습, 아니 우리보다 훨씬 더 천한 종의 모습을 입고 세상에 오셨습니다. 예수님의 사랑은 '내려오시는 사랑' 이었습니다.

뿐만 아니라 예수 그리스도는 '깊은 데로 내려가는 사랑'을 가지고 교회를 사랑하셨습니다. 그분은 십자가에서 우리 죄를 위하여 죽으셨습니다. 그 죽음을 짊어지고 저 음부, 지옥의 밑바닥까지 내려가셨습니다. 깊은 데로 내려간 사랑, 그것이 교회를 향하신 예수 그리스도의 사랑입니다. 그 결과 예수님은 자기의 신부인 교회를 죄와 사망으로부터 구원해서 영광스러운 하나님의 자녀로 삼아 주셨습니다. 모든 더럽고 냄새나는 죄의 누더기를 다 벗기시고 자기의 의로운 옷으로 입혀주시어 아름다운 신부로 치장하게 하셨습니다. 이 사실을 26절에서는 이렇게 표현하고 있습니다.

"이는 곧 물로 씻어 말씀으로 깨끗하게 하사 거룩하게 하시고."

물로 씻었다고 하는 것은 세례를 받았다는 의미도 되고 성령으로 중생을 받았다는 의미도 됩니다. 하나님의 말씀은 그것을 듣고 배우는 자들을 깨끗하게 해줍니다. 하나님처럼 거룩한 사람으로 만들어 줍니다. 즉, 예수님은 우리를 사랑하셨기에 이 세상에서 우리를 불러내어 성령으로 깨끗하게, 하나님의 말씀으로 거룩하게 만들어 놓으신 것입니다.

교회는 예수 그리스도의 유일한 꿈입니다. 신부를 사랑하는 신랑은 그 마음속에 꿈이 있습니다. '내가 저 여자와 결혼하면 이 세상 그 누구보다도 행복하게 해주어야지.' 남자라면 다 이런 소박한 꿈을 가지고 결혼합니다. 아름다운 꿈입니다. 예수님도 자기의 신부인 교회를 향하여 꿈을 갖고 계십니다. 27절에 그 꿈이 나옵니다. 자기의 사랑하는 신부인 교회를 자기 앞에 영광스러운 교회로 세우기를 원하십니다. 그 영광스러운 교회는 얼마나 완전하고 아름다운지 티도 없고 주름잡힌 것도 없습니다. 주님은 교회를 깨끗하고 거룩하게 만들어 흠이 없는 신부로 하늘나라에서 영원토록 살 수 있게 하는 꿈을 갖고 계십니다. 이것은 우리 모두를 완전한 자로 만드시겠다는 뜻입니다. 우리 모두를 예수님과 똑같이 닮은 사람으로 만든다는 것입니다.

주님이 재림하시는 어느 날 저 하늘나라에서는 지금까지 듣지도 보지도 못했던 초호화판 잔치가 벌어질 것입니다. 그 잔치에는 신랑 되신 예수님이 가장 높은 상좌에 앉아 계시고 팡파르가 울리면서 완전한 아름다움을 지닌 거룩한 신부가 주님 앞으로 걸어나올 것입니다. 그 신부가 누군지 아십니까? 바로 교회입니다. 주님이 그날을 기다리시면서 오늘도 하나님 우편에서 기도하고 계십니다.

신부 수업

그렇다면 주님의 유일한 사랑이자 유일한 꿈인 교회는 누구입니까? 예수 그리스도를 고백하고 교회를 이룬 우리 모두입니다. 우리가 예수님의 신부입니다. 우리 모두가 예수님의 꿈입니다. 예수님의 사랑 덕분에 우리는 세상으로부터 부름 받은 하나님의 백성의 신분을 지닌 주님의 신부가 되었습니다. 예수님 덕분에 우리는 세상으로 보냄을 받은 그리스도의 제자의 소명을 가진 예수 그리스도의 신부가 되었습니다. 그래서 우리는 이 생각만 하면 기쁩니다. 긍지를 느낍니다. 하늘과 땅의 모든 권세를 가지신 주님, 이 세상에서 가장 존귀한 이름을 가지신 예수 그리스도, 그분의 사랑 받는 신부가 되었다는 것을 생각하면 가슴이 뜁니다. 주님의 신부인 교회를 생각할 때마다 사랑하고 싶은 마음이 생깁니다. 교회를 이루고 있는 성도 하나하나를 세상적으로 보면 초라하게 보일지 모르지만, 그들을 예수 그리스도의 사랑 받는 신부로 볼 때에는 너무나 사랑스럽게 보입니다. 그래서 누구든지 믿음이 바로 서면 교회를 사랑하게 되어 있습니다.

위대한 학자이면서 성자로 불리는 헨리 나우웬의 말입니다.

"교회를 사랑하는 것은 우리의 신성한 의무이다. 교회를 위한 진정한 사랑 없이는 우리는 교회 안에서 기쁘고 평화롭게 살 수가 없다. 교회를 위한 진정한 사랑 없이는 사람들을 교회로 불러올 수가 없다."

옳은 말입니다. 우리는 교회를 사랑합니다. 주님의 사랑 받는 신부요, 그분의 꿈이기 때문입니다. 그러므로 우리는 아름다운 신부로, 거룩한 신부로, 흠이 없는 신부로 장차 예수님 앞에 서게 될 그날, 그분과 만나서 잔치할 그날을 기다리고 있습니다. 이것이 지상 교회입니다.

그러므로 우리는 그날을 앞두고 뒷짐 지고 무심히 있어서는 안 됩니다. 적어도 신부가 되려면, 또 신부로서 신랑을 기쁘게 하려면 준비를 해야 합니다. 이 세상에 있을 때 아무 준비도 하지 않고 가만히 있거나 혹은 제 맘대로 살면서 준비에 게으르다면 그와 같은 아름다운 신부로, 흠이 없는 신부로 단장될 수 없는 것입니다. 우리는 날마다 신부 수업을 받아야 합니다.

구약에 에스더서라는 성경이 있습니다. 한 30분이면 다 읽을 수 있는 작은 분량으로 되어 있으면서 동화책 같아 아주 재미있습니다. 거기에는 강력한 전제군주가 왕비를 어떻게 간택했는지 엿볼 수 있는 장면들이 나옵니다. 페르시아의 황제인 아하수에로 왕이 왕비를 간택하기 위해 전국에 있는 아름다운 미녀들을 궁전으로 다 불러모았습니다. 그곳에 모인 많은 처녀들 중에서 몇 명을 최종 선발한 후에 그들을 일 년 동안 준비를 시키는데, 그 과정이 참 재미있습니다. 후보로 뽑힌 처녀 한 사람마다 궁녀 일곱 사람이 매달려서 처음 여섯 달 동안은 몰약이라고 하는 값비싼 기름으로 몸을 가꾸고 나머지 여섯 달 동안은 온갖 향수와 화장품으로 몸을 다듬습니다. 그렇게 일 년을 보낸 후 왕이 부르는 날 그 앞에 서는 것입니다. 그 중에서 왕의 낙점을 받은 여인이 왕비가 되는 것입니다. 그러고 보면 임금이라는 자들은 참 몹쓸 사람들이었던 것 같습니다. 자기 한 사람의 쾌락을 위해서 이처럼 여자들을 못살게 굴다니 말입니다.

그러나 우리 예수님은 선하신 왕입니다. 우리 예수님은 자기 생명을 신부를 위해서 아낌없이 바치는 사랑의 신랑입니다. 세상 나라의 왕의 신부가 되기 위해서도 그렇게 다듬고 가꾸면서 준비하는데 하물며 선한 왕이요, 사랑의 신랑이신 예수님의 신부가 될 우리가 신부 수업을 안 해서야 되겠습니까? 우리의 신부 수업에는 다섯 가지가 필요합니다. 세상에 있을 동안 이 다섯 가지를 충실히 하면 주님이 기뻐하시는, 아름답고 흠이 없는 신부가 될 수 있습니다.

첫 번째 - 예배

예수님의 신부가 되기 위해서 예배하는 생활을 해야 합니다. 하나님은 우리를 예배자로 부르셨습니다. 하나님은 자기에게 신령과 진정으로 예배하는 자를 오늘도 찾고 계신다고 말씀하십니다. 한번 생각해 보십시오. 인간으로서 하나님을 찬양하고 경배하는 예배만큼 영광스러운 일이 이 세상에 어디 있습니까? 이것만큼 큰 특권이 어디 있습니까? 하나님은 영이십니다. 하나님은 온 우주 만물의 창조자이십니다. 하나님은 거룩하십니다. 하나님은 광대하십니다. 누가 감히 그분 앞에 나가서 하나님을 아버지라 부르면서 예배할 수 있습니까? 아무도 그렇게 할 수가 없습니다. 오직 하나님이 예배할 수 있도록 허락하신 자들만이 할 수 있습니다. 그들이 누구입니까? 우리 모두입니다. 우리만이 그분을 예배할 수 있도록 하나님이 허락하셨습니다.

우리는 한 주일의 계획을 세우고 우선순위도 정하면서 살고 있습니다. 예수님의 신부 된 사람은 한 주 계획 가운데서 주일 예배를 가장 최우선에 두고 생각해야 합니다. 이것이 그가 하나님 중심으로 삶을 사는 자라는 증거가 됩니다. 이것이 하나님을 하나님답게 예우하는 생활인 것입니다. 우리는 예배에 참석해서 구원을 주신 하나님께 감사를 드립니다. 경배를 드립니다.

그러나 그것이 예배의 전부는 아닙니다. 하나님은 자기 앞에 나아온 자기 자녀들을 빈손으로 돌려보내지 않으시고 하늘에 쌓아 놓은 신령하고 좋은 각양 은사들을 예배 시간을 통해서 우리에게 부어주시는 것입니다. 말씀의 은혜로 우리 영혼이 소생하게 하십니다. 성령의 어루만지심이 우리 심령에 임하여 상한 마음이 치유함을 받게 하십니다. 예배 시간을 통하여 우리의 침체된 마음이 다시금 활기를 되찾도록 해주십니다. 세상을 이길 수 있는 능력을 주십니다. 이와 같이 예배를 통해 우리는 하나님께로부터 엄청난 은혜를 받는 것입니다. 그러므로 예배가 중요합니다.

예배가 살아 있는 교회의 성도들과 예배가 죽어 있는 교회의 성도들을 비교해 보면 뚜렷이 구별되는 것을 볼 수 있습니다. 예배가 살아 있는 교회의 성도들은 그 얼굴이 환합니다. 생활이 비록 어렵고 십자가의 짐이 무겁지만 힘을 갖고 하루하루를 살아갑니다. 다음 주일 교회에 나와서 예배 드릴 날을 손꼽아 기다리고 있습니다. 그러나 예배가 죽어 있는 교회의 성도들은 표정이 어둡습니다. 피곤합니다. 삶의 의욕이 없어 보입니다. 이것만 보더라도 예배가 얼마나 중요한지 알 수 있습니다.

예배의 중요성은 제가 목사이기 때문에 주장하는 것이 아닙니다. 예수를 안 믿는 학자들 가운데서도 예배의 중요성을 주장하는 사람이 많습니다. 데이비드 핀크 박사는 정신위생학 분야에서 세계적인 권위자입니다. 그의 저서 중에 『안정을 위한 4박자 균형』이라는 책이 있는데, 현대인에게 중요한 것은 심리적인 안정이라는 것이 그 주요 내용입니다. 잠시만 생각해 봐도 그것이 사실이라는 것을 쉽게 알 수 있지 않습니까?

정서적으로, 심리적으로 안정되지 못한 사람이 정치를 하면 나라가 어디로 갈지 모릅니다. 정서적으로 안정을 찾지 못한 사람이 경제를 주름잡으면 나라의 경제가 곤두박질치게 되어 있습니다. 정서적으로 안정되지 못한 사람이 학교 선생이 되면 그 사회의 미래는 어두울 수밖에 없습니다. 그러므로 사람이 그 내면에 정서적인 평안을 갖고 있어야 됩니다.

그 책에서 저자는 이 평안을 균형 있게 유지하기 위해서 네 가지가 필요하다고 주장합니다. 첫째는 일을 해야 한다고 합니다. 사람이 일을 해야 안정될 수 있다는 것은 누구나 다 아는 이야기입니다. 그리고 일한 후에는 쉬어야 합니다. 적절한 쉼이 없이는 안정을 유지할 수가 없습니다. 또 하나는 사랑해야 된다고 합니다. 사랑하는 사람들이 있고, 그 사랑의 울타리 안에서 살아야 마음에 안정을 얻을 수 있다는 것입니다. 그리고 마지막 네 번째가 예배를 드려야 된다고 합니다. 특히 이 예배는 다른 세

가지를 위한 기본이 되는, 아주 중요한 것이라고 주장합니다. 그가 이렇게 주장하는 이유는 무엇일까요? 예배라는 것은 초월자 되신 하나님에게 자기를 기대는 것입니다. "자신 있다, 젊다, 실력 있다."고 아무리 큰 소리를 쳐도 매일 삶의 현장에서 자신이 얼마나 왜소한 존재인가를 자주 느낍니다. 겉으로는 태연한 척하지만 속으로는 두려움에 떨고 있는 자신을 자주 발견하게 됩니다. 그러므로 우리에게는 절대자가 필요합니다. 자주 그분 앞에 나와서 어린아이가 엄마 품에 기대듯이 조용히 그분에게 기댈 때에 마음에 안정이 찾아옵니다. 평안이 그 마음을 지배하게 됩니다. 예배가 이런 요소를 갖고 있습니다.

19세기 대표적인 신학자 중에 한 사람인 슐라이엘마허가 "신앙이 무엇인가?"라는 질문을 받자 이런 대답을 했습니다.

"신앙은 전적인 의지의 감정이다."

예배 드리는 자가 전적으로 하나님에게 의지할 때 느끼는 감정이 '신앙'이라는 것입니다.

우리에게 예배가 얼마나 중요한가를 꼭 기억해야 합니다. 당신은 지금까지 주일 예배를 얼마나 정성을 다해 드렸습니까? 사랑의교회 교우 중에는 2시간이나 운전하고 와서 사모하는 마음으로 예배에 참석하는 분들도 계십니다. 몸이 아픈데도 이 시간을 빠뜨리고 싶지 않아서 불편한 몸을 이끌고 나오는 분들도 계십니다. 참으로 예수님의 신부다운 행동입니다. 우리 모두 지난 예배 생활을 돌이켜 봅시다. 하나님 앞에 드리는 이 예배를 과연 내 삶의 우선순위에 두고 살았습니까?

두 번째 - 교제

신부 수업을 하기 위해서는 성도들과 교제를 하는 생활을 해야 합니다. 교회는 예수님의 몸이고 우리 모두는 그 몸의 지체라고 했습니다. 우리는 혼자 존재하지 못합니다. 더욱이 신앙은 절대로 혼자 유지할 수 없습니다. 교회를 떠나면 우리의 신앙은 살아남지 못합니다. 이런 의미에서 교회를 일컬어 '성도의 공동체'라고 합니다. 믿음의 공동체라는 뜻의 '코에투스 피델리움'(coetus fidelium)이라고 하는 말은 성경에 없습니다. 그러나 교회는 예수를 믿는 모든 사람들이 모여서 예수님의 몸을 이루는 것이기 때문에 공동체라고 불리는 것입니다. 그러므로 교회 안에서는 서로가 거룩한 교제를 나누며 살아야 합니다.

암세포는 혼자 노는 세포로 알려져 있습니다. 우리 몸에는 엄청나게 많은 세포가 있는데, 이 세포들은 모두가 몸을 위해서 자기를 희생합니다. 모두가 몸을 위해서 함께 힘을 합하여 건강을 유지하게 하고 생명을 유지하게 합니다. 그런데 암세포가 몸에 생기면 자기 혼자 논다고 합니다. 그렇게 혼자 놀면서 세력을 확장하다가 나중에는 악성종양을 만드는 것입니다. 그리고는 몸에 자양분을 공급하는 것이 아니라 도리어 몸속의 자양분을 빼앗아서 자기가 먹습니다. 몸을 망치게 만들고 생명을 앗아갑니다. 혼자 노는 세포가 결국은 몸을 파괴하는 것입니다.

교회 안에서 성도들과의 교제를 힘쓰지 않고 자기 혼자 노는 사람은 이와 같이 될 수 있다는 사실을 우리는 알아야 합니다. 그러므로 우리는 주위에 있는 형제 자매들을 다 귀하고 소중하게 여기고 그들과 교제해야 합니다. 우리 몸에는 쾌감을 전달하는 신경이 없습니다. 아픔을 느끼는 신경이나 추위를 느끼는 신경은 있어도 쾌감이나 즐거움을 전달하는 신경은 없다고 합니다. 그렇다면 어떻게 즐거움을 느낄 수 있습니까? 우리 몸에 있는 모든 세포가 하나가 되어 협력할 때 즐거움이라는 희열을 체험할 수 있게 된다는 것입니다. 예수님의 몸인 교회도 이와 똑같습니다. 성도들이 서로 아름답게 교제하면서 모두가 예수님의 몸 된 교회, 예수님의 신부 된 교회를 위해서 협력할 때 진정한 기쁨이 찾아오는 것입니다.

세 번째 - 전도

전도는 이 세상을 구원하기 위해서 꼭 해야 되는 일이지만, 예수님과 우리가 장차 하나님 나라에서 결혼할 그날을 앞당기기 위해서라도 더욱 열심히 해야 할 일입니다. 마태복음 24장 14절을 보면 "이 천국 복음이 모든 민족에게 증거되기 위하여 온 세상에 전파되리니 그제야 끝이 오리라."는 말씀이 나옵니다. 끝이 무엇입니까? 예수님이 우리를 하나님 나라로 불러서 그분과 더불어 잔치하는 날입니다. 따라서 그날을 앞당기기 위해서도 전도를 열심히 해야 됩니다.

요즘 사랑의교회 전도폭발 프로그램을 맡은 교역자들이 즐거운 비명을 지르고 있습니다. 감당을 못할 정도로 너무나 많은 성도들이 지원하기 때문입니다. 전도폭발 프로그램에 들어가면 4개월 동안 훈련을 받으면서 전도해야 합니다. 매우 힘든 일인데도 전도를 열심히 해보겠다고 많은 사람들이 몰려들고 있습니다.

사랑의교회에서는 구도자를 위해 만든 '사랑의 나들목'이 목요일 저녁마다 열리고 있습니다. 거기에도 점점 사람들의 열기가 뜨거워지고 있습니다. 예수님에 대해서 별로 관심이 없는 이웃과 친구들을 데리고 오는 사람들이 점점 많아지고 있습니다. 얼마 전에 사랑의 나들목에 참석하고 나오는 어떤 분과 만나서 대화를 나누었습니다. 그분은 세 번 참석했다고 합니다. 참석해 본 소감을 물었더니 "참 좋던데요. 교회에 그런 프로그램이 있는 줄 몰랐어요. 기분 좋아요."라고 대답하는 것입니다.

"뭐가 특별히 마음에 들었습니까?"라고 다시 묻자 마지막 끝날 때쯤 되어서 목사님이 "여러분, 제가 여러분을 위해서 기도를 해드리고 싶은데 동의하십니까?"라고 말하는 것을 들어서 기분이 좋았다고 합니다. 교회에 가면 앞에서 일방적으로 "기도합시다."라고 말하고 기도하는 것을 몇 번 보아왔는데, 그와는 달리 부드럽게 나오기 때문에 아주 매력이 있더라는 것입니다. 그래서 제가 이렇게 말했습니다.

"바로 선생님과 같은 분들을 위해서 만든 것이 사랑의 나들목입니다. 앞으로 열심히 나오세요. 친구들도 데리고 오세요."

전도해야 됩니다. 어떤 형식으로든지 전도해야 됩니다.

네 번째 - 봉사

우리는 모두 예수님의 신부 된 교회를 이루는 공동체입니다. 자기 눈높이로 남을 내려다보고 교회 생활을 해서는 안 됩니다. 모두가 다른 사람의 눈높이에서 보는 자세가 필요합니다. 혹은 더 낮은 자리에서 올려다보는 자세로 다른 형제나 자매들을 생각하며 섬기는 자가 되어야 합니다.

얼마 전에 가족과 함께 젊은이들에게 인기가 있다는 집 근처의 어느 식당에 갔습니다. 그런데 거기서 희한한 광경을 목격했습니다. 젊은 웨이터들이 마루바닥에 꿇어앉아서 식탁에 목을 걸치다시피 하고는 손님들을 올려다보면서 "무엇을 드시겠습니까?"라고 말하는 것입니다. 몹시 의아해하고 있는 저를 보더니 우리 집 아이가 그곳은 이런 식으로 웨이터들이 손님들에게 주문을 받는다고 귀띔을 해주었습니다. 손님과 눈높이를 같이하면서 주문을 받는다는 것은 봉사하는 자세로 고객을 우대하겠다는 의미일 것입니다.

생각해 보니 기분이 좋았습니다. 뻣뻣하게 서서 무뚝뚝하게 "뭐 드실래요?" 하며 툭 던지듯이 말하는 것보다 훨씬 나았습니다. 그것이 유행이 되어서 그 근처 식당들이 다 그런 식으로 한다고 합니다. 돈을 벌기 위해서도 저렇게 무릎을 꿇어가면서 친절하게 보이려고 극성을 떠는데, 예수님의 신부로서 아름답게 주님 앞에 설 날을 기다리면서 신부 수업을 받는 우리가 뻣뻣해서야 되겠습니까? 눈높이 봉사를 해야 됩니다. 장로, 권사, 집사라는 직분은 계급이 아닙니다. 교회에서 왜 직분을 줍니까? 직분을 받은 사람은 교회 앞에서 예수님의 모습으로 섬기고, 교회를 위해 예수님의 모습으로 충성하는 모범을 보이라고 주는 것입니다. 교회는 서로 섬기는 곳입니다.

다섯 번째 - 배움

예수님의 신부로서 우리는 하나님의 말씀을 배우려고 노력해야 합니다. 왜냐하면 그리스도를 닮는 완전한 자로 성숙하기 위해서입니다. 배우기를 싫어하는 자는 만년 갓난아이로 남을 수밖에 없습니다. 무식한 신부를 좋아하는 신랑이 어디 있습니까? 날마다 철없는 짓만 하는 신부를 좋아하는 신랑이 어디 있습니까? 예수님도 마찬가지입니다. 그래서 주님은 우리에게 말씀을 열심히 배우고 주야로 묵상하라고 하십니다.

교회 안에서 제일 골치 아픈 사람이 만년 갓난아이입니다. 한시도 눈을 떼지 못하고 날마다 신경을 써주어야 하기 때문입니다. 기저귀가 젖었는지 안 젖었는지 늘 봐줘야 됩니다. 기저귀를 갈 때마다 아기분도 발라 주어야 됩니다. 우유가 뜨겁지 않도록 적당한 온도를 잘 유지하면서 젖을 먹여 줘야 됩니다. 교회 안에 이런 사람들만 가득하다면 어떻게 되겠습니까? 교회가 신생아만 가득한 산부인과 신생아실처럼 되면 어떻게 되겠습니까?

  교회에서는 자라야 됩니다. 예수님의 모습을 향해서 주님처럼 닮아 가기 위하여, 성숙한 그리스도인이 되기 위하여 말씀을 배워야 합니다. 디모데후서 3장 14절은 "너는 배우고 확신한 일에 거하라."고 말씀합니다. 지난 일 년 동안 예수님의 아름다운 신부가 되기 위해서 배우는 데 얼마나 열심을 다했습니까?

  일 년 동안 사역훈련을 받고 수료를 눈앞에 둔 자매들이 얼마 전에 합반으로 모여 저의 특강을 들었습니다. 특강을 마치고 어느 자매가 나와서 아주 은혜로운 간증을 해주었습니다.

  "목사님, 제자훈련, 사역훈련을 받으면서 말씀 읽기와 큐티, 기도하는 것이 이제는 체질화되었고 또한 교재 내용을 가지고 말씀을 하나하나 짚어 가며 공부하면서 예수님의 제자로서의 자아상이 그려졌습니다. 나도 무엇인가 주님을 위해 꼭 할 일이 있다는 소명감을 갖게 되었습니다. 목사님의 전천후 모범 덕분에 저 같은 돌팔이 신자도 이렇게 작은 목사의 흉내라도 내게 되었습니다. 제멋대로 번쩍이던 도끼 날이 주님의 손에 들린 귀한 도구로 쓰임 받게 된 것입니다. 솟아오르는 일출의 눈부심은 아니지만 그보다 더 황홀하게 타오르는 노을이 되어 남은 생애 주님을 위해 완전히 산화되기를 원합니다."

  정말 놀랍지 않습니까? 한 몇 년 열심히 가르치고, 배우고 했더니 이렇게 대단한 사람이 되었습니다. 우리도 이렇게 기쁜데 주님이 보실 때 얼마나 감격하시겠습니까?

더 중요한 오른손

　이상에서 우리는 다섯 가지 신부 수업을 해야 되다고 말씀드렸습니다. 이런 이야기를 들으면 혼란을 느끼는 분들도 계실지 모릅니다. '날마다 교회에 와서 살아야 되겠네.' 라고 생각하는 분들도 있을 것입니다. 혹은 '무슨 재주로 그 다섯 가지를 다 잘하면서 사회생활을 할 수 있다는 말인가?' 라고 의문을 제기하는 분도 계실 것입니다. 우리에게는 손이 두 개가 있습니다. 하나는 오른손이고 하나는 왼손입니다. 각 손마다 손가락이 다섯 개씩 있습니다. 오른손만 가지고 사는 사람은 장애자입니다. 왼손만 가지고 사는 사람도 장애자입니다. 둘을 다 써야 장애자가 아닙니다. 그러면, 오른손이 무엇입니까? 앞서 말씀드린 예수님의 신부가 되기 위한 다섯 가지입니다. 예배하는 것입니다. 전도하는 것입니다. 섬기는 것입니다. 교제하는 것입니다. 배우는 것입니다. 이 다섯 손가락이 있는 오른손이 바로 그런 삶을 사는 것을 상징합니다.

　왼손은 무엇입니까? 우리는 오른손의 다섯 손가락만 가지고 살지 못합니다. 만약 그것만 가지고 산다고 하면 그 사람은 가정도, 사회생활도 다 포기해야 될 것입니다. 날마다 교회에만 가서 살아야 될 것입니다. 오른손의 다섯 가지를 하면서 동시에 왼손이 하는 다섯 가지가 필요합니다. 먹고 마셔야 합니다. 일해야 합니다. 자야 합니다. 사람들을 만나고 교제해야 합니다. 즐겨야 합니다. 쉬기도 하고 즐길 수 있는 자기 나름대로의 그 무엇이 있어야 됩니다. 이 다섯 가지를 해야 건전한 사회생활을 할 수 있습니다. 한마디로 둘 다 잘해야 합니다.

　그러나 더 중요한 문제가 있습니다. 보통 두 손 중에 어느 손을 자주 씁니까? 오른손을 더 자주 씁니다. 오른손이 제대로 그 몫을 잘 감당할 때 왼손도 따라가면서 제 몫을 다 합니다. 교회에도 마찬가지의 원리가 적용됩니다. 예수님의 신부인 성도는 오른손에 해당하는 것을 우선에 두어야 합니다. 오른손에 있는 것을 강조해야 합니다. 그리고 이 오른손에 더 신경을 쓰면서 정성을 다해야 합니다. 그러면 왼손은 따라옵니다.

오른손은 우리의 속사람을 강건하게 하는 것이고 왼손은 우리의 겉사람을 강건하게 하는 것입니다. 오른손은 우리의 속사람을 예수님의 신부처럼 아름답게 갖추게 하는 것이고, 왼손은 우리의 겉모양을 완전하게 갖추게 하는 요소들입니다. 둘 다 중요합니다. 그러나 오른손이 항상 우선되어야 합니다. 예수 믿는다고 하면서 오른손은 전혀 무시해 버리고 왼손만 계속 신경을 쓴다면 그 사람은 불신자와 똑같습니다.

어떤 삶을 살기를 원하십니까? 교회인 우리에게는 그리스도의 사랑받는 신부가 되는 것이 유일한 꿈입니다. 우리는 하나님의 아들의 사랑을 독차지하고 있는 아름다운 신부입니다. 얼마나 감격스럽고 기쁜 사실인지 모릅니다. 바울이 외친 그 아름다운 외침을 저도 외치고 싶습니다.

"누가 우리를 그리스도의 사랑에서 우리를 끊으리요 환난이나 곤고나 핍박이나 기근이나 적신이나 위험이나 칼이랴…그러나 이 모든 일에 우리를 사랑하시는 이로 말미암아 우리가 넉넉히 이기느니라"(롬 8:35, 37).

예수님의 사랑 받는 신부로서 이와 같은 승리의 삶을 살기를 바랍니다. 우리 중에 아직도 사랑 받는 신부라는 확신이 없는 분이 계십니까? 예수를 믿으시기 바랍니다. 교회 생활을 열심히 하시기 바랍니다. 그러면 우리의 삶은 예수 그리스도의 사랑 받는 신부답게 아름다운 모습으로 드러날 것입니다.